LES ANCIENS ET LES MODERNES –
ÉTUDES DE PHILOSOPHIE
sous la direction de Chantal Jaquet et Pierre-Marie Morel
38

Émilie du Châtelet philosophe

Véronique Le Ru

Émilie du Châtelet philosophe

PARIS
CLASSIQUES GARNIER
2019

Véronique Le Ru est professeure des Universités en philosophie à l'université de Reims. Elle est l'auteure de plusieurs ouvrages sur l'*Encyclopédie* et sur l'âge classique, dont *D'Alembert philosophe* (Paris, 1994), *La Crise de la substance et de la causalité* (Paris, 2003) et récemment *Le Temps, la plus commune des fictions* (Paris, 2012), *L'Individu dans le monde du vivant* (Sesto San Giovanni, 2015).

ISBN 978-2-406-08792-2 (livre broché)
ISBN 978-2-406-08793-9 (livre relié)
ISSN 2109-8042

AVANT-PROPOS

Rarement une scientifique de renommée internationale a été aussi décriée de son vivant et de manière posthume. Émilie du Châtelet a été accusée de tous les maux. Cela commence vers 1740 (la Marquise a alors 34 ans) avec Dortous de Mairan qui, suite au chapitre XXI des *Institutions de physique* sur les forces vives où elle discute, pour la critiquer, la position de ce dernier, lui répond avec condescendance et suffisance qu'elle n'est pas compétente en la matière et qu'elle ferait mieux, plutôt que de plagier König, de choisir de recopier de bons auteurs. Même accusation de plagiat pour son ouvrage en général publié en 1740, les *Institutions de physique*, il ne serait qu'une compilation de Newton, de Leibniz et de ses sectateurs Wolff et König. Compilation d'auteurs qui serait pour le moins étrange vu les animosités et divergences entre le premier et les seconds. En réalité, la Marquise prend dans les *Institutions de physique* un risque intellectuel inouï que personne n'avait osé avant elle : fonder la physique newtonienne dans la métaphysique leibnizienne. Mais fidèle à sa modestie, la Marquise, dans l'Avant-propos qu'elle adresse à son fils de treize ans, lui dit qu'elle a rédigé un manuel pour lui apprendre la physique et suppléer au manque abyssal depuis soixante-dix ans[1] d'une Physique complète (depuis le *Traité de Physique* de Rohault qui, de 1671 à 1730, propageait en France la physique cartésienne et l'esprit mécaniste).

En 1749, elle achève un travail immense : la traduction et le commentaire des *Principia mathematica philosophiae naturalis* de Newton, travail qu'elle a mené à terme jusqu'à l'épuisement juste avant d'accoucher d'une petite fille, ce qui lui a sans doute valu de ne pas se relever de la fièvre puerpérale qui l'a terrassée en huit jours. Certes, on reconnaît la

1 La Marquise vieillit de dix ans le *Traité de Physique* et insiste sur son côté périmé : « nous n'avons pas de physique complète, si on en excepte le petit traité de Rohault, fait il y a quatre-vingts ans ; mais ce traité, quoique très bon pour le temps dans lequel il a été composé, est devenu très insuffisant par la quantité de découvertes faites depuis » in *Institutions de physique*, Paris, Prault, 1740, Avant-propos, p. 4.

valeur de sa traduction du latin au français non seulement du point de vue de la langue mais aussi du point de vue du raisonnement puisqu'elle transpose les démonstrations géométriques de Newton dans le langage leibnizien des équations différentielles (et il faut noter que c'est toujours la seule traduction intégrale des *Principia* de Newton aujourd'hui disponible en français), mais on l'accuse d'avoir recopié ce que lui dictait Clairaut dans son commentaire ou – variante – on dit que Clairaut est le véritable auteur du commentaire et qu'il a aussi mis la main à la traduction. On entre alors dans l'ère des accusations posthumes puisque la traduction et le commentaire paraissent seulement en 1756-1759.

Ces accusations posthumes ne s'arrêtent pas au XVIIIe siècle. Au XXe siècle encore, on trouve, dans les écrits de Bachelard[2], des propos d'une méchanceté et d'une partialité sans nom sur cette femme savante hors du commun, ce qui est étonnant de la part de ce philosophe plutôt bonhomme. Enfin, à propos de la traduction que fait la Marquise de la *Fable des abeilles* de Mandeville, on ne considère pas l'audace, l'esprit pionnier et la lucidité dont il fallait faire preuve pour traduire ce texte en 1735, c'est-à-dire cinq ans avant la traduction française de Jean Bertrand en 1740, qui fut condamnée à être brûlée, mais on se contente de la désavouer en considérant la traduction de la Marquise comme désinvolte et incomplète, du reste jamais publiée avant 1947, preuve à charge s'il en est. Oui, mais à charge contre qui ? Contre la Marquise ou contre les traducteurs en 1974 de la *Fable des abeilles*, Lucien et Paulette Carrive, qui ne poussent pas plus loin l'analyse et ne se demandent pas pourquoi en 1947, Ira O. Wade a jugé utile de publier la traduction de la Marquise précédée d'une préface qui est l'un de ses textes politiques les plus importants dans la critique qu'elle fait de l'éducation donnée aux filles à son époque et dans sa revendication du droit à l'égalité des femmes avec les hommes dans le domaine intellectuel. La parution posthume d'une œuvre n'est pas une preuve de son inanité, loin s'en faut, mais plutôt, à l'inverse, une preuve de son intérêt actuel et inactuel. Tel est le cas du

2 Bachelard, dans ses mentions de la Marquise du Châtelet, est en effet très sévère et injuste. Voir, par exemple, *La Formation de l'esprit scientifique*, Paris, Vrin, 1938 ; rééd. 1986, p. 215 ou p. 34 : « Il suffit de lire les lettres de Mme du Châtelet pour avoir mille occasions de sourire de ses prétentions à la culture mathématique. À Maupertuis, elle pose, en faisant des grâces, des questions qu'un jeune élève de quatrième résout de nos jours sans difficulté. Ces mathématiques minaudées vont tout à l'inverse d'une formation scientifique ».

Discours sur le bonheur de la Marquise rédigé en 1746-1747 et paru de manière posthume en 1779 et republié depuis régulièrement. Ce texte est l'occasion pour Émilie du Châtelet de montrer que les femmes, au mieux, ont un seul moyen d'acquérir de la gloire, l'étude, toutes les autres voies ou carrières leur étant interdites. La Marquise est aussi l'auteure des *Examens de la Bible*, ouvrage qui témoigne de sa ténacité et de sa vivacité de lectrice, de son travail acharné d'analyse et de sa virtuosité à exercer son esprit critique. Enfin, même les éditeurs de la Marquise ne sont pas exempts de partialité vis-à-vis d'elle. Ainsi Théodore Besterman, qui a édité les *Lettres de la Marquise du Châtelet* en deux tomes a parfois dans ses notes des propos peu gratifiants envers elle[3]. De plus, cette correspondance ne nous livre que les lettres de la Marquise et non celles de ses correspondants. C'est pourquoi nous attendons avec impatience la nouvelle édition de la Correspondance complète de la Marquise avec quelques dizaines de lettres inédites qu'Ulla Kölving et Andrew Brown viennent d'achever. Aux côtés de ce couple remarquable[4], nous voulons aussi faire une place à part à Élisabeth Badinter qui a beaucoup œuvré et continue d'œuvrer pour sortir Émilie du Châtelet de l'oubli, qu'elle en soit ici vivement remerciée[5].

Mais à l'exception d'un petit nombre de personnes qui cherchent à réhabiliter la Marquise, la liste de ses détracteurs pourrait être continuée,

3 Voir par exemple les notes relatives à la lettre 53 de la Marquise à Algarotti du 7 janvier 1736 in *Lettres de la Marquise du Châtelet*, Genève Institut et Musée Voltaire Les Délices Genève, en deux tomes, 1958, tome 1, p. 97-98 : Note 2 à propos de l'expression « il a servi son ami à cette occasion comme je veux qu'on le serve », Besterman commente : « nous n'avons pas cru utile de corriger ni même d'attirer l'attention sur ce genre de lapsus résultant de la vivacité de celle qui écrit ». Note 5 à propos de la mention par la Marquise de *Vert-vert et le Pupitre vivant*, il écrit méchamment : « erreur grossière, que même la graphie de mme du Châtelet ne peut guère justifier ; il est question ici de deux ouvrages, *Vert-vert* et *Le Lutrin vivant* ». Enfin note 7 à propos de la Zoraïde que la Marquise attribue à Le Frêne, il commente avec une pointe d'exaspération : « autre bévue : Zoraïde, dont le texte est perdu, était de Lefranc ».

4 Ulla Kölving et Andrew Brown ont été notamment à l'initiative de rassembler des fonds pour acheter une partie des Archives de la famille du Châtelet découvertes en 2010 dans une dizaine de caisses dans la Résidence de la Garenne à la mort de la Baronne Mélin. Ils ont organisé récemment deux colloques (à Chaumont en 2016 et à Paris en novembre 2017 pour faire le point sur les connaissances actuelles de la vie et de l'œuvre de la Marquise, dont les Actes doivent donner lieu à une publication qu'ils dirigent.

5 Voir la très belle étude d'Élisabeth Badinter, *Émilie, Émilie, L'ambition féminine au XVIIIème siècle*, Paris, Flammarion, 1983 ; rééd. Le Livre de Poche, 1997, voir aussi sa préface au *Discours sur le bonheur* de la Marquise du Châtelet, Paris, Payot et Rivages, 1997.

elle est déjà suffisante pour montrer l'urgence de dresser le portrait de la Marquise du Châtelet en philosophe à part entière, et non pas en simple traductrice d'un grand savant, Newton, ou en simple compagne d'un grand écrivain philosophe, Voltaire. La Marquise mérite mieux que cela, elle mérite qu'on la découvre sous toutes ses facettes de scientifique, de philosophe, de femme libre et engagée dans la cause de l'éducation des femmes, engagée dans sa vie et dans son œuvre, dans ses interactions avec le monde savant et culturel qui est à son époque un monde d'hommes (les Salons tenus par les femmes n'étant que des faire-valoir de ces Messieurs). Il est temps de lire Émilie du Châtelet pour elle-même.

INTRODUCTION

Comprendre la personnalité et l'œuvre de la Marquise du Châtelet, c'est d'abord comprendre que cette femme, née le 17 décembre 1706, a eu la chance d'avoir un père qui aurait pu être son grand-père et une mère qui ne délégua pas l'éducation de ses enfants aux institutions, que ce soit le collège pour les garçons, ou le couvent pour les filles. Sa mère, Gabrielle de Froulay Tessé, était une femme cultivée, aussi bien en théologie qu'en astronomie, et assez proche de ses enfants, qu'elle fit élever chez elle. La jeune Émilie reçut ainsi, fait rare, la même éducation que ses deux frères. Son père, Louis Nicolas Le Tonnelier de Breteuil, officier de la maison du Roi sous Louis XIV, est né le 14 septembre 1648 à Montpellier et meurt le 24 mai 1728. Il a cinquante-huit ans quand naît sa fille et remarque très vite ses capacités et appétences intellectuelles et décide de lui donner une éducation de garçon, c'est-à-dire de lui faire apprendre le latin et les mathématiques, domaines traditionnellement inaccessibles aux filles, ce qui les empêchait ensuite de lire des ouvrages de philosophie ou de sciences, pour la plupart rédigés en latin. La Marquise jouit donc d'une éducation exceptionnelle dans la première moitié du XVIIIe siècle et il n'est guère étonnant que, consciente du statut privilégié qui fut le sien alors qu'elle était une fille, elle se soit ensuite intéressée à la question de l'éducation des filles et qu'elle ait revendiqué qu'elles aient accès à la même éducation que les garçons.

Que sait-on précisément de son enfance et de son éducation ? Très tôt, Émilie manifesta une intelligence hors norme. Son père, loin de brider sa curiosité intellectuelle, lui laissa libre accès à la superbe bibliothèque de l'hôtel de Breteuil et engagea les meilleurs précepteurs pour l'éducation d'Émilie, qui lui enseignèrent, comme à ses frères, le latin, les mathématiques, la physique, le grec, l'allemand, l'espagnol, le clavecin, le chant, la danse et l'équitation.

Émilie de Breteuil mena dans un premier temps la vie classique des femmes de l'aristocratie. Mariée à dix-neuf ans au marquis du Châtelet, de vieille noblesse d'épée lorraine, avec qui elle eut trois enfants, elle le suivit dans ses premiers postes de commandement, appuyant sa carrière par ses relations ministérielles. Par sa vivacité et son esprit, elle jouait également un rôle de premier plan dans l'animation des fêtes de la cour, soit à Versailles, soit à Sceaux chez la duchesse du Maine. Femme à la mode, elle chante, joue la comédie, a des amants (seule la reine n'a pas le droit d'en avoir), perd beaucoup d'argent au jeu. Elle aime paraître : les rubans, les faveurs, les bijoux sont des accessoires dont elle ne peut se passer, ce qui lui vaudra le surnom de « Pompon Newton » tendrement choisi par Voltaire.

En 1733, à 27 ans, Émilie rencontre le poète le plus célèbre d'Europe, rencontre qui fait basculer sa vie. Voltaire, en pleine gloire, à 38 ans, de retour d'Angleterre, lui fait découvrir Newton et rencontrer le petit cercle de newtoniens de la capitale qui sont ses amis : Maupertuis, La Condamine, Clairaut. On sait que c'est à ce petit cercle de newtoniens que Voltaire doit l'origine de sa fortune. En effet, l'aisance financière de Voltaire est due, à l'origine, à une erreur de conception de la première loterie nationale de 1729. Le ministre des finances Pelletier-Desforts n'avait pas prévu un nombre suffisant de billets. Cette erreur repérée par La Condamine conduit le petit groupe de newtoniens dont fait partie Voltaire à acheter à chaque tirage tous les billets et à se partager les bénéfices. Cette aubaine dure environ un an jusqu'à ce que le jeu soit retiré et reconçu. Voltaire place alors l'argent qu'il a gagné à la loterie dans des actions en Lorraine et fait très vite partie de ceux que le système de Law n'a pas ruinés et qui vivent selon le goût de la dépense et du luxe. Quand, en 1733, Voltaire présente ses amis newtoniens à la Marquise, celle-ci ne désire qu'une chose : acquérir le plus rapidement possible la science newtonienne. Abandonnant alors la vie mondaine, elle acquiert une formation sérieuse en physique auprès de Maupertuis et de Clairaut[1], tous deux membres de l'Académie Royale des Sciences de Paris. Clairaut écrit en 1735 ses *Éléments de géométrie* qu'il offre à la Marquise pour qu'elle puisse parfaire sa connaissance de Newton.

En 1734, la Marquise propose à Voltaire, menacé d'être embastillé en raison de la publication de ses *Lettres philosophiques*, de se réfugier

1 Sur les rapports de la Marquise avec Clairaut, voir l'article d'Irène Passeron, « Muse ou élève ? Sur les lettres de Clairaut à Mme du Châtelet » in *Cirey dans la vie intellectuelle. La réception de Newton en France*, dir. François de Gandt, Oxford, Voltaire Foundation, *SVEC*, 2001, 11, p. 187-197.

dans la Champagne proche de la Lorraine, dans le château de Cirey, obligeamment mis à leur disposition par le Marquis du Châtelet. Voltaire décore le château par des tapisseries bleues et or et le rénove de manière somptueuse : il y fait installer une chambre de bain (signe ostentatoire de luxe à l'époque). La Marquise ne tarde pas à le rejoindre et ils vivront quinze ans à Cirey jusqu'à la mort de la Marquise en 1749. Si, indéniablement, Voltaire assure les dépenses liées à la vie de château, en revanche cette expression ne convient guère à leur *modus vivendi* : ils ne mènent pas la vie de château mais plutôt une vie de travail acharné.

Les deux amants choisissent en effet une vie monastique et studieuse réglée par une cloche. Très vite la Marquise dépasse les connaissances de Voltaire sur Newton et l'instruit de ses progrès. Tous deux travaillent beaucoup mais n'oublient pas de s'amuser : Voltaire commence à rédiger ses contes et tous les hôtes de Cirey ainsi qu'Émilie et lui jouent les différents personnages dans le grenier du château que Voltaire a fait aménager en théâtre.

À Cirey, le couple étudie Newton, Voltaire fait installer dans le château un cabinet de physique, le premier d'Europe chez un particulier, dans une aile construite à ses frais. Il fait venir les instruments de mesure et d'observation les plus perfectionnés de l'Europe entière. Dans ce laboratoire, Émilie et Voltaire font des expériences dans le cadre de l'optique de Newton : ils reproduisent l'expérience du prisme. Dans leur exil de Cirey, tous deux se mettent à l'étude de Newton avec ferveur, mais pas tout à fait de la même manière. Émilie, grande mathématicienne, entre dans les calculs et entreprend de traduire les *Principia* de Newton dans le nouveau langage analytique de la dynamique inventé par Leibniz en 1684 et 1686 et amélioré par les frères Bernoulli avec qui elle est en correspondance. Voltaire voit dans la philosophie de Newton un moyen de fonder son déisme. Il lit la traduction du *Traité d'Optique* par Coste, les *Principia*, les manuels de physique de Musschenbroek et de s'Gravesande. Il participe aux expériences de physique et d'optique que l'on fait à Cirey. Le château devient un véritable centre de propagande de la pensée newtonienne : tous les newtoniens qui comptent font un séjour à Cirey. Maupertuis et Algarotti discutent par lettres ou à Cirey avec Émilie et Voltaire du nouveau système du monde.

C'est dans ce contexte de présentation et de diffusion de la pensée de Newton que Voltaire rédige en 1737-1738 les *Éléments de la philosophie de*

Newton, qu'il refuse de composer, à la manière de Fontenelle, ou pis de l'abbé Pluche. Il ne s'agit ni de s'entretenir avec une Marquise imaginaire sur la pluralité des mondes[2] ni de se mettre au spectacle de la nature[3], le cœur empli d'un finalisme naïf. Certes, Voltaire dédicace son ouvrage à une Marquise mais celle-ci n'a pas du tout la fonction d'être l'élève et le faire-valoir du Professeur-narrateur, celle-ci a un nom, Émilie du Châtelet, celle-ci est la marquise réelle avec qui il vit à Cirey.

C'est dans un tout autre esprit que Fontenelle, dans ses *Entretiens sur la pluralité des mondes*, mettait en scène sa Marquise :

> J'ai mis dans ces Entretiens une femme que l'on instruit, et qui n'a jamais ouï parler de ces choses-là. J'ai cru que cette fiction me servirait et à rendre l'ouvrage plus susceptible d'agrément, et à encourager les dames par l'exemple d'une femme, qui ne sortant jamais des bornes d'une personne qui n'a nulle teinture de science, ne laisse pas d'entendre ce qu'on lui dit, et de ranger dans sa tête sans confusion les tourbillons et les mondes[4].

Si l'on doit trouver un successeur de Fontenelle, il faut le chercher dans Algarotti et dans son *Newtonianisme pour les Dames*[5] et non dans Voltaire.

Au contraire, les *Éléments de la philosophie de Newton* constituent l'antithèse d'un projet de vulgarisation mondaine. L'avant-propos des *Éléments* donne le ton :

> Ce n'est point ici une marquise, ni une philosophie imaginaire[6].

Voltaire exige de son lecteur un effort véritable car la science de Newton n'est pas un roman de la nature.

---

2 Les *Entretiens sur la pluralité des mondes* paraissent en 1686 et constituent une présentation à une Marquise imaginaire du système cartésien des tourbillons. Ni la Marquise du Châtelet ni Voltaire ne goûtent l'ouvrage de Fontenelle qu'ils jugent écrit dans un style trop fleuri et trop galant.

3 Les huit tomes du *Spectacle de la nature* de l'abbé Pluche paraissent entre 1732 et 1750.

4 *Entretiens sur la pluralité des mondes*, d'après l'édition de 1742, Paris, Librairie Nizet, 1984, Préface, p. 5-6.

5 Du reste, Algarotti dédicace son livre à Fontenelle, ce qui déçoit fortement la Marquise du Châtelet qui espérait en être la dédicataire et ce qui irrite Voltaire qui cherche à imposer un autre style de présentation de la science. Voir, sur ce point, l'article « Algarotti vulgarisateur » de Philippe Hamou in *Cirey dans la vie intellectuelle – La réception de Newton en France*, p. 73-89.

6 *Éléments de la philosophie de Newton* in tome XV des *Œuvres complètes* de Voltaire, t. XV, critical edition by R. L. Walters and W. H. Barber, The Voltaire Foundation Taylor Institution, Oxford, 1992 (titre abrégé par la suite en *Éléments*), p. 547.

Et cette conception de la science newtonienne et de la manière dont on doit la présenter émane des discussions qu'il partage avec la Marquise. Dans les *Institutions de physique*, Émilie du Châtelet commence en effet par faire à son fils l'éloge de l'étude et, en particulier, de l'étude de la physique[7]. Dans le même sens, Voltaire cherche à mettre de la simplicité et de la clarté dans l'exposition, tout en conservant à la science de Newton son caractère complexe.

Ainsi, dans l'introduction à la physique newtonienne, il s'adresse non à une Marquise imaginaire mais à la femme ou à l'homme d'esprit qu'il compare à un ministre :

> La science de la nature est un bien qui appartient à tous les hommes. Tous voudraient avoir connaissance de leur bien, peu ont le temps ou la patience de la calculer ; Newton a compté pour eux. Il faudra ici se contenter de la somme de ces calculs. Tous les jours un homme public, un ministre, se forme une idée juste du résultat des opérations que lui-même n'a pu faire ; d'autres yeux ont vu pour lui, d'autres mains ont travaillé, et le mettent en état par un compte fidèle de porter son jugement. Tout homme d'esprit sera à peu près dans le cas de ce ministre[8].

Voltaire livre dans ce texte le modèle à suivre pour écrire un livre de présentation de la science. Ce modèle, c'est le rapport administratif ou la note de synthèse qui permet au ministre d'agir sans entrer dans le détail des calculs. Par cette nouvelle présentation de la science, Voltaire et la Marquise cherchent à imposer une nouvelle image de la science qui n'a plus grand-chose à voir avec l'idéal de culture mondaine propre à Fontenelle et à Algarotti. Il s'agit de faire de la science une affaire sérieuse que l'on traite sérieusement et de lutter contre « cette affectation trop répandue de traiter des matières sérieuses d'un style gai et familier [ce qui] rendrait, à la longue, la philosophie ridicule, sans la rendre plus facile[9] ».

Si Voltaire a cependant supprimé les raisonnements géométriques et les calculs qui font la force des *Principia*, c'est parce que la compréhension de ceux-ci est réservée aux spécialistes qui maîtrisent le langage

---

7 Madame du Châtelet, *Les Institutions de physique*, Paris, Prault, 1740, p. 5 : « L'étude de la physique, paraît faite pour l'homme, elle roule sur les choses qui nous environnent sans cesse, et desquelles nos plaisirs et nos besoins dépendent : je tacherai dans cet ouvrage de mettre cette science à votre portée ».

8 *Éléments*, Deuxième partie, Introduction, p. 253-254.

9 *Réponses à toutes les objections faites en France contre la philosophie de Newton* in *Éléments*, p. 749.

PREMIÈRE PARTIE

L'ŒUVRE D'ÉMILIE DU CHÂTELET

par la somme de leurs résistances (solution qui a sa préférence dans la mesure où elle fournit une mesure commune de la force : $F = mv$ pour l'équilibre et le mouvement retardé), il exprime son scepticisme sur cette question :

> néanmoins comme nous n'avons d'idée précise et distincte du mot de force, qu'en restreignant ce terme à exprimer un effet, je crois qu'on doit laisser chacun le maître de se décider comme il voudra là-dessus ; et toute la question ne peut plus consister, que dans une discussion métaphysique très futile, ou dans une dispute de mots plus indigne encore d'occuper des philosophes[3].

Mais, de 1686 à 1758, pendant plus de soixante-dix ans, les savants les plus éminents de l'époque dont la Marquise du Châtelet participent au débat. Or il est intéressant de souligner que loin d'être une simple dispute de mots, ce à quoi cherche à la réduire D'Alembert, cette querelle est avant tout une discussion sur les premiers principes et les principes dérivés : quels sont les principes fondateurs, quels sont les principes seconds ?

Nous proposons de choisir cette question comme fil directeur pour lire la querelle des forces vives, ce qui nous conduira à réfléchir sur un de ses enjeux les plus importants : la querelle est le lieu d'une dispute sur la conception de la métaphysique au fondement de la science, elle soulève la question de la conception ou des conceptions de la métaphysique. La métaphysique est-elle l'expression d'une théologie naturelle ou est-elle intégrable au cadre conceptuel de la science comme ensemble de principes ?

Mais précisons d'abord une chose, la manière dont nous étudions la querelle des forces vives ne relève ni de l'histoire des sciences ni de la philosophie des sciences à proprement parler. En effet, cette querelle a déjà fait l'objet de très nombreux travaux en histoire et philosophie des sciences et il semble bien inutile d'en retracer l'histoire et les différentes étapes[4]. De

---

3 *Ibid.*, p. XXII.

4 Voir, par exemple, Thomas L. Hankins, « Eighteenth-century attempts to resolve the vis viva controversy », *Isis*, 57, 1967 ; Pierre Costabel, *La question des forces vives, Cahiers d'histoire et de philosophie des sciences*, 8, 1983 ; Pierre Costabel, « D'Alembert et la querelle des forces vives » in *Actes du Colloque Jean D'Alembert – 15-18 juin 1983*, publiés par le Centre International de Synthèse, Paris, Archives, 1989 ; Véronique Le Ru, chapitre 5 « La querelle des forces vives » in *D'Alembert philosophe*, Paris, Vrin, 1994, p. 77-92 ; Robert L. Walters, « La querelle des forces vives et le rôle de Mme du Châtelet in *Cirey dans la vie intellectuelle. La réception de Newton en France*, dir. François de Gandt, Oxford, Voltaire Foundation, *SVEC*, 2001, 11, p. 198-211.

ces travaux, il ressort que la querelle des forces vives a duré longtemps pour deux raisons. D'une part, parce qu'elle porte en germe ou en germination un certain nombre de concepts fondamentaux de la physique qui, une fois mûris dans le terreau de cette querelle, la feront disparaître : tel est le concept de force réduit à ses effets de mouvement, ou celui d'élasticité ou de dureté des corps, ou encore le concept d'énergie (qui sera défini par le produit de la masse par le carré de la vitesse de la lumière, définition analogue à celle de la force vive) ou enfin le principe des travaux virtuels ou principe de D'Alembert sur lequel nous reviendrons. D'autre part, parce qu'elle nourrit une réflexion sur les principes et qu'elle exprime des enjeux métaphysiques et théologiques importants. La grille de lecture de la querelle des forces vives par la question de la hiérarchisation des principes semble donc pertinente et nous engage ouvertement sur le terrain métaphysique et théologique. Sur le fond du débat scientifique, tout le monde reconnaît assez vite et assez tôt que si l'on donne le même problème de mécanique à résoudre aux deux camps adverses, ils parviendront à la même solution. L'expression de « dispute de mots » pour désigner la querelle apparaît aussi assez tôt. Voltaire utilise cette expression dans la *Métaphysique de Newton*[5] qu'il publie en 1740, Clairaut aussi se sert de l'expression dans sa lettre de mai 1741 à la Marquise du Châtelet. Cependant, à notre connaissance, c'est Maupertuis qui, le premier, choisit cette expression, d'après la lettre de Madame du Châtelet à Maupertuis du 10 février 1738 :

> Au reste, je crois comme vous, que ce n'est qu'une dispute de mots[6].

Mais dans la même lettre elle ajoute :

> M. de Leibniz à la vérité n'avait guère raison que sur les forces vives, mais enfin il les a découvertes, et c'est avoir deviné un des secrets du créateur[7].

Nous avons dans cet apparent paradoxe énoncé en quelques lignes dans la lettre à Maupertuis les enjeux du débat : dispute de mot ou secret du créateur, question de nom ou mise au jour d'un principe premier ?

---

5 Voltaire, *Métaphysique de Newton* in *Œuvres complètes*, t. 15, Oxford, 1992, p. 250 : « Cette dispute a partagé l'Europe, mais enfin il semble qu'on reconnaît que c'est au fond une dispute de mots ».

6 Madame du Châtelet, *Les Lettres de la Marquise du Châtelet*, publiées en deux tomes, par Théodore Besterman, Genève, Institut et Musée Voltaire, 1958, p. 217.

7 *Ibid.*

Pourquoi Émilie du Châtelet considère-t-elle le principe leibnizien des forces vives comme un des secrets du créateur ? Parce qu'elle relie la question aux principes fondateurs de la métaphysique leibnizienne qu'elle a faite sienne suite à ses lectures de Leibniz et de Wolff et qu'elle expose dans les *Institutions de Physique* de 1740. Or cet ouvrage est la tentative audacieuse de fonder la physique newtonienne dans la métaphysique leibnizienne mais, précisons-le, revue et corrigée par Wolff. En effet, la Marquise, si elle est newtonienne dans sa pratique scientifique, ne l'est pas dans sa métaphysique. Elle considère l'œuvre de Newton d'autant plus incomplète qu'il a lui-même banni de sa physique les hypothèses pour fonder en raison l'attraction : « *hypotheses non fingo* » qu'elle traduit par « je n'imagine point d'hypothèses[8] ». L'hypothèse de l'attraction ne lui apparaît pas suffisamment fondée en raison et elle entreprend de lui donner une raison suffisante par l'application du principe du même nom qui gouverne, selon Leibniz, les vérités contingentes. Si le principe de contradiction est le fondement de toutes les vérités nécessaires, le principe de la raison suffisante est celui de toutes les vérités contingentes :

> Ce principe duquel toutes les vérités contingentes dépendent, qui n'est ni moins primitif, ni moins universel que celui de contradiction, est le principe de la raison suffisante : tous les hommes le suivent naturellement ; car il n'y a personne qui se détermine à une chose plutôt qu'à une autre, sans une raison suffisante qui lui fasse voir que cette chose est préférable à l'autre[9].

Sa négation entraîne celle de la permanence de la substance que la Marquise présente, dans des termes pré-kantiens, comme substrat du changement :

> dès que l'on admet qu'il peut arriver quelque chose, sans raison suffisante, on ne peut assurer d'aucune chose, qu'elle est la même qu'elle était le moment d'auparavant, puisque cette chose pourrait se changer à tout moment, dans une autre d'une autre espèce ; ainsi il n'y aurait pour nous de vérités que pour un instant[10].

---

8 Newton, *Principes mathématiques de la philosophie naturelle*, Paris, 1756-1759, traduction de Madame du Châtelet, rééd. en fac similé, Jacques Gabay, 1990, en deux tomes, t. 2, p. 179.

9 Madame du Châtelet, *Les Institutions de physique*, Paris, Prault, 1740, p. 22.

10 Madame du Châtelet, *Les Institutions de physique*, p. 22.

Positivement, le principe de raison suffisante entraîne plusieurs autres principes : le principe des indiscernables[11], le principe de finalité[12] et enfin le principe de la distinction de la veille et du sommeil[13]. Rien d'étonnant alors à ce que la Marquise fasse de ce principe la « boussole » de la métaphysique[14]. Tout dépend de lui en effet : la science et la théologie naturelle, puisqu'il fonde la permanence de la substance et le substrat du changement, l'harmonie de l'univers produite par une sagesse suprême, l'identité et la réalité.

Si l'on revient sur ce dernier point, la distinction de la veille et du sommeil, de la réalité et de la fiction, Émilie du Châtelet la réfère implicitement au principe de continuité. *A contrario*, c'est la discontinuité qui m'indique que je rêve :

> Je rêve que je suis dans ma chambre, occupée à écrire ; tout d'un coup ma chaise se change en un cheval ailé, et je me trouve en un instant à cent lieues de l'endroit où j'étais, et avec des personnes qui sont mortes depuis longtemps, etc.[15]

Le principe de raison suffisante fonde la continuité dans l'espace et dans le temps et ainsi permet de distinguer la veille qui respecte ce principe de continuité et le sommeil qui nous transporte dans un monde fabuleux. Mais cela signifie-t-il alors que le sommeil et le rêve échappent au principe de raison suffisante ? Le rêve ne remet-il pas en question l'harmonie de l'univers puisque toutes les parties du rêve n'y sont plus bien liées ?

---

11 Celui-ci dérive directement du principe de raison suffisante et de la substance conçue comme substrat du changement : « Sans ce principe, il n'y aurait point de choses identiques, car deux choses sont identiques lorsque l'on peut substituer l'une à la place de l'autre, sans qu'il arrive aucun changement par rapport à la propriété qu'on considère » in *Les Institutions de physique*, p. 23.

12 *Ibid.*, p. 23-24 : « Sans le principe de la raison suffisante, on ne pourrait plus dire que cet univers, dont toutes les parties sont si bien liées entre elles, n'a pu être produit par une sagesse suprême, car s'il peut y avoir des effets sans raison suffisante, tout cela eût pu être produit par le hasard, c'est-à-dire par rien ».

13 *Ibid.*, p. 24 : « lorsque je sors de ma chambre, je puis dire comment, et pourquoi j'en sors, et je ne vais point d'un lieu dans un autre sans passer par les lieux intermédiaires : cependant toutes ces chimères seraient également possibles, s'il pouvait y avoir des effets sans raison suffisante : c'est ce principe qui distingue le songe de la veille, et le monde réel, du monde fabuleux que l'on nous dépeint dans les contes des fées ».

14 *Ibid.*, p. 13.

15 *Ibid.*, p. 24.

Nous verrons que Voltaire reprend précisément cet argument du rêve dans ses discussions avec la Marquise sur les forces vives et le principe de continuité. Pour cette dernière, le principe des forces vives est directement corrélé au principe de continuité fondée lui-même sur le principe de raison suffisante : la nature ne fait point de saut, tout est lié dans l'univers par la continuité des monades et par les petites perceptions. C'est sur ce rappel que s'ouvre le dernier chapitre des *Institutions de physique*, sur la force des corps et les forces vives : la Marquise utilise le principe de continuité pour montrer qu'il y a aussi une continuité entre un corps au repos et un corps en mouvement et qu'il faut penser tous les degrés de mouvement et de force qui séparent la force morte d'un corps au repos de sa force vive quand l'obstacle au mouvement est vaincu ou disparaît. C'est aussi ce principe de continuité qui lui permet à la toute fin du chapitre de mettre en lumière la raison métaphysique qui la conduit à défendre les forces vives, à savoir que c'est cette quantité que Dieu conserve dans l'univers et non, comme le croyait Descartes, la quantité de mouvement :

> Or cette conservation des forces vives serait une raison métaphysique très forte, toutes choses d'ailleurs égales, pour déterminer et estimer la force des corps en mouvement par le carré de leurs vitesses ; car ce n'est pas le produit de la masse par la vitesse qui se trouve, quand on poursuit la force dans ses effets, mais le produit de la masse par le carré de la vitesse ; or, que le mouvement périsse ou renaisse, il n'y a rien là de contraire aux bons principes, pourvu que la force qui le produit, reste la même[16].

Cette raison métaphysique est une raison théologique : grâce à ce principe de conservation des forces vives, on peut reprendre en la reformulant l'idée de Descartes qu'il y a une même quantité de force qui se conserve dans l'univers et que cela est fondé dans la perfection de Dieu et dans la constance de sa volonté en ses actions[17], idée que la Marquise qualifie de « si belle, si vraisemblable, si digne de la grandeur de la sagesse de l'auteur de la nature[18] ». Cependant, une fois admis le principe de conservation des forces vives, on est obligé d'admettre en

16 Madame du Châtelet, *Les Institutions de physique*, p. 448-449.

17 Descartes, *Principes de la philosophie*, II, § 36, *in Œuvres philosophiques*, t. 3, Paris, Garnier, 1963-1973, p. 182. *Que Dieu est la première cause du mouvement, et qu'il en conserve toujours une égale quantité dans l'univers.*

18 Madame du Châtelet, *Les Institutions de physique*, p. 447.

amont les deux principes qui le fondent, le principe de raison suffisante et le principe de continuité, et en aval les conséquences métaphysiques qui en résultent : tout est lié dans l'univers constitué d'une multitude infinie de monades ou d'âmes qui sont autant de miroirs de l'univers.

Émilie du Châtelet, dans le chapitre VII des *Institutions de physique* sur les monades, entreprend d'expliquer comment une âme peut être le miroir de l'univers entier, et de tous les changements. En effet, le système des monades a besoin « d'être éclairci et d'être sauvé du ridicule[19] ». Cette remarque pourrait bien être le fruit de discussions sur les monades qu'elle a avec Voltaire qui n'hésite pas en effet à couvrir de ridicule la doctrine leibnizienne, nous reviendrons sur ce point. Elle commence par préciser que seul Dieu voit l'univers de manière si distincte qu'aucun rapport ne lui échappe, à la différence de l'âme, certes miroir de l'univers, mais qui se le représente de manière confuse. Et pour expliquer ce point, elle prend l'exemple d'un bateau qui flotte sur la mer où l'on jette à différentes distances de ce bateau des pierres de différente grosseur :

> Ainsi ce bateau recevra successivement des impressions de toutes les pierres, dont chacune est telle qu'on en pourrait déterminer la cause, et la distance ; or nous sommes dans le même cas que ce bateau, notre corps nage dans un fluide infini, et il vient des ondes le frapper de toutes parts[20].

La Marquise fait alors référence aux petites perceptions : quand l'impression dans les organes des sens est forte, elle excite en nous un sentiment violent, parce que l'objet qui en est la cause est proche, nous l'apercevons et nous en avons une idée fort claire mais « à mesure que l'objet qui cause la sensation s'éloigne, l'impression qu'il fait sur les organes de nos sens devient moins forte, et la clarté de l'idée qu'elle excite en nous suit cette dégradation, et diminue à proportion[21] ». Nos perceptions plus ou moins claires dépendent donc de la force plus ou moins éloignée qui produit cette impression car, ajoute-t-elle, « par la loi de continuité, la clarté de l'idée doit suivre la force de l'impression[22] ». Quand une perception est petite, elle est insensible et l'idée qui lui est

19 Madame du Châtelet, *Les Institutions de physique*, p. 143.
20 Madame du Châtelet, *Les Institutions de physique*, p. 143-144.
21 Madame du Châtelet, *Les Institutions de physique*, p. 144.
22 *Ibid.*

corrélée est elle aussi insensible, mais elle n'en continue pas moins à s'exercer, telle l'onde due à une pierre jetée très loin du bateau continue à se propager mais de manière insensible pour le bateau même s'il en existe une représentation confuse du fait que l'onde se propage même très faiblement jusqu'à lui, sinon il y aurait solution de continuité :

> Car si à une certaine distance les représentations que les objets excitent dans notre âme, venaient à cesser, quoique les impressions qu'ils font sur nos sens continuassent, il se ferait un saut dans la nature, ce qui serait contraire au principe de la raison suffisante[23].

Une fois admis le principe de raison suffisante, on est obligé d'adhérer au plein de l'univers, à cette conception continue des monades comme miroirs de l'univers et aux plus ou moins petites perceptions qui en résultent :

> J'ai une idée toute claire, par exemple, de ce papier, sur lequel j'écris, et de la plume dont je me sers : cependant, combien de représentations obscures sont enveloppées et cachées, pour ainsi dire, dans cette idée claire ; car il y a une infinité de choses dans la tissure de ce papier, dans l'arrangement des fibres qui le compose, dans la différence et la ressemblance de ces fibres que je ne distingue point, et dont j'ai cependant une représentation obscure ; car les fibres, leurs différences, et leur arrangement subsistant, il n'y a aucune raison pourquoi elles ne causeraient pas des impressions dans mes organes, et par conséquent des représentations dans mon âme ; mais ces impressions étant trop faibles et trop composées, je ne les distingue point, et il en naît dans mon âme des représentations obscures[24].

Voltaire, malgré sa vie commune avec Émilie, ne partage pas du tout ce qu'il appelle sa « religion des monades ». À Mairan, le 5 mai 1741, il décrit les discussions qu'il a avec elle et ses hôtes à Cirey en ces termes :

> Je suis fâché que mes amis se soient laissés prendre à ce piège [la religion des monades et le carré de la vitesse] et encore plus de la querelle des forces vives qui s'est élevée. Mais il ne faut pas gêner ses amis dans leur profession de foi, et moi qui ne prêche que la tolérance, je ne peux pas damner les hérétiques. J'ai beau regarder les monades avec leur perception et leur aperception comme une absurdité, je m'y accoutume comme je laisserais ma femme aller au prêche si elle était protestante[25].

---

23 Madame du Châtelet, *Les Institutions de physique*, p. 144-145.

24 Madame du Châtelet, *Les Institutions de physique*, p. 145-146.

25 Voltaire, Lettre à Dortous de Mairan du 5 mai 1741, D2479, in Théodore Besterman éd., *Œuvres complètes. Correspondance. Mai 1741-octobre 1743 D2471-D2873*, 143 vol., Genève, Institut et Musée Voltaire, 1970-2012, vol. XCIII, p. 21-22.

Quand Émilie du Châtelet défend, dans les *Institutions de physique* de 1740, la métaphysique leibnizienne, Voltaire se voit obligé, dans le chapitre VI de la première partie consacrée à la métaphysique des *Éléments de la philosophie de Newton* (nous nous référons à la troisième édition de 1741[26]) d'entrer dans la discussion sur les monades et l'âme que ses maîtres – Newton, Locke et Samuel Clarke – avaient soigneusement évitée. Pour convaincre Émilie de l'inanité des monades leibniziennes, Voltaire n'hésite pas à avoir recours à la cartouche classique des sceptiques, à savoir l'argument de la discontinuité de la veille et du sommeil, afin de donner le coup de grâce au principe de continuité qui sous-tend la doctrine des monades. Voltaire entre en lice par la question : que peut bien signifier l'idée que l'âme est un miroir de l'univers ? Voltaire résume Leibniz : l'âme, en tant que monade, est un être simple, ses changements doivent venir de sa propre nature et sont donc des idées successives des choses de l'univers. Mais comme toutes les choses sont liées dans l'univers, si l'âme a une idée claire d'un des changements qu'il affecte, c'est-à-dire d'une des choses de l'univers, elle doit avoir nécessairement des idées confuses et obscures de tout le reste. Voltaire centre sa réfutation sur la mise en question de cette liaison universelle de toutes les choses de l'univers :

> si Dieu a fait de l'âme un miroir, il en a fait un miroir bien terne, et [...] si on n'a d'autres raisons pour avancer des suppositions si étranges que cette liaison prétendue indispensable de toutes les choses de ce monde, on bâtit cet édifice hardi sur des fondements qu'on n'aperçoit guère[27].

Il concentre sa critique sur la conséquence principale du principe de continuité qui sous-tend la liaison universelle de toutes les choses, à savoir l'homogénéisation, sous couvert de nécessité, de toutes les choses et de tous les événements de l'univers. La conception leibnizienne de l'âme comme miroir de l'univers et surtout ce qu'elle implique, à savoir que tout est lié de manière nécessaire, heurte Voltaire dans sa conviction d'être libre, dans son sens esthétique et philosophique du foisonnement et de l'hétérogénéité des choses et des êtres, dans sa conscience aiguë de la diversité des tempéraments

26 Voltaire, *Éléments de la philosophie de Newton* in tome XV des *Œuvres complètes* de Voltaire, t. XV, critical edition by R. L. Walters and W. H. Barber, The Voltaire Foundation Taylor Institution, Oxford, 1992.

27 *Éléments*, p. 230-231.

des hommes et même de la pluralité des idées d'un seul individu. Comme il l'a si bien mis en scène dans ses contes, les hommes sont divers et changeants. Non, tout n'est pas à mettre sur le même rang ni dans la même chaîne nécessaire : un individu, dans une même journée, a des pensées bien liées entre elles mais aussi des rêveries et parfois des absences. Et si l'on pense aux vingt-quatre heures de la vie d'un homme, la discontinuité et même la rupture entre la veille et le sommeil attestent qu'il n'y a pas de liaison nécessaire dans ses idées ni a fortiori dans les choses de ce monde :

> les idées d'un homme ont-elles entre elles la même chaîne que l'on suppose dans les choses de ce monde ? [...] Quelle chaîne y a-t-il entre la mort passagère de l'âme dans un profond sommeil, ou dans un évanouissement, et entre les idées que l'on reçoit en reprenant ses esprits[28] ?.

L'argument du rêve est certainement l'argument fort de Voltaire dans les discussions sur les monades dont l'importance transparaît dans l'adresse directe qu'il fait à la Marquise dans le chapitre VI des *Éléments*, qui nous conduit au cœur de la conversation au château de Cirey :

> je suis obligé d'exposer avec clarté cette hypothèse du fameux Leibniz, devenue pour moi plus respectable depuis que vous en avez fait l'objet de vos recherches[29].

Le « vous » s'adresse directement à Émilie. Et ce qui est remarquable ici tient au fait que nous ne sommes plus dans l'Avant-propos ni dans une instance de discours (dédicace ou préface) où l'adresse directe est autorisée, nous sommes au cœur de la première partie du traité sur la philosophie de Newton. C'est ce qui rend l'adresse directe à la Marquise d'autant plus étonnante et d'autant plus significative.

Un autre passage de l'*Exposition du livre des* Institutions de physique *dans laquelle on examine les idées de Leibniz* témoigne de cet échange serré de Voltaire et d'Émilie :

> L'aimable et respectable auteur des *Institutions physiques* a bien senti l'inconvénient du système des monades, et elle dit, page 143, qu'il a besoin d'être éclairci et d'être sauvé du ridicule[30].

28 *Éléments*, p. 231.

29 *Éléments*, p. 229-230.

30 Voir *Mélanges*, II, 1738-1743 in tome 23 des *Œuvres complètes*, éd. Moland.

Mais ce « ridicule » dont la Marquise veut sauver Leibniz n'est-il pas tricoté maille à maille par son ami Voltaire à travers le personnage de Zadig[31], ou quelque temps plus tard à travers le personnage de Pangloss (celui qui parle sur tout), professeur leibnizien de Candide, qui lui enseigne la métaphysico-théologo-cosmolonigologie (la science des nigauds) ?

La question du rêve ou celle de la liberté font qu'Émilie ne sera jamais une femme de système et surtout pas du système leibnizien : elle garde toujours une distance critique qui la conduit à une position sceptique que Voltaire partage avec elle. Car Émilie a bien compris que si on élève le principe de conservation des forces vives au rang de preuve de l'existence de Dieu, on doit aussi accepter toutes les conséquences métaphysiques d'un tel principe à savoir que tout est lié dans l'univers. Et surtout on doit admettre la conséquence principale du principe de continuité qui sous-tend la liaison universelle de toutes les choses, à savoir l'homogénéisation, sous couvert de nécessité, de toutes les choses et de tous les événements de l'univers. La conception leibnizienne de l'âme comme miroir de l'univers et surtout ce qu'elle implique, à savoir que tout est lié de manière nécessaire, heurte sa conception de la liberté. Pour elle, les êtres humains sont libres, et toute sa philosophie et sa morale reposent sur ce postulat difficile à accorder avec la métaphysique de l'harmonie préétablie, il faut bien l'avouer. En effet, Leibniz non seulement soutient que Dieu a créé le meilleur des mondes mais qu'au sein de celui-ci tout est nécessairement lié dans une harmonie préétablie. Pour sauver la liberté, Leibniz a recours à une acrobatie conceptuelle qu'il faut ici rappeler : il y a des propositions qui relèvent des vérités nécessaires et des propositions *ex hypothesi* qui sont certaines mais non nécessaires : telle est la proposition selon laquelle César a franchi le Rubicon. Cette proposition engage une vérité contingente qui incline sans nécessiter : César devait franchir certainement le Rubicon mais il l'a fait librement :

---

31 Dans le conte, Zadig fait venir les deux mages qui prétendent au titre de père et leur demande, pour décider qui des deux est le père, qui donnera la meilleure éducation à l'enfant : « Qu'enseigneras-tu à ton pupille ? dit-il au premier. – Je lui apprendrai, dit le docteur, les huit parties d'oraison, la dialectique, l'astrologie, la démonomanie ; ce que c'est que la substance et l'accident, l'abstrait et le concret, les monades et l'harmonie préétablie. – moi, dit le second, je tâcherai de le rendre juste et digne d'avoir des amis. Zadig prononça : "Que tu sois son père ou non, tu épouseras sa mère" » in Voltaire, *Zadig ou la destinée*, p. 44, in *Romans et contes*, Paris, GF, 1966.

> il était raisonnable et par conséquent assuré que cela arrivât, mais non pas qu'il est nécessaire en soi-même, ni que le contraire implique contradiction [...] cette démonstration [...] n'est pas aussi absolue que celle des nombres [...] elle suppose la suite des choses que Dieu a choisie librement, et qui est fondée sur le premier décret libre de Dieu, qui porte de faire toujours ce qui est le plus parfait, et sur le décret que Dieu a fait (en suite du premier) à l'égard de la nature humaine, qui est que l'homme fera toujours (quoique librement) ce qui paraîtra le meilleur[32].

Face à ce raisonnement, la Marquise oppose la force de son sentiment d'être libre, et la force de sa volonté de pouvoir commencer un mouvement et donc créer une force nouvelle ce qui est incompatible avec le principe de conservation des forces vives, et cela la gêne au plus haut point comme elle le souligne dans sa lettre à Maupertuis du 30 avril 1738 :

> mais la seule chose qui m'embarrasse à présent, c'est la liberté, car enfin je me crois libre et je ne sais si cette quantité de force toujours la même dans l'univers ne détruit point la liberté. Commencer le mouvement, n'est-ce pas produire dans la nature une force qui n'existait pas ? Or si nous n'avons pas le pouvoir de commencer le mouvement nous ne sommes point libres[33].

Maupertuis lui répond en physicien et non en métaphysicien, il l'invite à prendre métaphysiquement les effets pour les forces, et non à réfléchir sur les conséquences métaphysiques et existentielles du principe de leur conservation. Cette réponse ne la satisfait pas, elle revient sur la question le 9 mai 1738 :

> Vous ne voulez point éclairer ses profondeurs [de la métaphysique], et vous avez cependant bien tort [...] Si vous ne me croyez point libre je serai bien affligée, car je me la[34] croyais fermement, mais depuis votre lettre je ne sais plus qu'en penser. J'ai envie de faire un moment le conciliateur avec M. de Mairan, et de dire, que dieu peut avoir établi des lois de mouvement pour le choc des corps inanimés par lesquelles, ils conservent, ou communiquent, ou consomment dans des effets, la force qu'on leur imprime, mais que cela n'empêche point qu'il ne réside dans les êtres animés un pouvoir soit mouvant,

32 Leibniz, *Discours de métaphysique*, trad. Georges Le Roy, Paris, Vrin, 1984, § 13, p. 48-49.

33 La Marquise du Châtelet, *Les Lettres de la Marquise du Châtelet*, en deux tomes, Genève, Institut et Musée Voltaire Les Délices, 1958, t. 1, p. 221.

34 Au XVIIIe siècle, quand une femme parle d'elle-même et de ce qu'elle pense être, elle utilise le pronom attribut au féminin et non au masculin soi-disant neutre, aussi dit-elle « je me la [être libre] croyais fermement » et non « je me le croyais fermement ».

> qui est un don du créateur comme l'intelligence, la vie, etc. Car si je suis libre, il faut absolument que je puisse commencer le mouvement, et si ma liberté était prouvée il faudrait bien convenir que ma volonté produit de la force quoique le *quomodo* me soit caché. La création, qu'il faut bien admettre quand on admet un dieu n'est-elle pas dans ce cas-là, et n'y a-t-il pas mille choses qu'il nous sera toujours également impossible de nier, et de comprendre[35] ?.

Ce questionnement, à l'égard de la connaissance des premiers principes, montre l'ampleur du raisonnement de la Marquise qui ne se contente pas de concevoir les principes de la physique mais qui cherche à réfléchir leur corrélation avec les principes de la morale ; ici l'élève surpasse son maître : Maupertuis, qui lui a enseigné la physique newtonienne, a tort de ne pas approfondir le problème de la liberté. Le scepticisme qui marque la fin de sa lettre est certainement issu de ses conversations avec Voltaire. Quand on lit sa correspondance, on est en effet frappé par la proximité du couple : souvent Voltaire à la fin d'une lettre d'Émilie prend la plume à son tour pour ajouter un post-scriptum. Ainsi, à propos de l'ouvrage d'Algarotti, *Le Newtonianisme pour les Dames*, tous les deux estiment que le savant italien s'est fourvoyé en dédicaçant son ouvrage au cartésien Fontenelle et en adoptant le ton badin et le style de présentation mondaine que Fontenelle avait choisis pour ses *Entretiens sur la pluralité des mondes*. À la fin de la lettre de la Marquise à Algarotti du 12 mai 1738, Voltaire lui écrit :

> Vous avez beau supposer une marquise italienne. Croyez-moi la Française vous entendra peut-être encore mieux que le cartésien à qui vous dédiez Newton. J'ai une bonne tracasserie avec lui pour avoir commencé mon petit essai de catéchisme newtonien[36] par ces mots : ce n'est point une marquise ni une philosophe imaginaire[37] [...] Je me suis justifié en disant publiquement, que ce commencement n'était qu'une allusion aux conversations que nous eûmes à Cirey quand j'eus l'honneur d'entendre vos charmants dialogues[38].

La flèche de Voltaire atteint sa cible en plein cœur quand on sait que la dédicace d'Algarotti à Fontenelle était liée à son ambition d'entrer comme savant étranger à l'Académie des sciences dont Fontenelle était

35 La Marquise du Châtelet, *Les Lettres de la Marquise du Châtelet*, p. 226.

36 Il s'agit des *Éléments de la philosophie de monsieur Neuton* parus en 1738.

37 C'est en effet par ces mots de l'Avant-propos dédié à la Marquise du Châtelet que Voltaire commence son ouvrage en 1738, voir Voltaire, *Éléments*, p. 547.

38 Voltaire in *Les Lettres de la Marquise du Châtelet*, p. 229.

à l'époque le secrétaire perpétuel[39]. À propos du même ouvrage, la Marquise confie à Maupertuis sa déception quant au style de présentation de la physique newtonienne :

> Il y a un endroit où il dit que l'amour décroît en raison inverse du carré de l'absence et du cube de la distance et que selon la première proposition un amant qui a été huit jours sans voir sa maîtresse l'aime soixante-quatre fois moins. Cela dure trois pages d'un calcul très géométrique [...] je vous avoue que je n'aime pas trop cette bigarrure d'arlequinade et de vérités sublimes[40].

Indépendamment du style, il est probable que ce type de raisonnement ne pouvait plaire non plus à l'amoureuse et à la fougueuse Émilie qui partageait depuis trois ans une vie merveilleuse et studieuse avec Voltaire qui, malgré ses voyages à l'étranger fréquents, liés souvent à une crainte des persécutions et des poursuites, ne l'en aimait pas moins, loin s'en faut. Si Voltaire en 1736 conclut le *Mondain* par ce dernier vers : « Le paradis terrestre est où je suis[41] », la Marquise n'est pas en reste quand elle écrit au duc de Richelieu le 30 mai 1735 : « l'amour change toutes les épines en fleurs, comme il fera des montagnes de Cirey le paradis terrestre[42] ».

Avant d'en venir à « la vie de château à Cirey » qui fut heureuse, studieuse et audacieuse, il nous faut conclure sur cette querelle des forces vives. Celle-ci permit à la Marquise d'entrer en correspondance avec les plus grands savants de l'époque et d'être lue et considérée par eux comme faisant partie de la communauté scientifique. Car cette querelle suit de près la décision prise par l'Académie des Sciences de Paris de publier les deux mémoires sur la nature du feu envoyés par Voltaire et la Marquise qui le rédigea la nuit à l'insu de ce dernier pour concourir elle aussi au prix de 1736. Or dans ce mémoire, la Marquise avait inséré une note bienveillante envers la position de Dortous de Mairan

39 Lettre de la Marquise à Maupertuis du 9 mai 1738 in *Les Lettres de la Marquise du Châtelet*, p. 225 : « Après son titre (le Newtonianisme à la portée des dames), il n'y a peut-être rien de si ridicule que sa dédicace, à un homme qui a toujours voulu tourner le système de l'attraction en ridicule. Je crois qu'il voulait être de l'Académie ».

40 Lettre à Maupertuis du 3 septembre 1738 in La Marquise du Châtelet, *Les Lettres de la Marquise du Châtelet*, p. 258.

41 *Le Mondain* in *Œuvres complètes* de Voltaire, t. XVI, The Voltaire Foundation Taylor Institution, Oxford, 2003, p. 303.

42 La Marquise du Châtelet, *Les Lettres de la Marquise du Châtelet*, p. 69.

sur les forces (qui devait être mesurées selon lui par *mv* et non par mv^2). Quand, en 1738, Réaumur décide de publier son mémoire, la Marquise lui enjoint de supprimer cette note, Réaumur fait la sourde oreille[43] car probablement il ne veut pas froisser ses collègues académiciens ni surtout Dortous de Mairan en passe de prendre la succession de Fontenelle comme secrétaire perpétuel de l'Académie. La Marquise demande alors à Maupertuis d'intervenir, mais rien à faire, les exemplaires ont déjà été distribués aux académiciens. La Marquise obtient cependant d'insérer un *erratum* dans les autres exemplaires. Bien sûr, Dortous de Mairan dans la querelle de 1740-1741 se servira de cette note insérée dans la *Dissertation sur le feu* de 1738 pour montrer que la Marquise a changé d'avis sur les forces depuis qu'elle est sous l'influence d'un professeur allemand (König) qui a troublé de teinture leibnizienne ses conceptions, comme si la Marquise ne pouvait penser par elle-même.

Cependant, même si le prix de l'Académie sur la nature du feu est décerné en 1738 à Leonhard Euler, il faut souligner que c'est la première fois que l'Académie publie le texte d'une femme, et ce privilège donne à la jeune femme de trente-deux ans une place inédite au sein de la communauté scientifique française où elle entre de plein droit, avant même de se faire connaître et reconnaître de tous ses pairs par la polémique avec Dortous de Mairan.

43 Et la Marquise n'est pas dupe, elle écrit le 20 octobre 1738 à Maupertuis : « M. de Réaumur me fait enrager le plus poliment du monde, il n'a pas voulu souffrir que je supprime une note de mon ouvrage qui n'a rien à démêler avec le fond puisqu'il s'y agit des forces vives » in *Les Lettres de la Marquise du Châtelet*, p. 266.

LES *INSTITUTIONS DE PHYSIQUE* OU LE PARI ÉTONNANT D'ÉMILIE DU CHÂTELET

Fonder Newton dans Leibniz

La Marquise du Châtelet a marqué le savoir de son siècle et marque encore aujourd'hui le savoir, ne serait-ce que par le travail de traduction et de commentaire qu'elle a fourni sur Newton. Sa vie commune avec Voltaire à Cirey entre 1735 et 1749 a été déterminante pour rendre Voltaire newtonien et l'inciter à prêter sa plume à la cause newtonienne. Si cette influence sur Voltaire est connue, si son travail de traduction et de commentaire l'est aussi dans une certaine mesure, d'autres aspects de son œuvre le sont moins, comme, par exemple, les *Institutions de physique*, parues en 1740, traité de physique qui vise à fonder l'attraction de Newton dans le principe de raison suffisante de Leibniz. Cet ouvrage offre, en outre, des considérations subtiles et fines sur le statut des hypothèses en sciences, considérations dont les encyclopédistes ont fait leur miel.

Commençons par rappeler quelques faits biographiques de deux personnages importants dans la vie de la Marquise : l'auteur d'un texte difficile s'il en est, qu'Émilie a brillamment traduit et commenté, Newton, et celui qui fut son compagnon de vie et de travail, Voltaire.

Newton naît en 1642 et meurt en 1727. En 1687, il publie les *Principia mathematica philosophiae naturalis*, dont la troisième édition de 1726 est traduite en français par la Marquise du Châtelet, alors qu'elle vit à Cirey avec Voltaire. Émilie y a travaillé jusqu'à sa mort en 1749, survenue de manière précoce et dramatique, alors qu'elle n'avait que 43 ans. Elle a non seulement traduit le texte de Newton du latin au français mais elle a rédigé un commentaire fort utile du traité. L'ouvrage, relu par Clairaut, a été publié de manière posthume en 1756-1759, il a été réédité en fac-similé à Paris, par Blanchard, en 1966 ; puis par Jacques Gabay, en 1990 et par Dunod en 2005.

Voltaire, né une centaine d'années après Descartes (il naît en 1694 et meurt en 1778), a connu sa période newtonienne pendant une quinzaine d'années à Cirey de 1734 à 1749 alors qu'il vivait avec Émilie. Et c'est sans doute sous son influence qu'il rédige une présentation synthétique de l'œuvre de Newton : les *Éléments de la philosophie de Newton*. Cet ouvrage rompt avec les ouvrages de vulgarisation qui mettent en scène une marquise imaginaire qui cherche à s'instruire auprès d'un homme de la science de son temps (comme par exemple les *Entretiens sur la pluralité des mondes* de Fontenelle parus en 1686 ou *Le newtonianisme pour les Dames* d'Algarotti paru en 1737 en italien et traduit en français en 1738). À Cirey, en effet, la situation est inversée : c'est la Marquise qui rend savant le philosophe, ce dont Voltaire est à la fois parfaitement conscient et fort reconnaissant à Émilie.

Quand la Marquise rédige l'Avant-propos des *Institutions de physique* qu'elle adresse à son fils de 13 ans, elle n'hésite pas à présenter son ouvrage comme un traité de physique plus complet que celui de Voltaire :

> Vous pouvez tirer beaucoup d'instructions sur cette matière [l'attraction], des *Éléments de la philosophie de Newton*, qui ont paru l'année passée ; et je supprimerais ce que j'ai à vous dire sur cela, si leur illustre auteur avait embrassé un plus grand terrain ; mais il s'est renfermé dans des bornes si étroites, que je n'ai pas cru qu'il pût me dispenser de vous en parler[1].

Il est vrai qu'en 1738 les deux éditions qui sont parues des *Éléments* de Voltaire ne comportent pas de partie sur la métaphysique de la science ni sur ce qu'on appelle aujourd'hui la philosophie de la science (rôle des hypothèses, par exemple), ce qui est l'objet des premiers chapitres des *Institutions de physique*. Du reste, Voltaire, sans doute contrarié par cette remarque d'Émilie dans l'Avant-propos (rédigé en 1739, d'après la mention des éditions de 1738), publia en 1740 *La Métaphysique de Newton* qu'il inséra, au titre de première partie, dans la troisième édition de 1741 des *Éléments de la philosophie de Newton*, qui constitue l'édition de référence[2].

---

1 Émilie du Châtelet, *Institutions de physique*, Paris, Prault, 1740, p. 7.

2 Voir Véronique Le Ru, *Voltaire newtonien*, Paris, Vuibert-ADAPT, 2005 ; 2013, note 1 de l'Avant-propos, p. 3 : « La première édition de 1738 à Amsterdam n'est pas achevée de la

Or la Marquise et Voltaire ne sont pas d'accord sur la métaphysique de la science : Voltaire défend une métaphysique déiste, mais plutôt vague et générale, à la manière de Newton, sans entrer dans aucun détail alors que la Marquise encadre la physique newtonienne par une lecture précise de la métaphysique leibnizienne et notamment par son principe de raison suffisante qu'elle présente comme le fondement de toutes les vérités contingentes ou expérimentales (le principe de contradiction étant le fondement de toutes les vérités nécessaires). Autrement dit, elle se donne pour défi de présenter une synthèse des deux auteurs antagonistes[3]. Il est vrai que cette synthèse avait déjà été en partie accomplie pour ce qui est de la physique newtonienne puisque les savants de l'Académie Royale des sciences de Paris avaient déjà transcrit, à l'orée du XVIIIe siècle, certaines démonstrations de Newton dans les termes du calcul infinitésimal[4] mais la Marquise accomplit systématiquement cette synthèse quand elle traduit doublement les *Principia mathematica* : elle les traduit du latin au français mais aussi de la langue géométrique des démonstrations de Newton à la langue analytique des équations différentielles leibniziennes. De surcroît, elle entreprend aussi cette synthèse pour la métaphysique de la science : elle veut fonder la physique newtonienne dans la métaphysique de Leibniz et considère son principe de raison suffisante comme une boussole :

> Les idées de M. Leibniz sur la métaphysique, sont encore peu connues en France [...] mais il me semble qu'il nous a fourni dans le principe de la raison suffisante, une boussole capable de nous conduire dans les sables mouvants de cette science[5].

main de Voltaire et paraît sans son consentement, d'où une deuxième édition immédiate en 1738 prétendument faite à Londres mais réellement en France. Enfin, la troisième édition augmentée de 1741 est l'édition de référence, c'est celle reprise dans les *Œuvres complètes* de Voltaire, t. XV, critical edition by R. L. Walters and W. H. Barber, The Voltaire Foundation Taylor Institution, Oxford, 1992. »

3 Leibniz considère l'attraction comme un miracle perpétuel, et critique les conceptions newtoniennes de l'espace absolu et du temps absolu (voir la correspondance de Leibniz et de Clarke, porte-parole de Newton). Les newtoniens, de leur côté, accusent Leibniz d'avoir plagié Newton dans sa découverte du calcul infinitésimal, accusation non fondée mais soutenue par la *Royal Society of London*, à la grande vexation de Leibniz.

4 Pierre Varignon et Michel Rolle notamment traduisent certaines démonstrations géométriques complexes de Newton dans les termes du calcul infinitésimal de Leibniz, ce qui facilite grandement l'accès à la théorie newtonienne de l'attraction (voir Michel Blay, *La naissance de la mécanique analytique*, Paris, PUF, 1992, p. 29-62).

5 Émilie du Châtelet, *Institutions de physique*, p. 13.

Ce n'est pas là l'avis de Voltaire : il estime que ce principe enlève à Dieu sa liberté[6]. Quant au système des monades et à l'harmonie préétablie, il les juge aussi obscurs et inutiles l'un que l'autre, on l'a vu, et se réfère malicieusement au traité de la Marquise pour justifier son propos :

> L'aimable et respectable auteur des *Institutions physiques* a bien senti l'inconvénient du système des monades, et elle dit, page 143, qu'il a besoin d'être éclairci et d'être sauvé du ridicule. Il n'y a eu encore ni aucun Français, ni aucun Anglais, ni, je crois, aucun Italien, qui ait adopté ces idées étrangères. Plusieurs Allemands les ont soutenues ; mais il est à croire que c'est pour exercer leur esprit, et par jeu plutôt que par conviction. J'ajouterai ici que, pour rendre le roman complet, Leibniz imagina que, notre corps étant composé d'une infinité de monades d'une espèce, la monade de notre âme est d'une autre espèce ; que notre âme n'agit aucunement sur notre corps, ni le corps sur elle ; que ce sont deux automates qui vont chacun à part, à peu près comme dans certains sermons burlesques un homme prêche tandis que l'autre fait des gestes ; qu'ainsi, par exemple, la main de Newton écrivit mécaniquement le calcul des fluxions, tandis que sa monade était montée séparément pour penser au calcul : cela s'appelle l'harmonie préétablie, et l'auteur des *Institutions physiques* n'a pas voulu encore exposer ce sentiment, elle a voulu y préparer les esprits[7].

Cependant, comme l'introduction de la métaphysique leibnizienne dans les *Institutions de physique* a déjà fait l'objet de plusieurs travaux, notamment la présentation que fait la Marquise du système des monades[8], nous proposons plutôt de mettre l'accent sur un autre aspect de l'ouvrage, à savoir ses réflexions méthodologiques sur la science qu'elle développe dans l'Avant-propos et dans le chapitre IV consacré aux hypothèses. C'est donc le portrait de la Marquise en philosophe que nous voudrions esquisser.

6 À l'argument de Madame du Châtelet – Dieu n'a pu se résoudre à créer le monde et à choisir le meilleur des mondes possibles sans une telle raison – Voltaire rétorque que Dieu n'a nul besoin d'une raison ni de faire un tel choix : il a créé le monde par sa liberté absolue et sa seule volonté, tel qu'il est.

7 Voltaire, *Exposition du livre des Institutions de physique dans laquelle on examine les idées de Leibniz* in *Mélanges*, II, 1738-1743 in tome 23 des *Œuvres complètes*, établies par Louis Moland.

8 Voir Anne-Lise Rey, « La figure du leibnizianisme dans les *Institutions de physique* », et Véronique Le Ru, « Quand Voltaire et la Marquise parlent métaphysique » in *Émilie du Châtelet, éclairages et documents nouveaux*, Centre international d'étude du XVIIIe siècle, Ferney-Voltaire, 2008.

Dans l'Avant-propos qu'on peut lire comme un véritable discours de la méthode, la Marquise développe des considérations fort intéressantes sur la science : elle reprend la métaphore des épaules des géants[9] en ces termes :

> Nous nous élevons à la connaissance de la vérité, comme ces géants qui escaladaient les cieux en montant sur les épaules les uns des autres[10].

Rien ne se fait de rien : la science progresse en s'appuyant sur les auteurs précédents d'une manière cumulative. Newton s'appuie sur Kepler et Huygens qui eux-mêmes s'appuient sur Leibniz qui s'appuie à son tour sur Descartes et Galilée et eux-mêmes sur Copernic. Deuxième point important, la Marquise montre à son fils son opposition à une conception nationale de la science :

> la recherche de la vérité est la seule chose dans laquelle l'amour de votre pays ne doit point prévaloir, et c'est assurément bien mal à propos qu'on a fait une espèce d'affaire nationale des opinions de Newton, et de Descartes : quand il s'agit d'un livre de physique il faut demander s'il est bon, et non pas si l'auteur est anglais, allemand, ou français[11].

On n'est donc pas un mauvais citoyen français[12] parce qu'on adopte la physique de Newton (auteur anglais) plutôt que celle de Leibniz (auteur allemand) ou de Descartes (auteur français). Troisième point remarquable, la Marquise bannit tout argument d'autorité en science et dans la connaissance en général :

> lorsqu'on a l'usage de la raison, il ne faut en croire personne sur sa parole, mais il faut toujours examiner par soi-même, en mettant à part la considération qu'un nom fameux emporte toujours avec lui[13].

9 C'est à Bernard de Chartres au XIIème siècle qu'on attribue la mention des « nains sur les épaules des géants », selon Jean de Salisbury qui la rapporte (voir Édouard Jeauneau, « *Nani gigantum humeris insidentes* ». Essai d'interprétation de Bernard de Chartres, *Vivarium* V, 1967, p. 79-99). Bernard de Chartres se serait peut-être inspiré de Platon qui soutient dans le *Phédon* (90a) qu'il est rare de trouver dans la nature des éléments extrêmement grands ou extrêmement petits, des nains et des géants.

10 Émilie du Châtelet, *Institutions de physique*, p. 6.

11 Émilie du Châtelet, *Institutions de physique*, p. 7.

12 Voltaire partage avec Émilie cette conception universelle de la science, voir notre ouvrage *Voltaire newtonien*, p. 88-89.

13 Émilie du Châtelet, *Institutions de physique*, p. 11.

Et pour justifier son rejet de l'argument d'autorité, elle fait mention d'Aristote et de son étonnement d'y trouver « des idées parfois si saines sur certains points de physique générale, à côté des plus grandes absurdités[14] » mais aussi de son étonnement contraire à la lecture de « quelques-unes des questions que M. Newton a mises à la fin de son *Optique*[15] ». Quatrième point à souligner, la Marquise distingue deux espèces de choses dans la métaphysique :

> la première, ce que tous les gens qui font un bon usage de leur esprit, peuvent savoir ; et la seconde, qui est la plus étendue, ce qu'ils ne sauront jamais[16].

Le dernier point que nous voudrions relever dans l'Avant-propos concerne les hypothèses. Émilie du Châtelet, quand elle fait référence aux deux systèmes d'explication du monde développés par Descartes et Newton, choisit de ne traiter que de celui de Newton (celui de Descartes étant bien connu) et de montrer « comment les phénomènes s'expliquent par l'hypothèse de l'attraction[17] ». L'attraction, notons-le, a le statut d'une hypothèse qu'il faut étudier parce qu'elle est l'un des systèmes qui partagent le monde pensant. En ne présentant pas le système des tourbillons de Descartes, elle prend ouvertement parti pour Newton. Mais ce qui est intéressant est que sa préférence n'est pas partisane : elle qualifie l'attraction d'hypothèse alors que Voltaire dans les *Éléments* en fait une question de fait. En outre, elle est loin d'être aveuglément newtonienne ; d'une part, parce qu'elle trouve la physique de Newton et notamment l'attraction infondée et qu'elle veut la fonder dans la métaphysique leibnizienne ; d'autre part, parce qu'elle est réservée, on l'a vu, à l'égard de certaines des questions qu'il développe à la fin de l'*Optique*. Enfin, elle est très critique sur sa position à l'égard des hypothèses :

> Un des torts de quelques philosophes de ce temps, c'est de vouloir bannir les hypothèses de la physique ; elles y sont aussi nécessaires que les échafauds dans une maison que l'on bâtit ; il est vrai que lorsque le bâtiment est achevé, les échafauds deviennent inutiles, mais on n'aurait pu l'élever sans leur secours[18].

14 *Ibid.*
15 *Ibid.*
16 Émilie du Châtelet, *Institutions de physique*, p. 14.
17 Émilie du Châtelet, *Institutions de physique*, p. 7.
18 Émilie du Châtelet, *Institutions de physique*, p. 9.

Deux remarques à propos de ce passage : d'une part, le bâtiment newtonien a encore besoin d'échafaudages car il est inachevé du fait que Newton n'a pas assigné de cause à l'attraction, ce qui est confirmé par le statut d'hypothèse que la Marquise lui confère. D'autre part, ce statut même d'hypothèse donné à l'attraction montre bien que Newton lui-même, malgré qu'il en ait, ne peut se passer d'hypothèse. Et c'est bien Newton qui est visé, lui qui après avoir reconnu qu'il n'a pas encore assigné de cause à l'attraction déclare, dans le Scholie général des *Principia mathematica*, « *hypotheses non fingo* » : « je n'imagine pas d'hypothèses[19] ». Les hypothèses sont nécessaires en physique car elles sont fécondes et heuristiques et obligent les scientifiques à se mettre au travail et à ne pas se contenter de ce qu'ils ont découvert. Par conséquent, Newton a tort, selon Émilie du Châtelet, de renoncer à élaborer des hypothèses pour tenter d'assigner une cause à l'attraction. Voici ce qu'elle écrit :

> aussi rien n'est-il plus capable de retarder les progrès des sciences que de vouloir les en bannir, et de se persuader que l'on a trouvé le grand ressort qui fait mouvoir toute la nature, car on ne cherche point une cause que l'on croit connaître, et il arrive par là que l'application des principes géométriques de la mécanique aux effets physiques, qui est très difficile et très nécessaire, reste imparfaite, et que nous nous trouvons privés des travaux et des recherches de plusieurs beaux génies qui auraient peut-être été capables de découvrir la véritable cause des phénomènes[20].

Mais les hypothèses peuvent être dangereuses si elles se mêlent aux conclusions du raisonnement :

> Il est vrai que les hypothèses deviennent le poison de la philosophie quand on les veut faire passer pour la vérité[21].

La Marquise est proche de ce que dit Descartes dans la Règle III des *Règles pour la direction de l'esprit* : si on mêle une seule conjecture à des choses vraies et évidentes, tout devient incertain. Mais c'est pourtant Descartes qui est visé dans la critique qu'elle fait de l'abus des hypothèses :

19 Newton, *Principes mathématiques de la philosophie naturelle*, en deux tomes, trad. Marquise du Châtelet, Paris, 1756-1759, rééd. Blanchard, 1966 ; puis Jacques Gabay, 1990, t. II, p. 179.

20 Émilie du Châtelet, *Institutions de physique*, p. 9.

21 *Ibid.*

> une hypothèse ingénieuse et hardie, qui a d'abord quelque vraisemblance, intéresse l'orgueil humain à la croire, l'esprit s'applaudit d'avoir trouvé ces principes subtils, et se sert ensuite de toute sa sagacité pour les défendre. La plupart des grands hommes qui ont fait des systèmes nous en fournissent des exemples, ce sont de grands vaisseaux emportés par des courants, ils font les plus belles manœuvres du monde, mais le courant les entraîne[22].

L'allusion aux tourbillons de Descartes est manifeste, lui qui compare les cieux à des courants marins qui emportent les planètes comme de grands vaisseaux[23]. Le système des tourbillons fait de belles manœuvres pour sauver les phénomènes mais le progrès des sciences est un fort courant qui emporte tous les systèmes bâtis sur le sable des hypothèses. La Marquise ici paie son tribut à l'air du temps qui condamne les systèmes et l'esprit de système qui les régit. *Ne quid nimis*, ni trop ni trop peu, telle est la position qu'elle défend à l'égard des hypothèses qui nous aident à force de tâtonnements dans la recherche du vrai mais qui, dans cette démarche aveugle, doivent s'appuyer sur le bâton de l'expérience, seul recours pour réguler le pas du scientifique :

> l'expérience est le bâton que la nature a donné à nous autres aveugles, pour nous conduire dans nos recherches ; nous ne laissons pas avec son secours de faire bien du chemin, mais nous ne pouvons manquer de tomber si nous cessons de nous en servir ; c'est à l'expérience à nous faire connaître les qualités physiques, c'est à notre raison à en faire usage et à en tirer de nouvelles connaissances et de nouvelles lumières[24].

Cette méthode à suivre pour se servir des hypothèses en physique est approfondie dans le chapitre IV des *Institutions de physique*. La Marquise nous livre ici ses réflexions sur l'art de conjecturer. Elle commence par rappeler l'obligation d'errer en science :

> Il y a des vérités inconnues comme des pays, dont on ne peut trouver la bonne route qu'après avoir essayé de toutes les autres. Ainsi, il faut nécessairement que

22 Émilie du Châtelet, *Institutions de physique*, p. 10.

23 Descartes, *Principes de la philosophie* in *Œuvres philosophiques* en trois tomes, Paris, Garnier, 1963-1973, tome 3, p. 234-235 : « mais ne croyons pas aussi que cela puisse empêcher qu'elle [la Terre] ne soit emportée par le cours du ciel et qu'elle ne suive son mouvement, sans pourtant se mouvoir : de même qu'un vaisseau qui n'est point emporté par le vent ni par des rames, et qui n'est point aussi retenu par des ancres, demeure au repos au milieu de la mer, quoique peut-être le flux et le reflux de cette grande masse d'eau l'emporte insensiblement avec soi ».

24 Émilie du Châtelet, *Institutions de physique*, p. 10.

> quelques-uns risquent de s'égarer, pour marquer le bon chemin aux autres : ce serait donc faire un grand tort aux sciences, et retarder infiniment leurs progrès que d'en bannir avec quelques philosophes modernes, les hypothèses[25].

Suit une critique des deux excès inverses : abuser des hypothèses, comme les cartésiens, et tomber dans des fictions, ou bien bannir les hypothèses, comme les newtoniens, et renoncer à assigner et démontrer les causes de tout ce que nous voyons.

Contre ces deux excès inverses, il faut se donner une méthode pour bien user des hypothèses et ne pas craindre de se tromper et d'errer en se mettant en chemin car plusieurs routes s'offrent à l'enquête :

> mais si l'incertitude où l'on est, lequel de ces chemins est le bon, était une raison pour n'en prendre aucun, il est certain qu'on n'arriverait jamais ; au lieu que lorsqu'on a le courage de se mettre en chemin, on ne peut douter que de trois chemins, dont deux nous ont égarés, le troisième nous conduira infailliblement au but[26].

Émilie du Châtelet développe ici des idées qui seront amplement reprises après elle, à savoir le caractère positif de l'erreur et l'obligation d'errer en science. L'erreur n'est pas à rejeter car elle nous indique les voies à ne pas suivre et nous oblige à changer de méthode d'investigations. L'erreur a, tout comme l'hypothèse dont elle résulte, une valeur heuristique, elle nous contraint à tenter d'autres chemins, à oser élaborer d'autres hypothèses qui elles-mêmes nous mettent en route sans que nous sachions si ce chemin conduit à une découverte ou ne mène nulle part. Mais nous savons, depuis l'Avant-propos, que nous avons le bâton de l'expérience pour ne pas nous égarer dans des pays imaginaires ou des romans de la nature. Émilie du Châtelet, dans le chapitre IV, fait de nouveau référence à l'expérience mais dans un sens beaucoup plus précis visant à expliquer le fonctionnement du raisonnement expérimental :

> Une expérience ne suffit pas pour admettre une hypothèse, mais une seule suffit pour la rejeter lorsqu'elle lui est contraire. Il suit, par exemple, de l'hypothèse dans laquelle on suppose que le Soleil se meut autour de la Terre qui lui sert de centre, que les diamètres du Soleil doivent être égaux dans tous les temps de l'année ; mais l'expérience montre qu'ils paraissent inégaux. On peut donc conclure de cette observation, avec sûreté, que l'hypothèse dont

25 Émilie du Châtelet, *Institutions de physique*, p. 75.
26 Émilie du Châtelet, *Institutions de physique*, p. 77.

> cette égalité est une conséquence, est fausse ; et que la Terre n'occupe point le centre de l'orbe du Soleil[27].

Dans sa conception de l'induction, elle est proche de ce que dit Pascal dans la *Préface au Traité du vide*[28]. En revanche, elle s'écarte de la conception newtonienne de l'induction de la règle IV des *Regulae philosophandi* (*Règles qu'il faut suivre pour étudier la physique*) qui vise avant tout à dévaloriser les hypothèses :

> *Dans la philosophie expérimentale, les propositions tirées par induction des phénomènes doivent être regardées malgré les hypothèses contraires, comme exactement ou à peu près vraies, jusqu'à ce que quelques autres phénomènes les confirment entièrement ou fassent voir qu'elles sont sujettes à des exceptions.* Car une hypothèse ne peut affaiblir les raisonnements fondés sur l'induction tirée de l'expérience[29].

Cette dernière phrase forme le commentaire de la règle IV mentionnée en italiques, elle montre que Newton cherche moins à réfléchir sur les limites de l'induction qu'à décrier voire à bannir les hypothèses de la philosophie expérimentale.

À l'encontre de cette position, la Marquise montre que les sciences, et notamment l'astronomie, progressent par la succession d'hypothèses corrigées ou rectifiées :

> Il est donc évident que c'est aux hypothèses successivement faites et corrigées que nous sommes redevables des belles et sublimes connaissances dont l'astronomie et les sciences qui en dépendent sont à présent remplies ; et l'on ne voit pas comment il aurait été possible aux hommes d'y parvenir par un autre moyen[30].

L'art de conjecturer et l'obligation d'errer sont donc constitutifs de l'art d'inventer comme le dernier paragraphe du chapitre le souligne :

---

27 Émilie du Châtelet, *Institutions de physique*, p. 84.

28 Pascal, *Préface au Traité du vide* in *Œuvres complètes*, Paris, Seuil, 1963, p. 232 : « Aussi dans le jugement qu'ils [les Anciens] ont fait que la nature ne souffrait point de vide, ils n'ont entendu parler que de la nature qu'en l'état où ils la connaissaient ; puisque, pour le dire généralement, ce ne serait pas assez de l'avoir vu constamment en cent rencontres, ni en mille, ni en tout autre nombre, quelque grand qu'il soit ; puisque s'il restait un seul cas à examiner, ce seul suffirait pour empêcher la définition générale, et si un seul était contraire, ce seul… [suffirait à renverser le jugement des Anciens] ».

29 Newton, *Principes mathématiques de la philosophie naturelle*, t. II, p. 5.

30 Émilie du Châtelet, *Institutions de physique*, p. 79-80.

> En distinguant entre le bon et le mauvais usage des hypothèses, on évite les deux extrémités, et sans se livrer aux fictions, on n'ôte point aux sciences une méthode très nécessaire à l'art d'inventer, et qui est la seule qu'on puisse employer dans les recherches difficiles qui demandent la correction de plusieurs siècles, et les travaux de plusieurs hommes, avant d'atteindre une certaine perfection[31].

Nous avons dit que les idées développées par la Marquise dans ce chapitre ont été amplement reprises en philosophie. Nous voudrions pour conclure donner trois exemples de la postérité des conceptions de la Marquise. En premier lieu, D'Alembert développe dans les *Éléments de philosophie* des considérations sur l'art de conjecturer fort proches de celles de la Marquise. Ainsi il explique que certaines questions en physique relèvent de l'art de conjecturer[32]. En deuxième lieu, l'article « Hypothèse » de l'*Encyclopédie* reprend mot à mot certains passages du chapitre IV des *Institutions de physique*[33].

Enfin, Bachelard, en disant que l'esprit scientifique se constitue comme un ensemble d'erreurs rectifiées[34], s'inscrit dans le prolongement direct de la philosophie d'Émilie du Châtelet. Ce qui intéresse fondamentalement Bachelard dans la science au travail, ce sont les tâtonnements, les essais, les erreurs. Par la valeur positive reconnue à l'activité d'errer et par la conception de la pensée scientifique comme ensemble d'erreurs rectifiées, Bachelard est bien proche, en dépit de ses jugements sur la Marquise[35], des réflexions des *Institutions de physique*. Nous reviendrons sur ce point.

---

31 Émilie du Châtelet, *Institutions de physique*, p. 88.

32 D'Alembert, *Éléments de philosophie*, p. 36 : « ainsi on doit apprendre dans les matières purement conjecturales à ne pas confondre avec le vrai rigoureux ce qui est simplement probable, à saisir dans le vraisemblable même les nuances qui séparent ce qui l'est davantage de ce qui l'est moins. Tel est l'usage de cet esprit de conjecture ; plus admirable quelquefois que l'esprit même de découverte, par la sagacité avec laquelle il fait entrevoir ce qu'on ne peut pas parfaitement connaître, suppléer par des à peu près à des déterminations rigoureuses et substituer lorsqu'il est nécessaire la probabilité à la démonstration, avec les restrictions d'un pyrrhonisme raisonnable ».

33 La manière dont les encyclopédistes s'inspirent voire recopient les *Institutions de physique*, et notamment le chapitre IV sur les hypothèses, a été soigneusement étudiée par Koffi Maglo dans son article « Mme du Châtelet, l'*Encyclopédie*, et la philosophie des sciences » in *Émilie du Châtelet, éclairages et documents nouveaux*, Centre international d'étude du XVIIIe siècle, Ferney-Voltaire, 2008.

34 Bachelard, *La Formation de l'esprit scientifique*, Paris, Vrin, 1938 ; rééd. 1986, p. 239.

35 Bachelard, quand il se réfère à la Marquise du Châtelet, fait preuve d'un mépris étonnant, à croire qu'il veut en décourager la lecture. Dans *La Formation de l'esprit scientifique*, p. 215, il prend la *Dissertation sur le feu* de la Marquise du Châtelet comme exemple de

Au terme de ce parcours dans les *Institutions de physique*, nous ne pouvons que souligner le caractère très inventif de la philosophie de la Marquise du Châtelet : le droit et même l'obligation d'errer en science, la conception positive de l'erreur, la conception de l'induction, l'art de conjecturer, la conception de l'histoire des sciences comme une succession d'hypothèses rectifiées. Non seulement cette philosophie fait date : sa réflexion sur les hypothèses est immédiatement reprise dans le « sanctuaire des connaissances » que se veut être l'*Encyclopédie*, selon le mot de Diderot dans le Prospectus[36], mais elle aura une postérité très grande et souvent méconnue que nous essayerons en dernier lieu d'évaluer. Mais auparavant, deux traits attirent l'attention quand on lit Émilie du Châtelet : c'est la référence fréquente qu'elle fait à la sagacité et à la flexibilité de l'esprit qu'il s'agit de cultiver non seulement dans l'activité inventive mais dans toutes les circonstances de la vie.

---

ce qu'il ne faut pas faire : « La recherche d'une fausse précision va de conserve avec la recherche d'une fausse sensibilité. Mme du Châtelet donne comme une savante pensée cette réflexion [sur le feu] ».

36 Prospectus inséré dans le *Discours Préliminaire de l'Encyclopédie* de D'Alembert, Paris, Vrin, 1984, voir p. 143, pour l'expression.

LA SAGACITÉ ET LA FLEXIBILITÉ DE L'ESPRIT, L'ESPRIT GÉOMÈTRE ET L'ESPRIT DE FINESSE

La Marquise aime le mot sagacité, mot tout neuf de la langue française. Le *Littré* date l'entrée du mot sagacité dans la langue au XVIIe siècle mais remarque que Bouhours en 1685 le déclare encore peu usité. Le *Trésor de la Langue Française* fait remonter au XVe siècle l'emprunt au latin *sagacitas* du sens premier de sagacité : finesse de l'odorat (la sagacité du limier), d'où ensuite le sens figuré de pénétration de l'esprit. Cultiver la sagacité peut être compris, au sens de Chantal Jaquet, comme une philosophie de l'odorat[1] faite d'ouverture (il s'agit de flairer toutes les pistes), d'intuition et de détermination (une fois le chemin de fragrance choisi, on le suit jusqu'au bout).

Dans l'Avant-propos des *Institutions de physique*, la Marquise du Châtelet utilise le terme à deux reprises : la première fois à propos de la géométrie, de la dioptrique et de la méthode de Descartes qu'elle qualifie de « chefs d'œuvre de sagacité[2] » ; la deuxième fois à propos de la tendance de l'esprit à s'éprendre du système qu'il a forgé :

> l'esprit s'applaudit d'avoir trouvé ces principes subtils, et se sert ensuite de toute sa sagacité pour les défendre[3].

La référence de cette mention de la sagacité est de nouveau Descartes et les philosophes faisant preuve d'esprit de système dont les systèmes « sont de grands vaisseaux emportés par des courants[4] ».

Elle l'emploie aussi dans son *Discours sur le bonheur* : après avoir dit que le moyen d'être heureux est d'être bien décidé à ce qu'on veut être

1 Chantal Jaquet, *Philosophie de l'odorat*, Paris, Puf, 2010.
2 Émilie du Châtelet, *Institutions de physique*, p. 6.
3 *Ibid.*, p. 10.
4 *Ibid.*

et à ce qu'on veut faire, elle recommande de fuir le repentir, mais de tâcher de réparer avec sagacité les fautes qu'on a commises :

> Ce sentiment de repentir est un des plus inutiles et des plus désagréables que notre âme puisse éprouver. Un des grands secrets est de savoir s'en garantir. Comme rien ne se ressemble dans la vie, il est presque toujours inutile de voir ses fautes, du moins l'est-il de s'arrêter longtemps à les considérer et de se les reprocher : c'est nous couvrir de confusion à nos propres yeux sans aucun profit. Il faut partir d'où l'on est, employer toute la sagacité de son esprit à réparer et à trouver les moyens de réparer, mais il ne faut point regarder au talon, et il faut toujours écarter de son esprit le souvenir de ses fautes[5].

Nul doute qu'elle partage ce mot tout neuf avec Voltaire qui l'utilise lui aussi à plusieurs reprises dans son *Dictionnaire philosophique*. On trouve par exemple dans l'ajout de l'article Songes-Somnambules Section IV à Lausanne 25 octobre 1757 cette occurrence :

> J'ai donc, en rêvant, dit des choses que j'aurais dites à peine dans la veille ; j'ai donc eu des pensées réfléchies malgré moi, et sans y avoir la moindre part. Je n'avais ni volonté, ni liberté ; et cependant je combinais des idées avec sagacité, et même avec quelque génie[6].

Cette corrélation de la combinaison des idées et de la sagacité indique la voie par laquelle le mot sagacité est devenu familier à Voltaire et à la Marquise : la lecture de Locke. Si on a de nombreuses traces de la lecture que fait Voltaire de Locke et cela, dès les *Lettres philosophiques* de 1734, puisque Voltaire lui consacre sa treizième lettre, on sait aussi que la Marquise a lu très tôt Locke, comme l'atteste sa préface à la traduction de la *Fable des abeilles* de Mandeville de 1735 :

> Ainsi si la nature humaine en général, est redevable au sage M. Locke de lui avoir appris à connaître la plus belle partie d'elle-même, son entendement, les Français le sont sans doute à M. Coste, de leur avoir fait connaître ce grand philosophe. Car combien de gens, même parmi les lecteurs de Locke ignorent la langue anglaise, et combien peu parmi ceux qui ont appris cette langue de la philosophie moderne, seraient en état d'entendre M. Locke en anglais, et de surmonter en même temps les difficultés de la langue, et celles de la matière[7].

---

5 Émilie du Châtelet, *Discours sur le bonheur*, Paris, Payot et Rivages, 1997, p. 48-49.

6 Voltaire, *Dictionnaire philosophique*, t. VII in *Œuvres complètes de Voltaire*, Paris, Imprimerie de la société littéraire typographique, 1784, p. 214.

7 Émilie du Châtelet, Préface à la traduction de la *Fable des abeilles* in Ira O. Wade, *Studies on Voltaire with some unpublished Papers of Mme du Châtelet*, Princeton, Princeton University

Cet héritage du mot par Locke est confirmé par l'entrée « Sagacité » de l'*Encyclopédie* signée de Jaucourt dont la brièveté permet de la citer entièrement :

> Sagacité, s. f. (*Logique.*) Locke définit la *sagaciré*, une disposition qu'a l'esprit à trouver promptement les idées moyennes qui montrent la convenance ou la dissonnance de quelque autre idée, & en même tems à les appliquer comme il faut. (*D. J.*)[8]

Jaucourt fait référence à la définition lockienne de la « sagaciré » comme l'art de combiner les idées de manière « à trouver les idées moyennes » qui servent d'unité de mesure de la convenance ou de la dissonnance des autres idées. Autrement dit, la sagacité est l'art de trouver une référence normative pour juger de ce qui convient ou de ce qui dissonne, c'est-à-dire de ce qui détonne à l'oreille, à l'œil, à l'esprit, par son absence d'harmonie. La définition de la sagacité engage un règlement de tous les sens : si l'odorat est le sens premier convoqué par la sagacité, celui-ci, par extension à l'esprit, devient l'origine du règlement de tous les sens.

Dans l'*Essai philosophique concernant l'entendement humain*, on trouve sept occurrences du mot sagacité[9]. Jaucourt fait référence à la définition que donne Locke de la sagacité dans le paragraphe 3 du chapitre II du livre IV :

> la disposition que l'esprit a à trouver promptement ces idées moyennes qui montrent la convenance ou la disconvenance de quelque autre idée, et à les appliquer comme il faut, c'est, à mon avis, ce qu'on nomme *Sagacité*[10].

Locke revient sur cette définition dans le paragraphe 18 du chapitre suivant pour préciser la corrélation de cette disposition de l'esprit et de l'algèbre pour « trouver des idées moyennes qui puissent faire voir les rapports des idées dont on ne considère pas la coexistence[11] » : à la

Press, 1947, p. 133.

8 Article « Sagacité » in tome XIV, p. 493 de l'*Encyclopédie ou dictionnaire raisonné des sciences, des arts et des métiers*, éditée par D'Alembert et Diderot, Paris, Briasson, David, Le Breton et Durand 35 vol., 1751-1780 ; rééd. Fromann, 1966-1967.

9 Locke, *Essai philosophique concernant l'entendement humain*, Trad. Pierre Coste, Paris, reprise en fac-similé de l'édition de 1755 par Vrin, 1983, p. 389, 424, 433, 453, 558, et 570 et dans la table des matières.

10 Locke, *Essai philosophique concernant l'entendement humain*, p. 433.

11 Locke, *Essai philosophique concernant l'entendement humain*, p. 453.

différence de la géométrie qui fait voir, par la coexistence des figures, les rapports des idées pour trouver par exemple la quatrième proportionnelle, l'algèbre est l'école de la sagacité car elle permet de trouver les idées moyennes sans le recours à la coexistence figurée des rapports des idées. Dans la dernière occurrence du mot, Locke insiste de nouveau sur ce lien étroit de l'algèbre et de la sagacité :

> notre raison est souvent poussée à bout, parce qu'elle n'aperçoit pas les idées qui pourraient servir à lui montrer une convenance ou une disconvenance certaine ou probable de deux autres idées ; et, dans ce point, les facultés de certains hommes l'emportent de beaucoup sur celles de quelques autres. Jusqu'à ce que l'Algèbre, ce grand instrument et cette preuve insigne de la sagacité de l'homme, eût été découverte, les hommes regardaient avec étonnement plusieurs démonstrations des anciens mathématiciens, et pouvaient à peine s'empêcher de croire que la découverte de quelques-unes de ces preuves ne fût au-dessus des forces humaines[12].

Autrement dit, avant la découverte de l'algèbre, seuls quelques rares esprits possédaient la sagacité suffisante pour trouver les idées moyennes qui servaient de référence à la convenance ou disconvenance d'autres idées, mais l'algèbre est désormais un outil qui permet de développer cette disposition de l'esprit, même si pour l'inventer il a fallu de la sagacité. À l'origine est la sagacité de quelques esprits hors du commun qui inventent l'algèbre, instrument et école pour tous de la sagacité. L'algèbre revêt ainsi une fonction démystificatrice dont parle aussi Descartes dans les *Règles pour la Direction de l'Esprit* :

> Mais j'ai tendance à croire que par une ruse funeste ces auteurs l'ont ensuite eux-mêmes étouffée [la vraie mathématique]. Il y eut enfin quelques hommes de grand talent, qui de nos jours ont tenté de la ressusciter : car avec elle se confond, semble-t-il, cette discipline que l'on appelle du nom étranger d'algèbre[13].

Une fois n'est pas coutume : Locke est d'accord avec Descartes pour reconnaître dans l'algèbre l'école et la méthode de la vraie mathématique, qui cultive la sagacité.

Mais Locke étend la sagacité à reconnaître une convenance ou disconvenance entre les idées, non pas seulement dans la sphère de l'algèbre

---

12 Locke, *Essai philosophique concernant l'entendement humain*, p. 570.

13 Descartes, *Règles pour la Direction de l'Esprit* in *Œuvres philosophiques*, en trois tomes, Paris, Garnier, 1963-1973, t. I, p. 97.

et de la preuve ou démonstration mathématique certaine, mais aussi dans la sphère du probable :

> notre raison est souvent poussée à bout, parce qu'elle n'aperçoit pas les idées qui pourraient servir à lui montrer une convenance ou une disconvenance certaine ou *probable* de deux autres idées[14].

La Marquise a retenu de Descartes et de Locke l'éloge de l'algèbre qu'elle qualifie à son tour dans l'Avant-propos des *Institutions de physique* d'« art admirable », « lequel séparant les choses des images, se dérobe aux sens, et ne parle qu'à l'entendement[15] ». Mais elle a aussi retenu de Locke la place faite au probable qu'elle interprète dans sa physique comme une place que l'on doit faire aux hypothèses car elles nous font apercevoir des voies à explorer. Cette idée du caractère heuristique et fécond de l'hypothèse a sans doute pour origine la conception lockienne de la raison comme faculté au travail qui par l'algèbre fournit des liaisons nécessaires et par la sagacité fournit des liaisons probables. Ce rôle de la sagacité dans l'établissement des liaisons probables a été bien analysé par Éric Marquer dans son article « Locke : liaison probable et liaison nécessaire[16] ». Éric Marquer montre que Locke pense la raison comme une faculté au travail examinant les liaisons dans les idées singulières. Locke donne toute leur place dans la connaissance aux connexions probables qui ne sont pourtant pas nécessairement fondées sur des convenances objectives mais parfois seulement sur des convenances probables qu'il faut prendre en considération car elles résultent de la sagacité pensée comme une bonne habitude de l'esprit permettant d'élaborer des hypothèses à partir d'une simple association d'idées. Comme le remarque Éric Marquer :

> ce n'est pas du côté de l'objet connu, mais du sujet raisonnable que Locke pense les différences subtiles entre liaison et association, comme deux régimes de l'esprit : l'individu qui connaît n'est pas celui qui évite toute association d'idées, mais celui qui n'y arrête pas l'activité de son esprit, qui développe des habitudes d'examen et de critique, ce que ne fait pas l'homme dont l'esprit est offusqué par des associations d'idées devenues préjugés qui entravent son activité rationnelle[17].

---

14 Locke, *Essai philosophique concernant l'entendement humain*, p. 570. Nous soulignons le mot probable.

15 Émilie du Châtelet, *Institutions de physique*, p. 5.

16 Éric Marquer, « Locke : liaison probable et liaison nécessaire » in *Asterion*, 5, 2007, consulté en ligne http://journals.openedition.org/asterion/2489.

17 *Ibid.*

La sagacité est une bonne habitude de l'esprit ouverte à la diversité des expériences. Comme le museau d'un chien, elle est une véritable boussole qui favorise la distinction, et la possibilité de situer les nouvelles idées. Prenant l'exemple du bichon, du lévrier, de l'épagneul et de l'éléphant, Locke souligne que l'esprit, en appliquant un certain nombre de critères de comparaison, établit facilement que l'idée de bichon a plus de convenance avec celle de lévrier que celle de l'épagneul avec celle d'éléphant[18]. Éric Marquer commente :

> Ce qui est une autre manière de montrer que la connexion des idées découverte par la raison maintient leur distinction, tout en considérant avec sagacité les idées intermédiaires qui permettent d'expliciter les raisons de leur convenance[19].

Comme le souligne aussi Émilie du Châtelet dans les *Institutions de physique*, au sein de chaque esprit, le droit ou l'obligation d'errer et les pensées vagabondes constituent des fonctionnements ordinaires et libres de l'activité mentale. Mais l'élaboration des hypothèses doit être contrôlée par le recours à l'expérience, sinon le danger est que l'esprit s'éprenne de ses productions et du système qu'elles forgent, de manière excessive, entravant la souplesse et la sagacité de l'esprit.

La Marquise insiste en effet sur une autre qualité de l'esprit, à savoir la flexibilité, qualité qu'elle met en avant dès 1735, elle a alors vingt-neuf ans, dans la Préface à sa traduction de la *Fable des abeilles* :

> J'ai senti que l'esprit se rouille plus aisément que le fer, mais qu'il est bien plus difficile de lui rendre son premier poli. Des réflexions si sensées, ne rendent pas à l'âme, cette flexibilité que le manque d'exercice lui ôte quand on a passé la première jeunesse[20].

Il faut donc exercer la flexibilité de son esprit régulièrement pour la cultiver, sinon on la perd :

> Aussi perd-on ses idées quand on néglige de les cultiver. C'est un feu qui meurt, si on n'y jette pas continument le bois qui sert à l'entretenir[21].

---

18 Locke, *Essai philosophique concernant l'entendement humain*, p. 373-374.

19 Éric Marquer, « Locke : liaison probable et liaison nécessaire » in *Asterion*, 5, 2007, consulté en ligne http://journals.openedition.org/asterion/2489.

20 Émilie du Châtelet, Préface à la traduction de la *Fable des abeilles* in Ira O. Wade, *Studies on Voltaire with some unpublished Papers of Mme du Châtelet*, p. 131.

21 *Ibid.*

Elle reprend cette idée de la flexibilité comme qualité de la jeunesse de l'esprit qu'il faut entretenir dans l'Avant-propos des *Institutions de physique* où elle recommande à son fils de cultiver la « flexibilité qui est le partage des beaux ans » par l'étude :

> Il faut accoutumer de bonne heure votre esprit à penser, et à pouvoir se suffire à lui-même, vous sentirez dans tous les temps de votre vie quelles ressources et quelles consolations on trouve dans l'étude, et vous verrez qu'elle peut même fournir des agréments et des plaisirs[22].

Émilie développera cette idée des bienfaits de l'étude dans le *Discours sur le bonheur*, sur lequel nous reviendrons. Le mot flexibilité au sens moral, à l'instar du mot sagacité, est lui aussi entré récemment dans la langue. Du reste, l'*Encyclopédie* ne mentionne que le sens physiologique du mot[23]. Le *Littré* cite Pascal qui parle de la force et de la flexibilité de l'esprit dans le *Discours sur les passions de l'amour* et fait remonter l'usage du terme à Montaigne. Dans le chapitre « Les boiteux » des *Essais*, Montaigne écrit en effet :

> Outre la flexibilité de notre invention à forger des raisons de toutes sortes de songes, notre imagination se trouve pareillement facile à recevoir des impressions de la fausseté par bien frivoles apparences[24].

Pour ne pas adhérer crédulement à des fictions, la raison doit brider l'imagination et la « flexibilité de notre invention ». La flexibilité, la souplesse de l'esprit nous incite à rêver, à imaginer, à errer et c'est pourquoi elle doit être régulée par la raison, faculté au travail pour nous permettre de distinguer songes et errance d'un côté, sagacité et preuves de l'autre. Mais la frontière entre les deux est mouvante et la Marquise, à la suite de Montaigne, en est bien consciente : l'hypothèse est l'expression d'une errance inventive ; la sagacité, si on la considère comme le flair de l'esprit, implique une itinérance de point de vue ; enfin la flexibilité est une habitude vertueuse de l'esprit qui l'empêche de céder à un modèle imposé et à l'argument d'autorité. Flexibilité

22 Émilie du Châtelet, *Institutions de physique*, p. 2.

23 Voir l'article « Flexibilité » signé de Jaucourt in *Encyclopédie*, VI, 1756, 874 : « Flexibilité, s. f. (*Physiol.*) Un corps flexible est un corps dont les parties élémentaires sont tellement cohérentes, qu'elles peuvent prendre toutes sortes de figures sans se rompre [...] ».

24 Montaigne, *Essais*, Paris Puf, 1965, en trois tomes, III, chap. XI, p. 1034.

et sagacité de l'esprit vont de pair, tout comme l'esprit de géométrie peut s'allier à l'esprit de finesse, reconnaît Pascal, pour le meilleur du jugement[25] ou de l'amour[26].

Alliance entre esprit de géométrie et esprit de finesse, entre sagacité et flexibilité de l'esprit, entre flair et liaison probable ou convenance probable des idées, entre habitude vertueuse de l'esprit à penser et itinérance de point de vue, tout ceci s'articule à la question du modèle qui, sans être imposé, doit pourtant réguler l'esprit au travail. En ce sens, un équilibre difficile est à trouver entre la question du modèle et celle du maître qui doit enseigner à l'élève sans jamais faire jouer l'argument d'autorité : après avoir mentionné Aristote et Newton, Émilie rappelle à son fils « que lorsqu'on a l'usage de la raison, il ne faut en croire personne sur sa parole, mais qu'il faut toujours examiner par soi-même, en mettant à part la considération qu'un nom fameux emporte toujours avec lui[27] ». Pour la Marquise, toute imposition de l'argument d'autorité ou d'un modèle contient le risque d'une aliénation de l'esprit. Si l'esprit est tenu de suivre les voies toutes tracées par le maître, s'il est subjugué par lui, il perd sagacité et flexibilité, il est enchaîné avant même de parvenir à faire usage de ses facultés. Aussi le bon maître est-il celui qui sait orienter l'esprit de son élève et lui « inspirer l'amour des sciences et le désir de cultiver [sa] raison[28] ». Ce qui est étonnant dans les *Institutions de physique* est que le maître de l'élève est aussi sa mère mais, pour Émilie, inspirer l'amour de l'étude fait partie des peines et des soins qu'elle doit donner en priorité à son fils « dans l'espérance incertaine de procurer des honneurs et d'augmenter la fortune de ses enfants[29] ! ». La Marquise fait semblant de s'interroger :

25 Pascal, *Pensées*, Paris, Seuil, 1962, classement Lafuma, 513 et 512, p. 245 : « l'omission d'un principe mène à l'erreur ; ainsi il faut avoir la vue bien nette pour voir tous les principes, et ensuite l'esprit juste pour ne pas raisonner faussement sur des principes connus ».

26 Pascal, *Discours sur les passions de l'amour* in *Œuvres complètes*, Paris, Seuil, 1962, p. 286 : « Il y a de deux sortes d'esprit : l'un géométrique et l'autre que l'on peut appeler de finesse. Le premier a des vues lentes et inflexibles ; mais le dernier a une souplesse de pensées qui l'applique en même temps aux diverses parties aimables de ce qu'il aime : des yeux il va jusqu'au cœur et par le mouvement du dehors il connaît ce qui se passe au-dedans. Quand on a l'un et l'autre esprit tout ensemble, que l'amour donne de plaisir ! car on possède à la fois la force et la flexibilité de l'esprit ».

27 Émilie du Châtelet, *Institutions de physique*, p. 11.

28 Émilie du Châtelet, *Institutions de physique*, p. 5.

29 *Ibid.*

> La connaissance de la vérité et l'habitude de la rechercher et de la suivre est-elle un objet moins digne de mes soins ; surtout dans un siècle où le goût de la physique entre dans tous les rangs, et commence à faire partie de la science du monde[30] ?.

Émilie du Châtelet prend acte ici du fait qu'il ne suffit plus de savoir chasser et manier l'épée pour garder son rang mais qu'il faut désormais s'instruire en physique.

Le bon maître est celui qui sait instruire son élève sans imposer un modèle ni l'accabler de règles à suivre, il cherche plutôt à montrer que la sagacité et la flexibilité de l'esprit sont deux qualités qui le rendent capable de résoudre n'importe quel problème. Dès l'Avant-propos, Émilie met en garde son fils contre l'esprit de système ou l'esprit de parti qui s'oppose à l'esprit de finesse en ce qu'il a précisément perdu sagacité et flexibilité par le fait de rendre les idées fixes et de s'y entêter :

> Gardez-vous, mon fils, quelque parti que vous preniez dans cette dispute des philosophes [cartésiens et newtoniens], de l'entêtement inévitable dans lequel l'esprit de parti entraîne : cet esprit est dangereux dans toutes les occasions de la vie ; mais il est ridicule en physique[31].

En effet, en physique, seule la recherche de la vérité doit prévaloir, or la vérité n'appartient à aucune nation, on ne doit donc pas prendre parti pour un Français contre un Anglais. Bien penser pour la Marquise revêt ainsi un caractère moral : faire preuve de sagacité et de flexibilité signifie lutter contre le dogmatisme et l'argument d'autorité mais aussi reconnaître les limites de notre esprit :

> il y a vraisemblablement des vérités qui ne sont pas faites pour être aperçues de notre esprit [...] mais celui qui refuserait de s'instruire par cette considération, ressemblerait à un boiteux qui ayant la fièvre, ne voudrait pas prendre les remèdes qui peuvent l'en guérir, parce que ces remèdes ne pourraient l'empêcher de boiter[32].

On reconnaît ici la lectrice de Locke : connaître les limites de son esprit n'empêche pas de penser avec sagacité et flexibilité dans la visée de l'universel. Mais on pourrait aussi lire dans sa conception de la

30 *Ibid.*

31 Émilie du Châtelet, *Institutions de physique*, p. 7.

32 Émilie du Châtelet, *Institutions de physique*, p. 8.

sagacité et de la flexibilité de l'esprit ce que signifie pour Pascal être un roseau pensant, à savoir être moral, car bien penser, c'est le principe de la morale[33]. La Marquise partage cette conception morale de l'activité de bien penser : l'amour de l'étude est pour elle la méthode pour mener une vie bonne. Le *Discours sur le bonheur* pourrait en ce sens s'appeler l'apologie des passions et de l'étude car l'amour de l'étude est une véritable passion qu'il faut cultiver parce qu'elle nous rend indépendants.

33 Pascal, *Pensées*, Paris, Seuil, 1962, classement Lafuma, 200, p. 109-110 : « L'homme n'est qu'un roseau, le plus faible de la nature, mais c'est un roseau pensant. [...] Travaillons donc à bien penser : voilà le principe de la morale ».

LE *DISCOURS SUR LE BONHEUR*, L'APOLOGIE DE L'ÉTUDE ET L'ÉDUCATION DES FEMMES

En 1746-1747[1] quand la Marquise, à l'âge de quarante ans, écrit *Le Discours sur le bonheur*, Voltaire s'est éloigné d'elle pour se rapprocher de sa nièce, madame Denis. Le ton du *Discours* est empreint d'une certaine tristesse, même si la volonté de vivre et d'aimer d'Émilie se laisse percevoir à tout moment. L'amour pour Voltaire a dû se muer en amitié mais l'amour s'est toujours décliné chez cette femme d'esprit en amour de l'étude qu'elle présente, dans ce petit essai merveilleusement écrit, comme une consolation mais aussi comme une manière de vivre.

L'opuscule sur le bonheur d'Émilie du Châtelet mérite qu'on s'y attarde pour plusieurs raisons : premièrement il est une synthèse élégante de la manière dont on pouvait se représenter les passions dans la première moitié du XVIIIe siècle, suite notamment aux réflexions de Descartes ; deuxièmement il est écrit par une femme et quelle femme : non seulement la Marquise du Châtelet est une grande Dame, issue d'une famille de très vieille noblesse Le Tonnelier de Breteuil, mariée à une famille plus noble par ses filiations mais moins ancienne que celle d'Émilie : le Marquis du Châtelet ; mais elle est surtout connue, comme on l'a vu, pour ses compétences scientifiques : la discussion sur les forces vives qu'elle a eue avec Dortous de Mairan, successeur de Fontenelle en 1740 à la fonction de secrétaire perpétuel de l'Académie Royale des Sciences de Paris, l'a fait connaître et reconnaître du monde savant. Et

1 Il est difficile d'établir la date précise de rédaction du *Discours sur le bonheur*. Robert Mauzi, se fondant sur la citation de deux vers de *Sémiramis*, dont la première version ne fut achevée par Voltaire qu'en mai 1746, situe les débuts de sa composition à la fin des années 30 et son perfectionnement entre 1746 et 1747, c'est-à-dire avant la rencontre avec Saint-Lambert. Selon Mauzi, la Marquise ne peut pas rédiger un essai où il est question de la métamorphose de l'amour en amitié et de l'éloge de l'amour de l'étude comme consolation, et vivre une passion échevelée avec le poète, voir Robert Mauzi, Préface du *Discours sur le bonheur*, Paris, Les Belles Lettres, 1961, p. LXXIV et LXXXIII.

cette femme savante en écrivant ce *Discours sur le bonheur* montre qu'elle sait réfléchir aussi bien sur l'attraction universelle que sur les affinités électives. Elle livre un texte tissu de délicatesse et de sincérité sur les moyens d'être heureux en cette vie mentionnant, chemin faisant, sa relation avec Voltaire qu'elle décrit sans fard en développant une analyse de l'usure du désir amoureux et de la transformation de l'amour en amitié. Cet opuscule prend rang parmi les petites merveilles littéraires du XVIIIe siècle, comparable à l'*Essai sur le Goût* de Montesquieu, c'est un court essai philosophique très bien écrit qui livre une apologie des passions et de l'étude. Enfin, dernier trait d'intérêt et non des moindres, il se démarque des autres discours ou poèmes sur le bonheur de l'époque en livrant une analyse genrée (différenciée selon le sexe) du bonheur.

À la manière de Descartes, la Marquise ne rejette pas du tout les passions : elles sont toutes bonnes au sens où elles sont l'expression du fonctionnement des interactions de l'esprit et du corps, elles font donc partie de la nature humaine, il suffit d'apprendre à les réguler. Pour la Marquise, le véritable danger est de ne plus avoir de passions : cela signifierait ne plus avoir de désir ou de goût, comme on dit à l'époque, et ne plus avoir d'illusion. Perdre ses illusions, en effet, c'est perdre l'accès au bonheur :

> Il faut pour être heureux, s'être défait des préjugés, être vertueux, se bien porter, avoir des goûts et des passions, être susceptible d'illusions, car nous devons la plupart de nos plaisirs à l'illusion, et malheureux est celui qui la perd[2].

La Marquise développe même son propos jusqu'à inverser, dans un sens pour le moins hétérodoxe, les prières traditionnelles à Dieu : au lieu de dire : « ne nous soumettez pas à la tentation », elle demande à Dieu des passions :

> Ce serait donc des passions qu'il faudrait demander à Dieu, si on osait lui demander quelque chose : et Le Nôtre[3] avait grande raison de demander au pape des tentations au lieu d'indulgences[4,5].

2 La Marquise du Châtelet, *Discours sur le bonheur*, Paris, éd. Rivages et Payot, 1997, p. 32.

3 André Le Nôtre, né le 12 mars 1613 à Paris où il meurt le 15 septembre 1700, fut jardinier du roi Louis XIV de 1645 à 1700 et eut notamment pour tâche de concevoir l'aménagement du parc et des jardins du château de Versailles, mais aussi ceux de Vaux-le-Vicomte et Chantilly. Il avait une réputation de courtisan épicurien qui se tenait loin des intrigues, ce qui lui valut le surnom, de son vivant, de « bonhomme Le Nôtre ».

4 Remises des peines méritées par les péchés, accordées par l'Église dans des circonstances particulières, souvent contre de l'argent.

5 La Marquise du Châtelet, *Discours sur le bonheur*, p. 33.

Loin de la conception stoïcienne de la sagesse qui commande d'éliminer les passions pour parvenir à l'ataraxie, état de tranquillité de l'âme où l'on n'est plus affecté par les passions, la Marquise défend plutôt une vision cartésienne du bonheur où il faut cultiver les sentiments et les passions qui sont sources de plaisirs[6]. Quand Descartes déclare :

> il se faut entièrement délivrer l'esprit de toutes sortes de pensées tristes, et même de toutes sortes de méditations sérieuses touchant les sciences, et ne s'occuper qu'à imiter ceux qui, en regardant la verdeur d'un bois, les couleurs d'une fleur, le vol d'un oiseau, et telles choses qui ne requièrent aucune attention, se persuadent qu'ils ne pensent à rien. Ce qui n'est pas perdre le temps mais le bien employer[7],

la Marquise recommande à son tour :

> il faut [...] écarter les idées tristes et en substituer d'agréables, c'est encore un des grands ressorts du bonheur, et nous avons celui-là en notre pouvoir, du moins jusqu'à un certain point[8].

On pourrait rapprocher ces pensées de ce passage des *Essais* de Montaigne : « Mon métier et mon art, c'est vivre[9] » ou encore de celui-ci :

> Je n'ai rien fait aujourd'hui. Quoi ? N'avez-vous point vécu ? C'est non seulement la fondamentale mais la plus illustre de vos occupations[10].

Pourtant, la Marquise s'écarte explicitement de la conception de la mort de Montaigne selon laquelle il faut y penser souvent pour être sage, elle dit en effet :

> La mort, par exemple, est une idée qui nous afflige toujours, soit que nous prévoyions la nôtre, soit que nous pensons à celle des gens que nous aimons. Il faut donc éviter avec soin tout ce qui peut nous rappeler cette idée. Je suis

6 Voir la lettre de Descartes à Élisabeth de mai ou juin 1645 où il préconise à la Princesse pour guérir de sa fièvre lente et de sa toux sèche d'employer son temps à une rêverie joyeuse et positive. *Correspondance de Descartes avec Élisabeth et autres lettres*, introduction, bibliographie et chronologie de Jean-Marie et Michelle Beyssade, Paris, GF, 1989, p. 102.

7 Lettre de Descartes à Élisabeth de mai ou juin 1645 in *Correspondance de Descartes avec Élisabeth et autres lettres*, p. 102.

8 La Marquise du Châtelet, *Discours sur le bonheur*, p. 49.

9 Montaigne, *Essais*, Paris, Puf, 1965, II, 6, p. 379.

10 Montaigne, *Essais*, III, 13, p. 1108.

> bien opposée à Montaigne, qui se félicitait tant de s'être tellement accoutumé à la mort qu'il était sûr de la voir de près sans en être effrayé[11].

Cependant, Émilie du Châtelet s'oppose ici à la première conception de Montaigne : s'il a commencé par dire en effet que philosopher, c'est apprendre à mourir, et qu'il fallait penser même au milieu d'une fête ou d'un banquet qu'on pouvait mourir foudroyé le lendemain et que la sagesse était de penser souvent à la mort[12], ses essais de vie et notamment son expérience de la guerre et de la peste l'ont conduit à changer de philosophie. Quand il voit les paysans mourir sans angoisse mais avec le sentiment d'un chemin accompli, il écrit :

> Je ne vis jamais paysan de mes voisins entrer en cogitation de quelle contenance et assurance il passerait cette heure dernière. Nature lui apprend à ne songer à la mort que quand il se meurt[13].

Ce que Montaigne appelle nature ici, c'est aussi bien la vie, le rythme des saisons, ou le rythme des marées et des vents. Savoir mourir, ce n'est plus penser souvent à la mort mais au contraire vivre et savoir vivre selon tout ce qui se propose à vivre, être attentif aux faveurs du monde, au moment favorable pour cueillir les fruits, pour prendre la mer, pour faire une promenade. Savoir mourir, c'est savoir vivre, c'est vivre à propos, et ne pas penser à la mort. La Marquise adhérerait sans difficulté à cette idée. Par sa critique de la première conception de Montaigne, elle en vient à cette conclusion :

> Montaigne avait mal calculé : car assurément c'est une folie d'empoisonner par cette idée triste et humiliante une partie du peu de temps que nous avions à vivre, pour supporter plus patiemment un moment que les douleurs corporelles rendent toujours très amer, malgré notre philosophie ; d'ailleurs, qui sait si l'affaiblissement de notre esprit, causé par la maladie ou par l'âge, nous laissera recueillir le fruit de nos réflexions, et si nous n'en serons pas pour nos frais comme il arrive si souvent dans cette vie[14] ?.

Ce serait en effet un comble si, après avoir « empoisonné » par l'idée de la mort le peu de temps qu'on a à vivre, on était, en vieillissant,

11 La Marquise du Châtelet, *Discours sur le bonheur*, p. 49-50.
12 Montaigne, *Essais*, I, 20.
13 Montaigne, *Essais*, III, XII, 1052.
14 La Marquise du Châtelet, *Discours sur le bonheur*, p. 50.

atteint de pertes de mémoire, par exemple, qui rendrait vaine toute cette méditation.

Dans son apologie des passions, la Marquise avance une thèse originale à son époque : quand bien même les passions seraient sources de chagrin et de peine, elles seraient à désirer car le malheur véritable est de ne pas ou de ne plus en avoir :

> Supposons pour un moment que les passions fassent plus de malheureux que d'heureux, je dis qu'elles seraient encore à désirer, parce que c'est la condition sans laquelle on ne peut avoir de grands plaisirs ; or ce n'est la peine de vivre que pour avoir des sentiments agréables ; et plus les sentiments sont vifs, plus on est heureux. Il est donc à désirer d'être susceptible de passions, et je le répète encore : n'en a pas qui veut[15].

Émilie met ici l'accent sur un point très important : le désir est ce qu'il y a de plus précieux dans une vie car on a beau vouloir désirer, le désir ne se commande pas. Le désir est ce qui anime la vie humaine[16], d'où *a contrario* le fait que l'absence de tout désir conduit à la mort. La Marquise rejette l'ataraxie, sa philosophie morale est proche de celle de Descartes qu'elle connaît bien notamment par la correspondance du philosophe avec la Princesse Elisabeth[17]. Sa morale, à l'instar de celle de Descartes, est une apologie des passions et de leur régulation mâtinée d'épicurisme et de stoïcisme :

> une des choses qui contribuent le plus au bonheur, c'est de se contenter de son état, et de songer plutôt à le rendre heureux qu'à en changer[18].

Elle rejoint ainsi la troisième maxime de la morale cartésienne selon laquelle il vaut mieux changer l'ordre de ses désirs que l'ordre

15 La Marquise du Châtelet, *Discours sur le bonheur*, p. 35.

16 Spinoza fait du désir la définition même de l'essence de l'homme : voir *Éthique* in *Œuvre 3* en quatre tomes, trad. Charles Appuhn, Paris, Garnier, 1964, t. III, scolie de la proposition IX, partie III, p. 145.

17 Elle y fait référence avec humour dans sa lettre à Maupertuis du 18 juillet 1736 alors qu'il est sur le point de partir en Laponie in *Les Lettres de la Marquise du Châtelet*, p. 121 : « Je ne sais comment la princesse palatine s'accommoda du voyage de Descartes en Suède, mais je crois que s'il avait eu votre mérite elle ne l'eût pas laissé point cédé si facilement à Christine. Vous me faites bien voir la différence entre cette reine et moi puisque vous préférez aller en Suède où elle n'est plus, à venir à Cirey où je suis et vous désirais ».

18 La Marquise du Châtelet, *Discours sur le bonheur*, p. 36.

du monde[19]. Mais c'est surtout la conclusion de la morale cartésienne que la Marquise fait sienne : faire le choix de la meilleure activité en cette vie, c'est assurément, pour la Marquise comme pour Descartes, « employer toute ma [la] vie à cultiver ma [la] raison[20] ». L'amour de l'étude est la passion la plus propice au bonheur car elle nous met dans une situation d'autonomie :

> Par cette raison d'indépendance, l'amour de l'étude est de toutes les passions celle qui contribue le plus à notre bonheur[21].

Contrairement à l'ambition qui est la passion qui met le plus le bonheur dans la dépendance des autres, l'amour de l'étude, parce que celle-ci met en œuvre la volonté de travailler et de faire des efforts pour comprendre, assure « d'être bien décidé à ce qu'on veut être et à ce qu'on veut faire[22] », détermination qui est la première machine du bonheur[23]. De surcroît, l'amour de l'étude est l'unique voie que peuvent emprunter les femmes pour accéder à la gloire, toutes les autres (l'armée, la politique, la diplomatie, etc.) leur sont fermées parce que réservées à la gente masculine :

> les femmes sont exclues, par leur état, de toute espèce de gloire, et quand, par hasard, il s'en trouve quelqu'une qui est née avec une âme assez élevée, il ne lui reste que l'étude pour la consoler de toutes les exclusions auxquelles elle se trouve condamnée par état[24].

Le problème cependant est que l'éducation des filles les empêche d'accéder à l'amour de l'étude, seul moyen pour elles d'acquérir de la gloire :

---

19 Descartes, *Discours de la méthode*, partie III, in *Œuvres philosophiques* en trois tomes, Paris, Garnier, 1963-1973, t. 1, 1963, p. 595.

20 Descartes, *Discours de la méthode*, p. 597.

21 La Marquise du Châtelet, *Discours sur le bonheur*, p. 52.

22 *Ibid.*, p. 48.

23 Dès 1735, dans la préface à sa traduction de la *Fable des abeilles*, la Marquise préconisait la détermination à s'instruire comme la détermination à persévérer dans son être et à agir, ce qui peut faire penser au conatus de Spinoza : « j'ai cherché quelque genre d'occupation qui put en fixant mon esprit, lui donner consistance (si je puis m'exprimer ainsi) qu'on n'acquiert jamais, en ne se proposant pas un but dans ses études. Il faut s'y conduire comme dans la vie civile, bien savoir ce qu'on veut être. L'irrésolution produisant dans l'une les fausses démarches, et dans l'autre les idées confuses » in Princeton, Princeton University Press, 1947, p. 131.

24 *Ibid.*, p. 53.

> il n'y a même que cette manière d'en acquérir pour la moitié du monde, et c'est cette moitié justement à qui l'éducation en ôte les moyens, et en rend le goût impossible[25].

De fait, au XVIIIe siècle, seuls les garçons accèdent au savoir car seuls ils ont le droit d'apprendre le latin et les mathématiques qui sont les deux voies principales de l'enseignement des connaissances. Les filles apprennent à coudre, à jouer de la musique, à tenir une maison mais non à résoudre une équation. La Marquise du Châtelet déplore cet état de fait. Déjà, en 1735, dans l'introduction à sa traduction de *The Fable of the Bees* de Bernard Mandeville (rédigée en 1735 mais publiée seulement en 1947), elle souligne que le refus d'offrir une éducation complète aux filles est « une force invincible en deçà de la barrière[26] ». Émilie sait qu'elle a eu la chance d'avoir pour père Louis Nicolas de Breteuil (1648-1728) qui choisit de lui donner la même éducation qu'à ses deux frères aînés et fit venir au domicile familial des précepteurs qui lui enseignèrent le latin, les mathématiques, les langues étrangères, le cheval, la gymnastique, le théâtre, la danse, le chant. Dans l'introduction à *La Fable des Abeilles*, la Marquise juge qu'il est vraiment dommage, par cette éducation manquée des filles, de laisser ainsi à l'abandon les capacités intellectuelles de la moitié de l'humanité[27].

La Marquise sera entendue par Olympe de Gouges qui payera au prix fort, puisqu'elle sera guillotinée en 1793, à l'âge de quarante-cinq ans, le courage de monter à la tribune. Dans sa *Déclaration des droits de la femme et de la citoyenne*, Olympe de Gouges défend les droits des femmes et notamment l'accès à la même éducation que les hommes[28].

La Marquise a une conscience aiguë que les femmes ont souvent dû jouer de leur pouvoir de séduction pour obtenir par la passion et l'intrigue ce qu'elles ne pouvaient obtenir par la raison et la liberté d'expression. Elle reprend à sa manière l'alternative – séduire ou s'instruire – proposée par Louise Labé qui priait les Dames, dans le *Débat de Folie et d'Amour*, de s'instruire afin de [les] « voir non en beauté seulement, mais en

---

25 *Ibid.*, p. 52-53.

26 Voir l'édition de référence de ce manuscrit in Ira O. Wade, *Studies on Voltaire. With some unpublished papers of Mme du Châtelet*, Princeton, Princeton University Press, 1947, p. 136.

27 *Ibid.*, p. 136.

28 Nous y reviendrons lors de l'évaluation de la postérité de la Marquise sur la question de l'éducation, voir chapitre X ci-dessous.

science et vertu passer ou égaler les hommes[29] ». Cette conscience qu'il faut arracher ce préjugé et instruire les femmes en science, Émilie du Châtelet l'affirme dès 1735 – elle n'a que vingt-neuf ans et fait preuve d'une précocité remarquable, il faut le souligner – dans sa préface à *La Fable des Abeilles* :

> Je sens tout le poids du préjugé qui nous exclut si universellement des sciences, et c'est une des contradictions de ce monde, qui m'a toujours le plus étonnée, car il y a de grands pays, dont la loi nous permet de régler la destinée, mais, il n'y en a point où nous soyons élevées à penser[30].

La Marquise remarque encore que la seule profession, qui exige quelque étude et quelque culture d'esprit, où les femmes sont admises est le théâtre, « et c'est en même temps la seule qui soit déclarée infâme[31] ». Et, bien avant les travaux d'historiennes comme Michelle Perrot[32] ou Christine Bard[33], elle avance l'idée que si l'histoire du savoir et des arts est si peu marquée par la présence des femmes, c'est certes parce qu'elles ont été occultées mais surtout parce qu'elles ont été empêchées de se cultiver par une éducation au rabais, et non par une quelconque infériorité de l'entendement. À partir de ce constat, elle propose un programme politique :

> si j'étais roi [...] je ferais participer les femmes à tous les droits de l'humanité, et surtout à ceux de l'esprit. [...] Cette éducation nouvelle, ferait en tout un grand bien à l'espèce humaine. Les femmes en vaudraient mieux et les hommes y gagneraient un nouveau sujet d'émulation et notre commerce qui en polissant leur esprit l'affaiblit et le rétrécit trop souvent, ne servirait alors qu'à étendre leurs connaissances[34].

29 Louise Labé, Épître dédicatoire à Clémence de Bourges in *Débat de Folie et d'Amour, Œuvres*, Genève-Paris, Slatkine, 1981, p. 4.

30 Préface à sa traduction de la *Fable des abeilles* in Ira O. Wade, *Studies on Voltaire. With some unpublished papers of Mme du Châtelet*, p. 135.

31 *Ibid.* Les gens de théâtre, à l'époque, n'avaient pas le droit à une sépulture. Olympe de Gouges, auteure de pièces de théâtre contre l'esclavage notamment aura les plus grandes difficultés à les faire jouer à la Comédie Française.

32 Michelle Perrot a dirigé avec Georges Duby *L'Histoire des femmes en Occident, de l'Antiquité à nos jours*, Paris, Plon, 1991.

33 Christine Bard a notamment publié *Les Filles de Marianne. Histoire des féminismes. 1914-1940*, Paris, Fayard, 1995.

34 Préface à sa traduction de la *Fable des abeilles* in Ira O. Wade, *Studies on Voltaire. With some unpublished papers of Mme du Châtelet*, p. 136. Comment ne pas voir dans ce propos une mention implicite de l'expérience qu'elle vit avec Voltaire à Cirey faite d'amour mais aussi

Si Poulain de la Barre avait lui aussi préconisé l'égalité des sexes[35], Émilie est la première femme, à l'âge de vingt-neuf ans seulement, à proposer un tel programme avant-gardiste. Si elle avait écrit un traité de l'éducation intitulé *Émilie*, celui-ci aurait été fort éloigné des conclusions de l'*Émile* de Rousseau qui préconise au contraire de ne pas offrir la même éducation aux garçons et aux filles car celles-ci n'ont ni la même nature, ni les mêmes capacités, ni la même fonction, ni le même statut que les garçons : ils doivent commander, elles doivent obéir[36]. Émilie du Châtelet est profondément cartésienne dans sa conviction que le bon sens est la chose du monde la mieux partagée, que femmes et hommes ont les mêmes capacités intellectuelles mais que les femmes, ou bien ne le savent pas, par défaut de leur éducation, ou bien ne les développent pas, par oppression et inhibition :

> Je suis persuadée que bien des femmes ou ignorent leurs talents, par le vice de leur éducation, ou les enfouissent par préjugé, et faute de courage de l'esprit[37].

Et dans un récit autobiographique, elle raconte avec une sincérité que l'on retrouve aussi dans le *Discours sur le bonheur*, qu'elle a cédé aux frivolités de son état de femme (séduire plutôt que s'instruire) mais qu'elle a eu la chance de rencontrer des gens de lettres (le petit groupe de newtoniens de Paris dont Voltaire) qui lui ont fait prendre conscience qu'il était « encore temps de devenir raisonnable[38] ». Avec sa modestie habituelle, elle explique alors qu'elle n'a pas le « génie créateur qui fait trouver des vérités nouvelles[39] » et qu'elle s'est tournée vers la traduction dans l'esprit généreux de faire partager à sa nation les œuvres de « ce peuple philosophe » que sont les Anglais :

---

d'amour de l'étude, de stimulation intellectuelle réciproque, qu'on pense par exemple à leur travail sur Newton ou à leur participation respective au concours de l'Académie sur la nature du feu ?

35 Voir la très utile réédition proposée par Marie-Frédérique Pellegrin, (Paris, Vrin, 2011) de *L'Égalité des sexes* que Poulain de la Barre publie en 1676.

36 Rappelons que Rousseau consacre à peine quatre-vingts pages à l'éducation de Sophie qui doit surtout apprendre à être une bonne épouse alors qu'il consacre six-cents pages à l'éducation d'Émile. Nous reviendrons sur la conception très genrée de l'éducation de Rousseau quand nous étudierons la postérité de la Marquise notamment dans l'œuvre d'Olympe de Gouges.

37 *Ibid.*

38 *Ibid.*

39 Quel homme philosophe dirait cela à son époque ?

> et j'ai choisi ce livre qui a pour titre, *La Fable des abeilles* parmi tous ceux que j'aurais pu traduire parce qu'il me semble que c'est un des ouvrages du monde, qui est le plus fait pour l'humanité en général[40].

Mandeville est à ses yeux le Montaigne des Anglais. Cependant, elle reconnaît qu'elle n'a pas pour son auteur « le respect idolâtre de tous les traducteurs » et qu'elle a pris « la liberté d'élaguer son style en plusieurs endroits [...] J'ai pris aussi la liberté d'y ajouter mes propres réflexions [...]. Mais afin que le lecteur puisse les discerner, j'ai eu soin de les marquer par des guillemets[41] ». La Marquise termine sa préface à la *Fable des abeilles* dans l'espoir que son livre réussisse afin de montrer aux hommes qu'une femme aussi peut s'écarter du profane vulgaire[42] :

> Il faut au moins que l'injustice que les hommes ont eu de nous exclure des sciences, nous serve à nous empêcher de faire de mauvais livres. Tâchons d'avoir cet avantage sur eux, et que cette tyrannie soit une heureuse nécessité pour nous, de ne leur laisser que notre nom à condamner dans nos ouvrages[43].

Ce qui est très intéressant dans cette préface est qu'elle livre, alors qu'elle est encore toute jeune – elle n'a pas trente ans –, une analyse genrée de l'éducation et de l'accès au savoir. Celle-ci est mûrie dans le *Discours sur le bonheur*. En effet ce qui distingue son opuscule de ceux de ses contemporains, c'est sa démarche. Au lieu de poser le problème du bonheur d'emblée dans une visée de l'universel, elle présente son analyse dans une sorte de récit autobiographique où elle dit « je » (et c'est un « je » clairement posé comme celui d'une femme), pour montrer que la conception du bonheur à son époque ne peut être la même pour les femmes et pour les hommes. Autrement dit, elle montre qu'il y a une telle inégalité dans l'éducation entre les femmes et les hommes qu'on ne peut pas penser une conception unifiée et universelle du bonheur, malgré les prétentions de certains. Comme le remarque Barbara Whitehead[44],

40 *Ibid.*, p. 137.

41 *Ibid.*

42 Elle cite en effet le vers d'Horace « *Odi prophanum vulgus et arceo* » in *Carmina Saeculare*, III, I, I in *Odes et épodes*, trad. François Villeneuve, Les Belles Lettres, 1929 ; 2017.

43 *Ibid.*, p. 138 : « de ne leur laisser que notre nom à condamner dans nos ouvrages » : « notre nom » parce qu'il s'agit d'un nom de femme.

44 Barbara Whitehead, « The singularity of Mme du Châtelet : an analysis of the *Discours sur le Bonheur* in *Émilie du Châtelet : rewriting Enlightenment philosophy and science*, Oxford, Voltaire Foundation, *Studies on Voltaire and the eighteenth century* (SVEC), 1, 2006, p. 261.

les hommes philosophes qui prétendent viser l'universel, déduisent en réalité de leur propre expérience une loi universelle applicable à tous. En revanche, la Marquise part de sa propre expérience, elle choisit explicitement une approche personnelle et genrée du bonheur, ce qui a bien sûr été décrié, faute d'avoir été compris. Ainsi Robert Mauzi écrit :

> Son essai n'a qu'une valeur empirique et se présente comme un manuel du bien-vivre, non comme un traité sur la nature humaine. [...] Mme du Châtelet n'a pas voulu écrire un traité sur la nature de l'homme mais seulement consigner les résultats d'une expérience et en tirer des recettes de bonheur[45].

Barbara Whitehead montre au contraire que cette approche fait toute l'originalité et la modernité de son *Discours sur le bonheur* :

> *Those who held to a universal view would never have to confront the issue of the differences in material conditions of men and women, the well off and the poor. Mme du Châtelet's personalised approach allows for consideration of these differences. Paradoxically, however, she has been condemned instead of recognized for widening the debate on happiness to include those groups excluded by the philosophes*[46].

Comparant son *Discours sur le Bonheur* à trois autres auteurs contemporains qui ont écrit sur le bonheur, au *Discours sur l'homme* de Voltaire, au texte « Le bonheur » d'Helvétius et à *L'Anti-Sénèque ou le souverain bien* de La Mettrie, Barbara Whitehead souligne l'inventivité de la démarche de la Marquise et aussi ses accointances intellectuelles avec La Mettrie plutôt qu'avec Voltaire et Helvétius. Sans entrer dans le détail de son analyse qui porte sur son éloge de l'illusion, sur sa conception de la vertu, du repentir, et sur les indices d'une discussion serrée de la Marquise avec La Mettrie sur ces questions[47], on peut retenir ce qui fait, selon Barbara Whitehead, l'inventivité et l'originalité

45 Robert Mauzi cité par Barbara Whitehead, préface au *Discours sur le bonheur*, p. LXXXVI et p. XCVI-XCVII.

46 Barbara Whitehead, « The singularity of Mme du Châtelet : an analysis of the *Discours sur le Bonheur* » in *Émilie du Châtelet : rewriting Enlightenment philosophy and science*, p. 263. Nous traduisons : « Ceux qui prenaient un point de vue universel n'avaient pas à se confronter au problème des différences de conditions matérielles des hommes et des femmes, les bien lotis et les mal loties. L'approche personnelle de madame du Châtelet lui permet de considérer de telles différences. Paradoxalement, cependant, c'est ce qui lui a valu d'être condamnée au lieu d'être reconnue comme élargissant le débat sur le bonheur par le fait d'inclure le groupe des femmes qui étaient exclues par les *philosophes* ».

47 Nous y reviendrons lors de l'évaluation de la postérité de la Marquise sur la question du bonheur et sur ses discussions avec La Mettrie, voir chapitre IX ci-dessous.

de sa démarche, à savoir sa conception des passions comme clé du bonheur et, parmi elles, l'amour de l'étude dont elle propose une approche genrée comme voie unique de l'accès à la gloire et au bonheur pour les femmes. Les hommes qui écrivent sur le désir de savoir et l'amour de l'étude ne font pas de distinction entre hommes et femmes au nom de la nature humaine universelle. Mais l'approche de la Marquise, par contraste, montre que ce qui rend les femmes heureuses dans un monde fait d'interdits pour elles diffère du bonheur des hommes qui ne connaissent pas de tels interdits et de telles limitations. Mais alors ce qui apparaît par son analyse est le fait suivant : quand ses collègues masculins extrapolent leurs points de vue personnels sur le bonheur pour en faire des positions générales, ils universalisent une position de la gente masculine sur le bonheur[48].

La Marquise, elle, insiste :

> Il est certain que l'amour de l'étude est bien moins nécessaire au bonheur des hommes qu'à celui des femmes[49].

Et cette insistance renverse radicalement la position commune de l'époque, à savoir que les femmes n'ont pas besoin de s'instruire puisqu'elles savent séduire. On découvre ainsi, par la conception de l'amour de l'étude comme indispensable au bonheur des femmes, que le *Discours sur le bonheur* est un texte extrêmement politique : il s'agit de changer la façon commune de penser l'éducation. Au terme de ce *Discours sur le bonheur*, on comprend que le contenu de l'éducation et de l'instruction scientifique doit être le même pour les femmes et les hommes et que son accès doit être égal pour les femmes et les hommes. Du reste, ceci est confirmé par la lettre que la Marquise écrit à Johann Bernoulli le 11 novembre 1744 :

> La naissance de votre fille est une nouvelle intéressante pour les savants. C'est sûrement un grand géomètre de plus[50].

48 Nous reprenons ici ce que dit Barbara Whitehead en ces termes : « when Du Châtelet's colleagues extrapolate from their personal views on happiness to come their generalised positions, they universalise a male view of happiness » in « The singularity of Mme du Châtelet : an analysis of the *Discours sur le Bonheur* » *in Émilie du Châtelet : rewriting Enlightenment philosophy and science*, p. 274.

49 La Marquise du Châtelet, *Discours sur le bonheur*, p. 53.

50 Voir la lettre de la Marquise à Johann Bernoulli du 11 novembre 1744 in *Lettres de la Marquise du Châtelet*, tome 2, p. 130. Besterman annote : « pour une fois nous nous permettons un *sic* ; c'était un fils, Johann III (1744-1807), également astronome-mathématicien »

Un dernier point important du *Discours sur le bonheur* concerne les affinités intellectuelles de la Marquise avec les conceptions matérialistes. En effet, lors de notre analyse de la querelle des forces vives, il était apparu qu'Émilie du Châtelet était plutôt encline à soutenir l'argument du dessein : le principe de la conservation des forces vives pouvait être compris comme une preuve de l'harmonie universelle et de Dieu. Or ici dans le *Discours sur le bonheur*, elle défend une conception utilitariste de la vertu :

> J'entends par vertu tout ce qui contribue au bonheur de da la société, et par conséquent, au nôtre, puisque nous sommes membres de la société[51].

Des trois auteurs qui écrivent en même temps qu'elle sur le bonheur, deux matérialistes et un déiste, c'est avec La Mettrie qu'elle discute le plus, ce qui corrobore le fait que le matérialisme qu'elle apprécie sur les questions morales se nourrit d'une morale cartésienne. En outre, son apologie des passions et sa remarque hétérodoxe que si l'on devait demander quelques chose à Dieu, il faudrait lui demander des tentations et des passions et non des indulgences, font voir un esprit plutôt irréligieux ou du moins fort libre vis-à-vis de la religion. Dans sa critique des préjugés comme un des obstacles principaux au bonheur, elle souligne que les préjugés liés à la religion sont les pires de tous :

> Je sais qu'il y a d'autres préjugés que ceux de la religion, et je crois qu'ils sont très bons à secouer, quoiqu'il n'y en ait aucun qui influe sur notre bonheur autant que celui de la religion[52].

Alors qu'en est-il de sa position sur la religion ? Un texte peu étudié d'elle est ici à considérer, à savoir ses *Examens de la Bible.*

(*Ibid.*). Mais ce lapsus, si c'en est un, renforce l'idée que pour la Marquise, fille ou garçon peuvent, à condition d'avoir la même éducation, devenir géomètres.

51 La Marquise du Châtelet, *Discours sur le bonheur*, p. 42.

52 La Marquise du Châtelet, *Discours sur le bonheur*, p. 41.

LES *EXAMENS DE LA BIBLE*

Émilie du Châtelet et la question de la religion

Comme pour la plupart des écrits de la Marquise du Châtelet, on a contesté l'authenticité des *Examens de la Bible.* Rappelons que les *Institutions de physique* ont été considérées comme le résultat d'un plagiat de König et de Wolff, que la traduction et le commentaire des *Principia mathematica* de Newton, furent attribués au moins en partie à Clairaut. Soit on conteste que la Marquise est l'auteure de ses écrits, soit on conteste l'intérêt même de ses écrits. C'est le cas du *Discours sur le bonheur* décrié par son éditeur comme un manuel du bien-vivre ou comme un recueil de recettes empiriques[1], c'est aussi le cas de la traduction de la *Fable des abeilles* décriée comme désinvolte par les traducteurs de l'édition Vrin de 1974 sans qu'ils ne tiennent compte de la préface ni des raisons de sa publication par Ira O. Wade en 1947. C'est le cas de ses *Lettres* décriées par son éditeur Besterman dans les notes comme faisant preuve d'un manque de culture ou d'incompétence en anglais par exemple[2], c'est le cas des écrits scientifiques de la Marquise jugés inintéressants par Bachelard qui lui reproche de faire des mathématiques « minaudées[3] ». L'*Examen de la Genèse* et *Examen des Livres de la Bible* n'a pas échappé à la règle. Mais le travail acharné de Bertram Eugène Schwarzbach a fini par rendre justice à la Marquise en proposant une édition substantielle

1 Voir Robert Mauzi, préface au *Discours sur le bonheur*, p. LXXXVI et p. XCVI-XCVII.

2 Voir par exemple les notes relatives à la lettre 53 de la Marquise à Algarotti du 7 janvier 1736 in *Lettres de la Marquise du Châtelet*, Genève Institut et Musée Voltaire Les Délices Genève, en deux tomes, 1958, tome 1, p 97-98, ou encore voir la note 20 relative à la lettre 186 à François Prault de février 1739, t. 1, p. 331 à propos de la phrase en anglais de la Marquise *I am your servant with a great desire to hi [have] mi library full'd that is entirely finish'd of good books of your magazine*, Besterman commente « cette correction [*hi* au lieu de *have*], et toute la phrase, démontrent les limites de sa connaissance en anglais ». Pourtant, à l'époque, elle a déjà traduit la *Fable des abeilles* de Mandeville et elle lit Pope et Swift en anglais.

3 Bachelard, *La Formation de l'esprit scientifique*, Paris, Vrin, 1938 ; rééd. 1986, p. 34.

(plus de mille pages) et soignée des *Examens de la Bible*[4], accompagnée d'une préface d'une très grande érudition.

L'édition s'appuie sur trois manuscrits[5] dont l'origine première ne permet pas de les attribuer directement et de manière certaine à la Marquise. Leur histoire ne peut être tracée qu'à partir de dates bien postérieures à celle de sa mort en 1749. Le manuscrit qui sert de référence à l'édition a appartenu à la comtesse Marie-Thérèse le Pellerin de Gauville au XIXe siècle. Le second manuscrit composé de cinq tomes in-16° se trouve depuis 1855 à la Bibliothèque municipale de Troyes et le troisième à la Bibliothèque royale de Bruxelles, sans doute depuis 1815. C'est à partir de ces manuscrits que Bertram Eugène Schwarzbach a procédé à un travail de révision de la légende entretenue par les biographes de Voltaire et d'Émilie du Châtelet (notamment René Pomeau et Ira O. Wade) selon laquelle celle-ci aurait écrit les *Examens* en collaboration avec celui-là. Les *Examens de la Bible* seraient le fruit de lectures bibliques faites pendant le petit déjeuner à Cirey. Bertram Eugène Schwarzbach rouvre le dossier en cherchant à s'appuyer sur des faits. Il confronte pour cela les lettres qui font référence à l'entreprise critique de la Bible, la documentation à la disposition des chercheurs en ce qui concerne les années 1735-1749 passées à Cirey ainsi que les références aux lectures de traités clandestins qui y sont faites. Cette analyse le conduit à établir que le manuscrit n'a pu être écrit qu'entre 1742 et 1745, date du début du travail de la Marquise sur la traduction des *Principia* de Newton. Il défend la thèse selon laquelle la Marquise est bien l'auteure des *Examens de la Bible* qu'elle aurait rédigés seule et sans les montrer à Voltaire, contrairement à l'idée répandue d'un travail commun.

Bertram Eugène Schwarzbach a mis vingt ans à se forger la conviction qu'Émilie était bien la seule auteure des *Examens de la Bible*. Son article sur les « Études bibliques à Cirey », issu du colloque de 1995 sur la vie intellectuelle à Cirey, est encore très prudent même s'il souligne déjà la présomption d'identité de l'auteure du fait de l'audace et de la radicalité

---

4 Madame du Châtelet, *Examens de la Bible*, édités et annotés et Préface par Bertram Eugène Schwarzbach, Paris, Champion, 2011.

5 Deux manuscrits sont respectivement à la Bibliothèque municipale de Troyes 2376-2377 et à la Bibliothèque royale de Bruxelles 151888-15189, et le plus complet, sur lequel s'appuie l'édition de M. Schwarzbach, est celui ayant appartenu à la comtesse Marie-Thérèse le Pellerin de Gauville au XIXe siècle qui est actuellement aux mains d'un collectionneur parisien.

de la critique biblique qui, par exemple, « parle deux fois du "putatif Joseph" (II. 58, 283) et "cocu du Saint-Esprit" (II. 12) [...] soupçonne que David et le prophète Élisée étaient parfois payés en services sexuels pour leurs interventions (I. 258, 314) [...] que Jésus semble avoir eu une familiarité physique avec Marie-Madeleine, éventuellement avec certaines des autres femmes qui l'entouraient (II. 281), et même qu'il peut avoir eu un adultère ou deux à son compte sinon à son crédit » (II. 281). Émilie du Châtelet en infère que « Jésus vivait de la boîte à Perrette[6] ». Bertram Eugène Scwartzbach commente :

> Les croyants d'aujourd'hui trouveraient tout ceci plutôt blasphématoire ; quant à ceux de l'époque, il serait difficile de surestimer leur indignation devant ce que notre auteur traite de conduite tout à fait normale[7].

Et il conclut sur l'identité de l'auteure :

> Les traits de ce profil ne correspondent à ceux d'aucun candidat à l'honneur d'avoir composé les *Examens de la Bible* autre que Mme du Châtelet. En tout cas, nous ne connaissons aucune autre femme qui fut, comme elle, physicienne, latiniste, libre-penseur et sans trop de pudeur[8].

Cependant, dans cet article, Bertram Eugène Schwarzbach n'échappe pas au défaut fréquent des éditeurs de la Marquise, à savoir qu'il juge sévèrement son ouvrage et le discrédite :

> Notre auteur est bien insensible au phénomène qu'il veut critiquer, au charisme, à l'illumination et à l'expérience religieuse [...] Le résultat de cette insensibilité est finalement un ouvrage assez sec et lassant qui ne dépasse guère sa finalité polémique, un monument d'un certain esprit rationaliste à outrance[9].

Dix ans plus tard, dans l'article de 2006 intitulé « Mme du Châtelet's *Examens de la Bible* and Voltaire's *La Bible enfin expliquée* », Bertram Eugene Schwarzbach souligne deux points qui ne sont pas sans évoquer

6 Expression qui semble vouloir dire dans le contexte de son emploi que Jésus vivait aux frais de plusieurs femmes, voir *Examens de la Bible*, II. 317-318.

7 Bertram Eugène Schwarzbach, « Les études bibliques à Cirey » in *Cirey dans la vie intellectuelle. La réception de Newton en France*, dir. François de Gandt, Oxford, Voltaire Foundation, *SVEC*, 2001, 11, p. 40.

8 *Ibid.*

9 *Ibid.*, p. 53.

l'analyse du chapitre précédent du *Discours sur le Bonheur*. D'une part, les *Examens de la Bible* sont marqués du sceau du rationalisme matérialiste et, d'autre part, l'esprit critique de l'ouvrage est bien plus radical que celui de Voltaire dans *La Bible enfin expliquée*. On retrouve ici ce qu'on a dit à propos du *Discours sur le Bonheur* : celui-ci est marqué du sceau du matérialisme alors que le *Discours sur l'homme* de Voltaire reste profondément déiste, et, en ce sens, l'esprit critique du *Discours sur le Bonheur* est bien plus radical que le *Discours sur l'homme* de Voltaire.

Dans leur critique de la Bible, si tous deux n'hésitent pas à utiliser le terme de simagrées pour désigner l'une le miracle d'Élie, l'autre le miracle d'Élisée[10], la Marquise est bien plus incisive et subversive que Voltaire dans sa critique du texte même de la Bible. Sa démarche n'est ni d'interroger son authenticité ni d'en faire une analyse comparée avec d'autres traditions religieuses perse, hindoue ou chinoise, mais d'en expliciter les absurdités, les cruautés et les incohérences. Voltaire, au contraire, s'inscrit dans la tradition de la critique biblique bien plus « aseptisée », comme le remarque B. E. Schwarzbach :

> *Voltaire often concludes remarks that question the authenticity of a biblical text or the seemliness of a biblical teaching with mock submission to the Church. None of this for Mme du Châtelet. Voltaire, throughout this work, thinks like a Bible critic, asking when individual books were written and by whom, and sometimes of what material they were composed. Mme du Châtelet does not think this way except on relatively rare occasions. She thinks like an attorney, not letting pass the slightest chink in the excuses and alibis of the adverse party*[11].

Bertram Eugene Schwarzbach conclut de cette différence d'approche que les *Examens de la Bible* et *La Bible enfin expliquée* sont bien deux ouvrages indépendants. Et il compare la rédaction de ces deux ouvrages

10 Bertram Eugène Schwarzbach, « Mme du Châtelet's *Examens de la Bible* and Voltaire's *La Bible enfin expliquée* », in *Émilie du Châtelet : rewriting Enlightenment philosophy and science*, Oxford, Voltaire Foundation, *Studies on Voltaire and the eighteenth century* (SVEC), 1, 2006, p. 147.

11 *Ibid.*, p. 148-149. Nous traduisons : « Voltaire conclut souvent par des remarques qui interrogent l'authenticité du texte biblique ou la bienséance de l'enseignement biblique avec une soumission ironique à l'Église. Rien de tel chez Madame du Châtelet. Voltaire, tout au long de son ouvrage, se pose en critique biblique, il se demande quand les livres individuels ont été écrits et par qui, et parfois à partir de quels matériaux, ils ont été composés. Madame du Châtelet ne procède pas ainsi sauf à de rares exceptions. Elle se présente en avocat général ne laissant passer le moindre défaut dans les excuses ou les alibis de la partie adverse ».

à celle des deux mémoires sur le feu de Voltaire et de la Marquise. Certes des discussions ont pu nourrir chacun des deux mémoires mais leur différence d'approche et de style confirme qu'ils ont été rédigés indépendamment l'un de l'autre :

> *If* La Bible enfin expliquée *had its inception in Cirey, [...] it and the* Examens de la Bible, *which were surely written there, would have been, like the Dissertation sur la nature et la propagation du feu (1738), autonomous examples of lover's rivalry, drafts each hid from the other; however, one is unlikely to find direct evidence to support that conjecture because of Mme du Châtelet's extreme discretion*[12].

Enfin, dans le dernier article de B. E. Schwarzbach que nous voulons mentionner et qui précède son édition des *Examens de la Bible*, intitulé « Mme du Châtelet et la Bible », il insiste sur la critique rationaliste que la Marquise fait de la Bible :

> Tout ce qui contredisait les sciences naturelles et mathématiques telles qu'elle les connaissait, notamment les résurrections, qui sont des signes ponctuels, des suspensions des régularités de la nature, rendait la Bible, dans son ensemble, un livre déraisonnable et donc inacceptable[13].

Ce qui rend la critique de la Marquise originale et la distingue de la tradition des traités clandestins, c'est sa charge anticléricale faite au nom de la science, annonciatrice des critiques postérieures des XIXe et XXe siècles :

> Mme du Châtelet est plus moderne. Elle ne doit nier ni la validité du consentement universel comme argument, ni la qualité de preuve qui s'attache aux miracles, ni rappeler à ses lecteurs, contrairement à ce que devaient faire aussi les auteurs de plusieurs traités clandestins, que toutes les religions si contradictoires, y compris le judaïsme, se vantent de leurs miracles, car elle n'en admet aucun, ayant un autre modèle de vérité, la science mathématique de son temps, qui exclut les miracles et qui offre des procédures de vérification

12 *Ibid.*, p. 164. Nous traduisons : « Si *La Bible enfin expliquée* a son origine à Cirey, [...] ce texte et les *Examens de la Bible*, qui ont sûrement été écrits là, seraient, à l'instar de la *Dissertation sur la nature et la propagation du feu* (1738), des exemples autonomes de la rivalité des amants, rédigés en cachette l'un de l'autre, mais il est difficile d'apporter des preuves directes de cette hypothèse à cause de l'extrême discrétion de Madame du Châtelet ».

13 B. E. Schwarzbach, « Mme du Châtelet et la Bible », in *Émilie du Châtelet – éclairages et documents nouveaux*, études réunies par Ulla Kölving et Olivier Courcelle, Centre international d'étude du XVIIIe siècle, Ferney Voltaire, 2008, p. 204.

> directes à la place des preuves indirectes tirées du consentement universel et de la conviction inébranlable des martyrs[14].

Ici l'on comprend que la culture scientifique de la Marquise et notamment sa réflexion sur les hypothèses qui doivent être régulées par le bâton de l'expérience, pour ne pas verser dans les fictions ou les miracles, lui servent à discréditer la Bible. Or la finalité qu'elle poursuit ainsi n'est pas de l'ordre du ressentiment mais relève plutôt d'une critique morale et politique, à l'instar de son *Discours sur le bonheur*. Elle veut, en montrant que la Bible est un tissu d'incohérences et d'absurdités, disqualifier le pouvoir politico-religieux des prêtres et la domination masculine en général qui s'appuie sur elle. Autrement dit, sa critique vise à libérer le genre humain et particulièrement les femmes de l'emprise de ce texte sacré sur leur rapport au monde et sur leurs convictions. Même B. E. Schwarzbach, que l'on ne peut pourtant pas qualifier de penseur féministe, le reconnaît du bout des lèvres en utilisant à propos de la Marquise l'adjectif peu gracieux de protoféministe[15] :

> l'attribution des *Examens de la Bible* à une proto-féministe avec de fortes dispositions pour la physique et les mathématiques nous semble assez sûre, et comme les biographes de Mme du Châtelet viennent de le démontrer, dans ce domaine elle était unique en son temps[16].

Voltaire l'a bien compris, lui qui explique à madame du Deffand et à Niklaus Friedrich Steiger que la Marquise « a commenté la Bible d'un bout à l'autre » pour lutter « contre tous ces faquins-là[17] ». Il est vrai, et B. E. Schwarzbach le reconnaît[18], que la Marquise se préoccupe fort des

14 *Ibid.*, p. 209.

15 À l'instar de l'usage du terme actuel de postféministe qui ne vise qu'à « ringardiser » le féminisme, nous pensons aussi que l'emploi du terme de protoféministe est une tartufferie : pourquoi ne pas reconnaître explicitement que la Marquise vise à faire prendre conscience aux femmes des chaînes de leur éducation genrée (voir le *Discours sur le bonheur* et la préface à sa traduction de la *Fable des abeilles*) et cherche aussi à montrer, dans sa critique de la Bible, que la misogynie et la domination masculine se renforcent encore avec les textes sacrés, par exemple, avec les *Lettres aux Corinthiens* de l'apôtre Paul.

16 B. E. Schwarzbach, « Mme du Châtelet et la Bible », in *Émilie du Châtelet – éclairages et documents nouveaux*, p. 202.

17 Voir la lettre de Voltaire à madame du Deffand du 17 septembre 1759, D8037 et la lettre à Niklaus Friedrich Steiger du 9 janvier 1759, D8037.

18 B. E. Schwarzbach, « Mme du Châtelet et la Bible », in *Émilie du Châtelet – éclairages et documents nouveaux*, p. 201.

affaires de femmes et s'offense des propos méprisants de l'apôtre Paul les concernant[19]. Elle est sans doute la première philosophe à rejeter l'autorité spirituelle et morale de Paul en raison de la haine des femmes qu'il déploie dans ses écrits : Paul reproche par exemple aux filles de Corinthe d'avoir fait juger leurs procès par les juges du pays et non par les « moindres personnes de l'Église ». Or, précise la Marquise[20], il s'agit d'affaires séculaires et non spirituelles, ce qui veut dire que Paul veut supprimer la justice d'État et lui substituer une justice d'Église.

Commentant le verset 6 du chapitre 11 de la première Épître aux Corinthiens, elle met en contradiction la déclaration de Paul qu'il est honteux à une femme d'avoir ses cheveux coupés mais que si elle n'a pas de voile, il faut qu'elle se coupe les cheveux, avec la pratique capillaire des religieuses. Elle constate qu'elles « font un grand péché et commettent une grande indécence de se couper les cheveux, comme elles font ; car il [toujours Paul] dit au verset 15 *qu'il est glorieux à une femme d'avoir une longue chevelure parce que la nature lui a donné les cheveux comme un voile pour se couvrir*[21] ». Autrement dit, le port du voile, pour Paul, revient à avoir les cheveux longs. Pour résumer l'aversion de la Marquise pour Paul, citons le préambule à l'Examen des Épîtres de St Paul :

> St Paul était une tête chaude toute faite pour le fanatisme. C'est de tous les chrétiens celui qui a fait le plus de mal aux hommes par ses écrits, lesquels ont été et sont toujours aujourd'hui une source intarissable de disputes[22].

Cependant, contrairement à plusieurs critiques du Nouveau Testament (les protestants notamment mais aussi certains catholiques), Émilie du Châtelet critique aussi bien le christianisme de son époque que le christianisme dit primitif, ou plutôt reconstruit par eux, tout aussi composé de miracles, d'exorcisme, de résurrections, de misogynie, d'ascétisme et d'interdiction. Comme le souligne B. E. Schwarzbach, « Ce christianisme-là n'était pas plus au goût de Mme du Châtelet que le christianisme de son temps qui, au moins, était accompagné de bonne musique[23] ».

---

19 Voir *Examens de la Bible* sur I Corinthiens II. 411-415, p. 856.

20 Voir *Examens de la Bible* sur I Corinthiens II. 411-415, p. 856.

21 *Ibid.*, p. 860.

22 *Ibid.*, p. 845.

23 B. E. Schwarzbach, « Mme du Châtelet et la Bible », in *Émilie du Châtelet – éclairages et documents nouveaux*, p. 211.

Les *Examens de la Bible* mettent en lumière l'intérêt particulier que porte Émilie pour les femmes de la Bible, les problèmes d'accouchement, d'éducation des enfants, de sexualité, de séduction et de rapports de force. Les *Examens de la Bible* constituent un texte polémique et engagé où l'auteure vise non seulement à repérer les contradictions dans les textes sacrés mais encore à déployer un engagement politique contre la misogynie que porte la Bible. Comme le souligne Michèle Bokobza Kahan, dans sa recension « Madame du Châtelet, *Examens de la Bible* » :

> C'est un texte, long de quelque neuf cents pages, qui révèle au lecteur d'aujourd'hui l'audace et l'autonomie de la pensée intellectuelle et morale d'une des femmes les plus exceptionnelles des Lumières. à bien des égards, les commentaires de la marquise dépassent les idées radicales d'un Richard Simon, auteur de l'*Histoire critique de l'Ancien Testament*, dans lequel l'oratorien met en doute l'idée de l'inerrance de la Bible en soumettant le texte biblique à une lecture critique historique et textuelle. La marquise va également plus loin que Spinoza qui, dans le *Tractatus Theologico-politicus*, invoque certes la science naturelle comme contrôle de la vérité et de la vraisemblance de la révélation, mais ne procède pas à un examen en détail comme le fait Mme du Châtelet[24].

La Marquise est plus radicale que Spinoza dans sa critique ecclésiastique qui s'appuie sur le *Commentaire littéral sur tous les livres de l'Ancien et du Nouveau Testament* du moine bénédictin Dom Calmet, en ce qu'elle fait un commentaire critique intégral de la Bible. En outre, elle met fortement l'accent sur l'oppression des femmes que produit la religion. Enfin elle met en œuvre sa culture scientifique et notamment la méthode expérimentale qu'elle a exposée dans les *Institutions de physique* pour mettre à l'épreuve les textes sacrés et lutter contre l'argument d'autorité de la Bible.

Qu'elle s'appuie sur l'ouvrage très orthodoxe de Dom Calmet peut paraître étonnant et pourtant il n'en est rien. Certes Dom Calmet se situe à l'opposé des valeurs universelles des Lumières qu'Émilie du Châtelet défend à bien des égards, mais la Bible du bénédictin est l'ouvrage de référence au début du XVIIIe siècle. Comme le remarque B. E. Schwarzbach[25], la Marquise fait preuve d'un esprit particulièrement indépendant lorsque, loin d'être convaincue par les dissertations

24 Michèle Bokobza Kahan, dans sa recension « Madame du Châtelet, *Examens de la Bible* » in *Studi Francesi*, 175 (LIX | I) | 2015, 151-152.

25 Voir la préface de B. E. Schwarzbach in *Examens de la Bible*, p. 135.

éloquentes de Dom Calmet, elle ne prend que ce qui lui convient. Alors que le prêtre entendait donner des solutions à chacun des problèmes de critique de texte qu'il relevait, la Marquise retient les objections citées sans tenir compte des réponses fournies. Son but est de souligner les cruautés multiples sur les humains comme sur les animaux dont les livres font état et dénoncer les abominations, les puérilités et les contradictions si fréquentes qu'elle trouve dans les textes, pour s'interroger, dans un second temps, sur la pertinence et la cohérence de ces écrits qui prétendaient contenir l'ensemble des connaissances humaines. Or, presque tout ce qui s'y trouve contredit la science naturelle, unique source de contrôle de la vérité aux yeux de la physicienne. Dès le premier chapitre commenté de la Genèse, le ton est donné quand elle écrit :

> Au verset 4 du chapitre 1er, Dieu divise la lumière des ténèbres, comme si les ténèbres étaient quelque chose et qu'on put les séparer de la lumière, avec laquelle elles ne peuvent jamais être mêlées, puisqu'elles n'en sont que la privation : il est fort plaisant de voir 3 jours et 3 nuits marquées par le matin et le soir avant que le soleil soit créé. Car il ne l'a été que le 4e jour, et l'auteur a soin de dire que Dieu créa le soleil et la lune pour diviser le jour d'avec la nuit : donc ils ne l'étaient pas avant la création[26].

L'absurdité des récits lus par le prisme de normes éthiques, philosophiques et scientifiques d'une femme savante, qui voyait en l'église un appareil de coercition d'une efficacité redoutable, la conduit à faire des remarques étonnantes et très innovantes pour l'époque. Ainsi, quand elle commente le texte où il est question des couches de la naissance d'une fille, elle critique le *Lévithique* qui les déclare plus impures que celles de la naissance d'un garçon :

> Le chapitre 12 est employé à prescrire ce que les femmes doivent observer pour se purifier après leurs couches. Dieu prétend que les suites de couches d'une femme qui est accouchée d'une fille, durent plus longtemps que celles d'une femme qui est accouchée d'un garçon (ce qui est certainement faux) et cependant par cette raison celle qui était accouchée d'une fille était réputée immonde 7 jours de plus[27].

Dans le même registre du *Lévithique* concernant l'impureté inhérente à la gente féminine, la Marquise souligne :

26 *Examens de la Bible*, p. 157.
27 *Examens de la Bible*, p. 233.

> Chapitre 15, verset 24, on condamne l'homme qui approche d'une femme qui a ses règles à 7 jours d'impureté et de séparation, et au chapitre 20, verset 18, il était condamné à mort ainsi que la femme[28].

Les exemples abondent pour persuader le lecteur que la Bible est un tissu d'incohérences et de contradictions et ne peut en aucun cas être tenu pour la référence de l'argument d'autorité, à l'encontre de ce que prétendait Pascal[29]. Autrement dit, non seulement les théologiens outrepassent leurs compétences en prétendant juger par l'autorité de la Bible ce que doit être la science, mais la Bible elle-même doit être désacralisée et démystifiée afin d'ôter aux théologiens leurs prérogatives sur l'argument d'autorité.

Comme le remarque B. E. Scwarzbach :

> Invoquer la science naturelle comme contrôle de la vérité et de la vraisemblance de la révélation est un fait encore assez rare après le *Tractatus theologico-politicus*, et même Spinoza ne le fait pas en détail[30].

La Marquise s'y attelle dans le cadre d'un commentaire intégral et en détail. Rien d'étonnant alors à ce que parmi les passages qui retiennent son attention, elle considère le fameux miracle de Josué (l'arrêt par Josué du Soleil et de la Lune dans leurs parcours célestes, Jos. X. 12), érigé par les Inquisiteurs en argument d'autorité contre la révolution de la Terre autour du Soleil, ce qui avait valu à Galilée sa condamnation par le Tribunal du Saint-Office :

> Je ne parle point de l'absurdité physique de ce miracle, elle est trop manifeste, et cette absurdité physique est cependant une véritable objection ; puisque Dieu qui a fait les lois de la nature ne peut les violer sans se contredire, surtout lorsqu'il les viole sans nécessité[31].

En effet, la Marquise ajoute que les ennemis s'enfuyaient et qu'il n'était encore que dix heures du matin :

28 *Ibid.*, p. 234.

29 Pascal, *Préface au Traité du Vide*, in *Œuvres complètes*, Paris, Seuil, 1963, p. 230 : « Mais où cette autorité a la principale force, c'est dans la théologie, parce qu'elle y est inséparable de la vérité, et que nous ne la connaissons que par elle : de sorte que pour donner la certitude entière des matières les plus incompréhensibles à la raison, il suffit de les faire voir dans les livres sacrés ».

30 Voir la préface de B. E. Schwarzbach in *Examens de la Bible*, p. 105.

31 *Examens de la Bible*, p. 292.

> et on ne voit pas de plus qu'il fut si nécessaire que ces 5 rois et tout leur monde fussent tués et que la ville de Maceda fut prise ce jour-là précisément. Au reste on ne sait trop ce que fait là, la lune, ni le besoin que Josué en avait [...] on est aussi un peu embarrassé à expliquer cet ordre que Josué donne au soleil, depuis qu'il est prouvé que ce n'est pas lui qui tourne, mais la terre. Apparemment que le Saint Esprit ne connaissait pas le véritable système du monde[32].

Ce commentaire est caractéristique du style du commentaire de la Marquise : elle se moque de l'omniscience traditionnellement attribuée à Dieu et au Saint-Esprit (ignorance de l'héliocentrisme) ; elle interroge la conception de Dieu sur le mode de Lactance[33] ; enfin elle s'insurge contre les guerres et les morts superflues, que cela concerne des victimes humaines ou animales et même végétales : à plusieurs reprises dans ses *Examens de la Bible*, elle dénonce les guerres, les cruautés envers les animaux et aussi le miracle « absurde et révoltant » de Jésus qui maudit le figuier, par ressentiment de ne pas avoir eu de fruits à sa disposition alors qu'il en avait envie, ce qui aussitôt le dessèche[34]. Cette dénonciation de l'utilisation du vivant à son usage personnel et des violences ou destructions (gratuites ou intéressées) concernant les êtres vivants n'est pas que théorique ; à Cirey la Marquise du Châtelet et Voltaire pratiquent des régimes et des diètes sans viande ni poisson. Voltaire, à partir des années 1760, a développé une réflexion sur la souffrance animale et sur

32 *Ibid.*, p. 292-293.

33 Quand la Marquise considère le monde biblique, elle y voit le paradoxe de l'athée qui avait été explicité par Lactance et qui sera repris par Voltaire en 1770 dans l'article « Tout est bien » de son *Dictionnaire philosophique*, d'après l'édition de 1769, Paris, Imprimerie Nationale, 1994, p. 116 : « Ou Dieu veut ôter le mal de ce monde, et ne le peut ; ou il le peut, et ne le veut pas ; ou il ne le peut, ni ne le veut ; ou enfin il le veut et il le peut. S'il le veut et ne le peut pas, c'est impuissance, ce qui est contraire à la nature de Dieu ; s'il le peut et ne le veut pas, c'est méchanceté, et cela est non moins contraire à sa nature ; s'il ne le veut ni ne le peut, c'est à la fois méchanceté et impuissance ; s'il le veut et le peut (ce qui seul de ces partis convient à Dieu), d'où vient donc le mal sur la terre ? ».

34 *Examens de la Bible*, p. 688-692, la Marquise consacre presque cinq pages à dénoncer l'absurdité, l'inutilité et l'injustice de ce miracle, elle dit notamment, p. 689 : « À l'égard de l'inutilité de ce miracle, elle est palpable : car Jésus n'en eut pas davantage à manger. Miracle pour miracle, il eut mieux valu faire porter des figues dans l'instant à ce figuier [...] Mais il est plaisant de voir que Jésus qui savait tout ce qu'avait fait la Samaritaine en sa vie ne pas savoir qu'il n'y avait pas de figues sur cet arbre, et que ce n'était pas le temps des figues ; quoiqu'assurément il ne fût pas nécessaire d'être Dieu, ni même prophète pour le savoir ».

le végétarisme[35], nourrie très probablement par les discussions avec la Marquise qui reproche à la religion chrétienne d'instituer une césure entre les humains et les animaux, à la Bible d'instaurer des cruautés immorales sur les animaux : elle dénonce ainsi le déluge qui tue des bêtes innocentes avec les hommes méchants, ou encore les plaies d'Égypte qui tuèrent même les animaux. À propos de la cinquième plaie d'Égypte où Moïse frappe par la peste tous les animaux, elle proteste : « qu'avaient fait les pauvres bêtes qu'on fait mourir par la peste et la grêle[36] ? » ; à propos de la dixième plaie d'Égypte où Dieu commande de tuer les premiers nés, elle remarque :

> Comme il ne voulait pas tuer les premiers nés des Hébreux, et qu'il craignait apparemment de se méprendre, il leur ordonne de marquer leur porte avec du sang d'agneau [...] les Hébreux demeuraient dans un canton absolument séparé, ce qui rend encore la précaution que Dieu prend plus plaisante. Ce fut à cette occasion que Dieu institua la fête de l'agneau pascal [...] Les animaux éprouvèrent cette dixième plaie et leurs premiers nés moururent [...] et cependant, toutes les bêtes étaient mortes de la peste par la cinquième plaie, des ulcères par la sixième et de la grêle par la septième mais apparemment que les enfants n'en avaient pas été. Il fallait que les plaies d'Égypte ne fussent que des tours de passe-passe. Car si elles avaient été réelles, il ne devait plus rester personne en Égypte[37].

Notons que dans ce passage la Marquise emploie le mot enfants pour désigner les premiers nés humains ou les agneaux, et le mot de personne[38] pour se référer aussi bien aux humains qu'aux animaux, ce qui montre bien que, pour elle, il y a une unité et continuité du monde vivant. La nature ne fait pas de saut et elle n'en fait pas non plus entre les animaux et les humains : l'idée d'un propre de l'homme semble ainsi s'effacer en faveur d'une forme de parenté qui unit toutes les espèces. La critique de la Bible que présente la Marquise montre bien, dans sa dénonciation récurrente des injustices commises à l'égard des animaux, que la Bible établit la différence de nature entre humains et animaux

35 Voir par exemple Renan Larue, « Le végétarisme dans l'œuvre de Voltaire (1762-1778) », *Dix-huitième siècle*, 2010/1 (n° 42), p. 19-34. DOI : 10.3917/dhs.042.0019. URL : https://www.cairn.info/revue-dix-huitieme-siecle-2010-1-page-19.htm

36 *Examens de la Bible*, p. 203.

37 *Examens de la Bible*, p. 204-206.

38 Pour une réflexion actuelle sur l'usage du mot de personne pour se référer aussi bien à des animaux qu'à des êtres humains, voir Florence Burgat, *Être le bien d'un autre*, Paris, Payot, 2018.

ainsi que l'idéologie consistant à concevoir les animaux à l'usage des humains et à leur merci.

Pour Émilie aussi bien que pour Voltaire, la question difficile de notre rapport à l'animal, depuis le sacrifice des animaux qu'on substitue aux humains jusqu'à la thèse cartésienne des animaux-machines, implique en réalité une vision du monde qui n'est pas universelle mais surtout judéo-chrétienne. Pour Voltaire, le régime de Pythagore ou des prêtres de l'Inde offre ainsi un contrepoint très séduisant et très troublant au droit divin de disposer des bêtes et de consommer leurs chairs. Les éloges de l'abstinence végétarienne sont une nouvelle manière d'embarrasser l'Église en l'attaquant sur un sujet qu'elle n'a fait qu'effleurer[39]. À cet égard, les positions d'Émilie du Châtelet et de Voltaire sont au rebours de l'orthodoxie chrétienne.

Pour la Marquise, tous les moyens sont bons pour ôter à la Bible son statut de texte sacré, elle critique l'authenticité de l'Écriture sainte corrélée au palimpseste qu'est la religion chrétienne[40], pour priver la Bible d'autorité sur la pensée et les mœurs de ses contemporains et surtout de ses contemporaines. C'est à l'aune de cette lutte contre l'argument d'autorité (déjà présente dans les *Institutions de physique* à propos de l'autorité d'un nom, que ce soit celui d'Aristote ou celui de Newton) que sa critique prend toute sa valeur. Tous les moyens sont bons, y compris le burlesque, pour discréditer la Bible, ainsi elle écrit :

> Les interprètes se tourmentent pour savoir si ce fut naturellement ou surnaturellement que le fiel de [ce] poisson guérit Tobie [...] Il y en a qui croient que c'était un brochet, et je pense qu'on peut bien s'engager à guérir avec du foie de brochet tous ceux que la fiente d'hirondelle aura aveuglés [...] Enfin d'autres disent que cette fumée [du cœur du poisson] était le symbole de Jésus Christ qui est le poisson mystique et sacré ; pour moi je ne le crois que poisson d'avril[41].

À chaque verset de chaque chapitre de la Genèse à l'Apocalypse, la Marquise met en cause les enseignements bibliques au nom des principes

39 Voir Renan Larue, « Le végétarisme dans l'œuvre de Voltaire (1762-1778) », *Dix-huitième siècle*, 2010/1 (n° 42), p. 19-34. DOI : 10.3917/dhs.042.0019. URL : https://www.cairn.info/revue-dix-huitieme-siecle-2010-1-page-19.htm

40 *Examens de la Bible*, p. 865 : « Cela [l'existence de faux apôtres que Paul doit combattre] fait voir que, dès leur origine, les chrétiens ont été divisés entre eux et cela était impossible autrement dans une religion qui s'est faite pour ainsi dire de pièces et de morceaux ».

41 *Ibid.*, p. 469 et 474.

de la science, d'une lutte contre l'argument d'autorité et d'un appel à prendre conscience des chaînes d'oppression que noue la religion autour des femmes et des hommes. Ses arguments résonnent fort lorsqu'elle montre la faillibilité des récits historiques de la Bible et la logique de domination induite par l'autorité d'une révélation divine. Elle invite la lectrice et le lecteur à ouvrir grands les yeux, et la critique qu'elle propose du dogmatisme religieux est toujours actuelle et toujours courageuse car rares sont les femmes à s'être engagées sur ce terrain de la critique biblique.

Émilie du Châtelet s'est bien gardée de diffuser son texte ni même d'en faire mention dans sa correspondance : le secret de cet ouvrage ne s'est pas éventé puisqu'il aura fallu plus de deux cent cinquante ans pour qu'on en ait une édition critique. Et sans doute la Marquise devait-elle rire en son for intérieur d'être élue en 1745 comme correspondante dans le très catholique Institut de Bologne pour son ouvrage les *Institutions de physique* de 1740, alors qu'elle mettait la dernière main à ses *Examens de la Bible.*

Cela fait partie des paradoxes du pouvoir institutionnel des Lumières catholiques. Comme le souligne Massimo Mazzoti :

> Il ne fait aucun doute qu'au cours des années 1730 et 1740 en Italie, et plus particulièrement dans la région entre Milan, Bologne et Venise, les institutions culturelles affichent une attitude relativement ouverte à l'égard des femmes [...] À Bologne cette ouverture se traduit [...] par la présence de femmes ayant obtenu un doctorat auprès de l'université et ayant été ensuite acceptées comme professeurs et comme membres de l'Institut des sciences[42].

Alors que la plupart des Instituts et Académies européennes des sciences sont strictement réservées à la gente masculine, en 1744, Laura Bassi, newtonienne, occupe la chaire de physique à l'Académie de Bologne. Bientôt, en 1748, une autre femme, Maria Gaetana Agnesi obtient la chaire de mathématiques. Rappelons en comparaison qu'en France, la première femme élue correspondante de l'Académie des sciences fut Marguerite Perey (chimiste) en 1962 ; la première femme élue fut Yvonne Choquet-Bruhat (mathématicienne et physicienne) en 1979, l'Académie refusa en particulier Émilie du Châtelet et Marie Curie (malgré son prix

42 Massimo Mazzoti, « Mme du Châtelet académicienne de Bologne », in *Émilie du Châtelet – éclairages et documents nouveaux*, p. 123.

Nobel de physique en 1903)[43]. Mais revenons à Bologne et à la Marquise. La Marquise a été élue comme correspondante en 1745 en raison de son ouvrage des *Institutions de physique* de 1740, aussitôt traduit en italien et publié à Venise dès 1743. En outre, la synthèse audacieuse de la Marquise de fonder la physique newtonienne sur la métaphysique leibnizienne devait paraître beaucoup moins étrange à Rome ou à Bologne qu'à Paris, où l'Académie des sciences était au cœur des polémiques entre cartésiens, leibniziens et newtoniens. La métaphysique plutôt leibnizienne et wolffienne que la Marquise y déploie a gagné la sympathie des Lumières catholiques pour lesquelles la philosophie naturelle pouvait très bien rimer avec la théologie naturelle. La Marquise en 1740 n'hésitait pas à brandir, on l'a vu, le principe de la conservation des forces vives comme un des secrets du Créateur dévoilés par Leibniz. Bref, rien ne s'opposait à l'élection de la Marquise à l'Académie de Bologne, rien à condition de bien enfermer le secret des *Examens de la Bible* dans un secrétaire. En effet, comme le souligne Massimo Mazzotti, si on ne jouait pas la carte d'une métaphysique ouverte sur Dieu, la censure était intraitable : l'ouvrage d'Algarotti, *Le Newtonianisme pour les Dames*, publié en 1737, fut mis à l'index en 1739, faute d'avoir inséré une seule fois le mot de Dieu dans les trois cents pages de sa première édition[44].

Bertrand Eugène Schwarzbach propose 1742-1745 comme dates de la rédaction des *Examens de la Bible*, parce qu'après 1745 la Marquise met en œuvre un autre immense chantier : la traduction et le commentaire des *Principia mathematica* de Newton, nouveau commentaire, nouvelle entreprise colossale qui n'est guère compatible avec un travail concomitant sur la Bible. Sans prétendre faire le tour de ce nouvel ouvrage – nous n'avons pas non plus pu le faire pour les mille pages des *Examens de la Bible* –, nous voudrions toutefois en présenter un aperçu.

43 En 2018, même si la secrétaire perpétuelle est une femme, Pascale Cossard, l'Académie n'accueille que 28 femmes sur 263 membres.

44 Massimo Mazzoti, « Mme du Châtelet académicienne de Bologne », in *Émilie du Châtelet – éclairages et documents nouveaux*, p. 125.

APERÇU DE LA FABRIQUE DE L'OUVRAGE COMPORTANT LA TRADUCTION ET LE COMMENTAIRE DES *PRINCIPIA MATHEMATICA*

Dans son article « Qu'est-ce qu'être newtonien en 1740[1] ? », François de Gandt distingue clairement deux périodes, celle avant 1740 où l'on combat pour diffuser la philosophie newtonienne et celle après 1740 où l'on réfléchit à des problèmes de physique dans une pratique professionnelle inscrite dans le cadre de la théorie newtonienne. Dans la première période paraissent le *Discours sur la figure des astres* de Maupertuis (1re édition 1732, 2e édition 1742), le *Newtonianisme pour les Dames* d'Algarotti (1re édition 1737), les *Éléments de la philosophie de Newton* de Voltaire (1re édition 1738, 2e édition 1738, 3e édition 1741), et les *Institutions de physique* d'Émilie du Châtelet (1re édition 1740). Dans la deuxième période, ce sont les spécialistes de dynamique (Clairaut, D'Alembert, Euler) qui discutent du problème des trois corps et de l'apogée de la Lune, ce sont les spécialistes d'astronomie qui vérifient les prévisions de la théorie newtonienne du retour de la comète de Halley en 1758 (elle sera observée au début de l'année 1759, ce qui consacrera le triomphe de la théorie newtonienne dans sa puissance prédictive), et ce sont les spécialistes de mathématiques qui mettent la dernière main à la traduction des raisonnements géométriques de Newton dans la langue leibnizienne du calcul infinitésimal (Émilie du Châtelet, Johann Bernoulli, Clairaut, D'Alembert et Euler).

François de Gandt souligne aussi qu'en 1738-1740 naissent de nombreux projets de commentaires de l'œuvre de Newton pour l'expliquer mais aussi la rendre plus lisible en la traduisant mathématiquement

1 François de Gandt, « Qu'est-ce qu'être newtonien en 1740 ? » in *Cirey dans la vie intellectuelle. La réception de Newton en France*, dir. François de Gandt, Oxford, Voltaire Foundation, *SVEC*, 2001, 11, p. 126-147.

dans le langage des équations différentielles. Et il distingue, parmi ces projets, le commentaire de Le Seur et de Jacquier, paru à Genève en trois tomes en 1739-1742 :

> L'idée d'un commentaire des *Principia* était donc dans l'air. Bien des intellectuels avaient ce projet et s'en croyaient capables, comme Diderot et Mme du Châtelet. La parution de celui de Genève mit fin à ces entreprises bien vagues. Voyant le commentaire de Le Seur et Jacquier, Diderot renonce – du moins c'est ce qu'il prétendra plus tard – et Mme du Châtelet reconnaît qu'elle n'aurait certainement pas fait aussi bien[2].

Le reste de l'article ne mentionne plus la Marquise du Châtelet sauf pour dire :

> Mme du Châtelet meurt soudainement en 1749, laissant sa traduction à éditer[3].

Pas un mot sur son commentaire du troisième livre des *Principia mathematica* où Newton expose le Système du monde, qui paraît pourtant de manière posthume en même temps que sa traduction en 1756-1759, grâce aux bons soins de Clairaut à qui le manuscrit avait été confié. Ce silence rejoint l'ostracisme intellectuel et éditorial qui frappe souvent Madame du Châtelet mais il est quand même étonnant de la part du directeur de l'ouvrage *Cirey dans la vie intellectuelle. La réception de Newton en France.*

Alors qu'en est-il de ce commentaire de la Marquise ? Qu'en est-il des rapports d'Émilie du Châtelet au commentaire de Jacquier et Le Seur ? Sur ce point, l'article de François de Gandt apporte des éléments[4], on y apprend que le commentaire paru à Genève lui est d'un grand secours et que si elle avait voulu entreprendre un commentaire perpétuel, elle n'aurait pas hésité à traduire l'ouvrage de Jacquier et Le Seur. François de Gandt remarque ainsi :

> La parution de ce commentaire marque une étape nouvelle dans la réception de Newton. Plusieurs philosophes français, qui avaient nourri le dessein d'un commentaire des *Principia*, renoncent à leur idée[5].

2 *Ibid.*, p. 144.
3 *Ibid.*, p. 147.
4 *Ibid.*, p. 144.
5 *Ibid.*, p. 144 :

Il incite donc à conclure qu'Émilie du Châtelet a renoncé à l'idée d'un commentaire.

Pourtant François de Gandt n'ignore pas que Madame du Châtelet et François Jacquier se connaissent bien, que François Jacquier vient à Cirey en 1744, qu'ils sont en correspondance jusqu'à la mort de la Marquise, qu'elle lui parle de sa traduction de Newton et d'un commentaire de quelques propositions et qu'elle lui mentionne qu'elle serait « ravie de pouvoir mettre à la tête, de *l'Institut de Bologne*[6] ». De fait, François Jacquier a grandement contribué à son élection comme agrégée de l'Institut de Bologne l'été 1746[7], d'une part en faisant traduire les *Institutions de physique* en italien qui seront publiées à Venise en 1743 et, d'autre part, en jouant de son influence[8].

La proximité des deux scientifiques met à mal la suggestion de François de Gandt que la Marquise aurait renoncé à un commentaire de Newton. Premièrement, le projet de commentaire de madame du Châtelet n'est pas assimilable à ceux des intellectuels qui s'en croyaient capables ni à une entreprise bien vague[9] car la Marquise du Châtelet a déjà présenté dans les *Institutions de physique* les grandes lignes de la théorie newtonienne de l'attraction, et le peu de succès éditorial de son ouvrage (comparativement à celui de Voltaire ou à celui d'Algarotti) est dû à sa technicité notamment en mathématiques. Deuxièmement, suite à la parution du commentaire de Jacquier et Le Seur, la Marquise ne renonce à rien : après avoir achevé le commentaire intégral de la Bible (1742-1745), elle se lance dans la traduction intégrale des *Principia mathematica* qu'elle accompagne du commentaire du livre III et, chemin faisant, comme les journées font certainement plus de vingt-quatre heures pour cette femme hors du commun, elle rédige son *Discours*

6 Lettre à François Jacquier du 12 novembre 1745 in *Lettres de la Marquise du Châtelet*, Genève Institut et Musée Voltaire Les Délices Genève, en deux tomes, 1958, tome 2, p. 144.

7 Dans la lettre de Cideville à la Marquise du 31 août 1746, il la félicite pour son élection à l'Institut de Bologne en ces vers : « Quand Bologne avec faste étale en Italie / Son registre anobli du beau nom d'Émilie / Pourquoi ce sexe aimable, et que tant nous aimons, / En France est-il exclu de toute académie ?... » in *Lettres de la Marquise du Châtelet*, tome 2, p. 154.

8 Massimo Mazzoti, « Mme du Châtelet académicienne de Bologne », in *Émilie du Châtelet – éclairages et documents nouveaux*, p. 125 : « Le père Jacquier [...] soutient l'ouvrage d'Émilie Du Châtelet à Rome et s'emploie activement pour son admission à l'académie bolonaise ».

9 François de Gandt, « Qu'est-ce qu'être newtonien en 1740 ? » in *Cirey dans la vie intellectuelle. La réception de Newton en France*, p. 144.

sur le bonheur et un nombre considérable de lettres. Troisièmement, le commentaire du livre III joint à sa traduction des *Principia mathematica* n'est pas une traduction en français du commentaire en latin de Jacquier et Le Seur mais un ouvrage original et substantiel intitulé *Exposition du Système du monde, et explication des principaux phénomènes tirée des Principes de M. Newton*. Quatrièmement, René Taton qui, dans son article « Madame Du Châtelet, traductrice de Newton », étudie la genèse de la traduction et du commentaire, propose une hypothèse contraire à celle de François de Gand : selon lui, c'est la visite à Cirey en 1744 de François Jacquier qui venait de publier son commentaire latin des *Principia mathematica* qui a été déterminante pour la Marquise et son projet de traduire et commenter Newton[10].

La traduction et le commentaire de la Marquise parus en 1756-1759 ont été republiés en fac similé en deux tomes, en 1966 (d'après l'édition de 1756) chez Blanchard, puis en 1990 (d'après l'édition de 1759) chez Jacques Gabay. Le premier tome de 438 pages est constitué de la traduction des deux premiers livres des *Principia* : le livre I porte sur l'exposition des principes mathématiques nécessaires à l'entreprise d'explication du système du monde, il constitue les fondations mathématiques de l'édifice, le livre II porte sur le mouvement des corps notamment dans les fluides, il vise à démanteler le système cartésien des tourbillons selon l'angle d'attaque indiqué par Descartes lui-même qui fait reposer toute sa physique sur l'article 25 de la partie III des *Principes de la philosophie* selon lequel les fluides qui composent le ciel ne résistent pas au mouvement des planètes : « tout ce qu'on peut dire que j'ai supposé [...] peut être réduit à cela seul que les cieux sont fluides[11] ». En définissant la quantité de matière ou la masse par le volume et la densité pris ensemble (définition I du livre I), Newton déduit que toute matière, aussi fluide soit-elle, se définit par une quantité de matière qui oppose une résistance au mouvement : les cieux, s'ils sont fluides, offrent alors une résistance au mouvement des

10 René Taton, « Madame Du Châtelet, traductrice de Newton » in *Archives internationales d'histoire des sciences*, 22, 1969, p. 193-194. Dans une note de la page 194, il précise que la présence de Jacquier à Cirey est attestée en mai et juillet 1744 par une lettre de Voltaire à Vernet (Cirey, 1er juin 1744) et par le témoignage de C. J. F. Hénault qui passa à Cirey le 7 juillet 1744.

11 Descartes, *Principes de la philosophie*, IV, 206 in *Œuvres philosophiques*, III, Paris, Garnier, 1973, p. 524.

planètes. Or tout le système des tourbillons repose sur l'hypothèse contraire, donc l'étude du mouvement des corps dans les fluides suffit à le renverser : le livre II peut être lu comme le permis de démolir le système des tourbillons de Descartes dont Newton a besoin pour construire dans le livre III l'édifice du Système du monde. C'est du reste cette lecture que la Marquise invite à en faire :

> Ce second livre, qui contient une théorie très profonde des fluides et des mouvements des corps qui y sont plongés, paraît avoir été destiné à détruire le système des tourbillons, quoique ce ne soit que dans le scholie de la dernière proposition, que M. *Newton* combat ouvertement *Descartes*, et qu'il fait voir que les mouvements célestes ne peuvent s'exécuter par ses tourbillons[12].

Émilie du Châtelet entérine ici le fait que Newton a lu de très près Descartes, il se pose en s'opposant au philosophe français comme l'atteste le titre de son ouvrage *Principes mathématiques de la philosophie naturelle*, qui reprend exactement le titre de l'ouvrage *Principes de la philosophie* où Descartes expose son explication par les tourbillons du système du monde. Newton ajoute deux adjectifs : mathématiques et naturelle, mais dans cet ajout se joue une révolution épistémologique : d'une part, la physique est mathématisée, la méthode quantitative s'applique à l'attraction et permet des calculs précis, par exemple celui du prochain retour de la comète de Halley, celui de la prochaine éclipse du Soleil ou de la Lune, celui des coefficients de marée ; d'autre part, l'ouvrage de Newton porte sur la philosophie naturelle et non sur la philosophie en général qui comprend, pour Descartes, tout le savoir, y compris la métaphysique qui en est le fondement[13]. Avec Newton, la physique est quantitative alors que la physique de Descartes demeure qualitative. Sa conception de la matière comme étendue et sa déclaration que toute sa physique n'est que géométrie ne rendent pas pour autant sa physique mathématisée : à vrai dire son système des tourbillons, s'il est « une des plus belles et plus ingénieuses hypothèses que la philosophie ait pu

12 *Exposition abrégée du système du monde* in tome 2 des *Principia*, Paris, 1756-1759, repris en fac-similé par Jacques Gabay, p. 9.

13 Descartes, *Principes de la philosophie*, IV, 206 in *Œuvres philosophiques*, III, Paris, Garnier, 1973, Lettre-Préface, p. 779-780 : « Ainsi toute la philosophie est comme un arbre, dont les racines sont la métaphysique, le tronc est la physique, et les branches qui sortent de ce tronc sont toutes les autres sciences, qui se réduisent à trois principales, à savoir la médecine, la mécanique et la morale ».

imaginer[14] », n'a aucune force prédictive et ne donne lieu à aucun calcul ni à aucune prévision de phénomènes. Celle de Newton, en revanche, offre matière à vérifications mais ne dépend pas de la métaphysique dans ses principes mathématiques, à l'encontre de celle de Descartes.

Le tome deux de 480 pages comporte la traduction du livre III (180 pages) et le commentaire de 300 pages qu'en propose la Marquise. Ce commentaire n'a donc pas le statut d'abrégé, d'appendice ou d'annexe[15], mais il constitue un véritable commentaire qui fait presque le double du livre III qu'il explique.

On apprend par la correspondance qu'Émilie se met sérieusement au travail à partir de juillet 1745 quand elle a entre les mains la troisième édition des *Principia mathematica* de 1726 que Johann Bernoulli (Jean II) lui envoie de la part de son père Jean[16], elle travaillait jusque-là sur la deuxième édition de 1713[17]. Un an après, en septembre 1746, elle lui demande de lui faire parvenir le commentaire de Jacquier[18]. Entre temps, elle fait part à Jacquier de l'avancée de sa traduction et de la gravure des figures : le 17 décembre 1745 (elle a ce jour-là trente-neuf ans), elle lui annonce que l'ouvrage devrait paraître dans six mois[19]. Trois semaines plus tard, le 8 janvier 1746, elle dit à Johann Bernoulli que son ouvrage ne sera pas imprimé d'ici un an et l'informe de son projet de commentaire :

> Je crois qu'il sera utile surtout aux Français car le latin de M. Newton en est une des difficultés. C'est à M. votre père et à vous à lever les autres, et si j'essaie quelque chose sur cela ce sera en profitant de ses lumières et de ses ouvrages[20].

14 D'Alembert, *Discours Préliminaire de l'Encyclopédie*, Paris, Vrin, 1984, p. 98.

15 Selon sa modestie coutumière, la Marquise parle dans ses lettres de quelques propositions ou d'abrégé, et le titre retenu est, notons-le, *Exposition abrégée du Système du monde*.

16 Voir la lettre de la Marquise à Johann Bernoulli du 3 juillet 1745 et la lettre du 6 septembre 1746 où elle précise que c'est l'édition de 1726 qu'il lui a envoyé un an auparavant in *Lettres de la Marquise du Châtelet*, tome 2, p. 134 et 153.

17 René Taton souligne dans une note qu'une citation textuelle d'un passage des *Principia*, faite dans ses *Institutions de physique*, montre qu'elle utilisait alors l'édition de 1713, voir « Madame Du Châtelet, traductrice de Newton » in *Archives internationales d'histoire des sciences*, 22, 1969, p. 195.

18 Voir la lettre de la Marquise à Johann Bernoulli du 6 septembre 1746 in *Lettres de la Marquise du Châtelet*, tome 2, p. 153.

19 Voir la lettre de la Marquise à François Jacquier du 17 décembre 1745 in *Lettres de la Marquise du Châtelet*, tome 2, p. 148.

20 Voir la lettre de la Marquise à Johann Bernoulli du 8 janvier 1746 in *Lettres de la Marquise du Châtelet*, tome 2, p. 149.

Neuf mois plus tard, le 6 septembre 1746, elle lui précise que son Newton sera bientôt à l'impression mais c'est dans la même lettre qu'elle lui demande le commentaire de Jacquier[21]. Le 13 avril 1747, elle écrit à Jacquier qu'elle revoit les épreuves de son Newton et qu'elle travaille au commentaire en s'aidant de son ouvrage[22]. Le 1er juillet 1747, elle lui confie :

> Je suis, je vous l'avoue, fort occupée de mon Newton [...] Le premier livre est presque tout imprimé, il y aura quelque commentaire, mais il ne sera pas perpétuel[23]. Il sera dans le second volume à la suite du troisième livre, et ne roulera que sur le système du monde et les propositions du premier livre qui y ont rapport[24].

Puis, à partir d'avril 1748, la Marquise consacre presque toute sa correspondance à dire son amour à Saint-Lambert qu'elle vient de rencontrer. Cependant, elle ne lâche pas son Newton, ainsi elle lui confie en juin 1748 :

> Si je vais à Cirey cet automne ou tout à l'heure, il faudra que je revienne ici [à Paris] cet hiver pour voir M. de Richelieu et pour mon Newton, qui est une affaire très précieuse et essentielle pour moi[25].

En février 1749, elle réécrit de Paris à François Jacquier à qui elle avoue avoir perdu un an à la cour de Lorraine « où il est impossible de travailler au milieu de la dissipation et de la vie coupée qu'on y mène[26] », et à Johann Bernoulli à qui elle fait part de sa détermination à ne pas quitter Paris tant qu'elle n'aura pas fini son Newton :

> Je suis venue ici pour finir mon Newton, et je n'en partirai pas qu'il ne soit fini. Vous en aurez sûrement un des premiers exemplaires. Je suis bien fâchée

21 Voir la lettre de la Marquise à Johann Bernoulli du 6 septembre 1746 in *Lettres de la Marquise du Châtelet*, tome 2, p. 152-153.

22 Voir la lettre de la Marquise à François Jacquier du 13 avril 1747 in *Lettres de la Marquise du Châtelet*, tome 2, p. 156.

23 À l'encontre de celui de Jacquier, voir lettre précédente du 13 avril 1747.

24 *Ibid.*, p. 157.

25 Voir la lettre de la Marquise à Saint-Lambert du 5 juin 1748 in *Lettres de la Marquise du Châtelet*, tome 2, p. 181.

26 Voir la lettre de la Marquise à Jacquier du 13 février 1749 in *Lettres de la Marquise du Châtelet*, tome 2, p. 239. Et Besterman ajoute : [Elle prépare une préface pour la traduction des *Principes mathématiques de la philosophie naturelle de Newton*. Elle y ajoutera des considérations sur la terre, la lune et les nouvelles découvertes de Clairaut. L'astronome Pierre Lemonnier lui paraît meilleur observateur que géomètre. Elle parle aussi d'Algarotti et du séjour de M. du Châtelet fils à Rome].

> de n'avoir pas été à portée de profiter de vos lumières dans le travail et je voudrais bien que vous le trouvassiez digne de vous[27].

Cependant, sa grossesse l'oblige à quitter Paris car elle préfère accoucher en Lorraine auprès de Saint-Lambert :

> J'irai cependant accoucher en Lorraine bien que mon cœur sente toutes les différences qu'il y a dans la manière dont vous m'aimez et dont vous m'avez aimée[28].

Elle adresse sa dernière lettre datée du 1er septembre 1749 – elle meurt le 10 septembre 1749 à Lunéville suite à son accouchement – à Claude Sallier, abbé de la Bibliothèque du roi à Paris, à qui elle envoie son manuscrit :

> J'use de la liberté que vous m'avez donnée monsieur de remettre entre vos mains des manuscrits que j'ai grand intérêt qui restent après moi. J'espère bien que je vous remercierai encore de ce service et que mes couches, dont je n'attends que le moment, ne seront pas aussi funestes que je le crains. Je vous supplierai de vouloir bien mettre un numéro à ces manuscrits et les faire enregistrer afin qu'ils ne soient pas perdus. M. de Voltaire qui est ici avec moi vous fait les plus tendres compliments, et moi je vous réitère monsieur les assurances des sentiments avec lesquels je ne cesserai jamais d'être votre très humble et très obéissante servante[29].

Besterman livre le détail de l'envoi et conclut à propos de la date ajoutée du 10 septembre 1749 :

> La date paraît avoir été écrite par la marquise plus tard que le corps de la note : on dirait en effet qu'elle avait préparé la lettre et le manuscrit pour l'expédition, et que la date fut ajoutée lorsqu'elle comprit qu'elle allait mourir[30].

Clairaut recueille le manuscrit qui est imprimé sept ans et dix ans plus tard en 1756-1759, 1756 est la date d'une édition incomplète et fautive, et 1759, celle de l'édition diffusée et commercialisée[31]. Pourquoi

---

27 Voir la lettre de la Marquise à Johann Bernoulli du 15 février 1749 in *Lettres de la Marquise du Châtelet*, tome 2, p. 240.

28 Voir la lettre de la Marquise à Saint-Lambert du 21 avril 1749 in *Lettres de la Marquise du Châtelet*, tome 2, p. 269.

29 Voir la lettre de la Marquise à Claude Sallier du 1er septembre 1749 in *Lettres de la Marquise du Châtelet*, tome 2, p. 306-307.

30 *Ibid.*, p. 307.

31 I. Bernard Cohen, spécialiste des traductions des *Principa mathematica*, dans son article « The French Translation of Isaac Newton's *Philosophiae naturalis Principia mathematica* (1756, 1759, 1966) » in *Archives internationales des sciences*, 21, 1968, dit

un tel délai entre la remise du manuscrit prêt à être imprimé et même déjà en partie imprimé[32] et sa publication ? Pourquoi ces deux dates ? Le mystère est éclairci par le bel article d'Olivier Courcelle, « La publication tardive des *Principes mathématiques* ». Il y explique les atermoiements de cette publication par le fait qu'elle a été confiée à Clairaut, l'interlocuteur scientifique fidèle de la Marquise. Celui-ci, s'il a relu la traduction et le commentaire du vivant d'Émilie, n'a pas, contrairement à certaines médisances, achevé le commentaire mais était en revanche en pleine discussion avec Euler et D'Alembert sur la théorie de la Lune et le problème des trois corps depuis 1747. Les trois scientifiques avaient en effet remarqué une anomalie apparemment inexplicable dans le mouvement de l'apogée de la Lune et cherchaient à résoudre cette difficulté qui semblait mettre à mal la théorie newtonienne. Après plusieurs péripéties, les trois scientifiques apportèrent chacun une solution au problème sans remettre en question la théorie newtonienne[33]. Mais en 1749, la priorité scientifique de Clairaut était d'exposer sa théorie de la Lune et, de fait, il a concouru et remporté le prix de l'Académie de Saint-Pétersbourg en 1751 sur ce sujet dont la pièce a été imprimée en 1752. Puis il a séjourné en Angleterre en 1753 et 1754 et n'était donc pas disponible pour l'édition du livre de la Marquise. Enfin un ultime retard est dû à la perte des planches en 1756, d'où les deux dates d'édition 1756-1759. L'édition du livre, malgré quelques fautes dues à un mélange de versions, était quasi prête en 1756 mais il manquait les planches qui ont été perdues, ce qui explique qu'il a fallu attendre 1759 pour commercialiser

qu'il y a des différences notoires entre les deux éditions de 1756 et de 1759 mais retient étrangement celle de 1756 pour l'analyser alors qu'elle est la plus fautive. René Taton lui, dit, dans son article « Madame du Châtelet, traductrice de Newton » in *Archives internationales des sciences*, 22, 1969, que l'édition définitive de 1759 diffère par quelques détails de celle de 1756. Judith P. Zinsser, quant à elle, pense que l'édition de 1756 est faite de différentes versions non corrigées et corrigées (voir son article « Translating Newton's *Principia* : The Marquise du Châtelet's Revisions and Additions for a french audience » in *Notes and Records of the Royal Society of London*, vol. 55, 2, 2001, note 3, p. 239).

32 L'analyse de la correspondance montre que la Marquise a rédigé sa traduction de Newton entre 1745 et 1746, que celle-ci a été imprimée en 1747 et que la Marquise a relu les épreuves en 1748, voir Olivier Courcelle, « La traduction tardive des *Principes mathématiques* », in *Émilie du Châtelet – éclairages et documents nouveaux*, note 8, p. 303.

33 Voir sur ce point, René Taton, « Madame du Châtelet, traductrice de Newton » in *Archives internationales des sciences*, 22, 1969, 199-200, et Olivier Courcelle, « La traduction tardive des *Principes mathématiques* », in *Émilie du Châtelet – éclairages et documents nouveaux*, p. 305-306.

l'édition complète avec les planches[34]. Olivier Courcelle propose ainsi d'assigner deux causes principales au délai de publication :

> Ce second retard entre 1756 et 1759 a clairement pour origine la perte de planches. À cette raison essentiellement technique près, il apparaît que la publication du livre de la marquise Du Châtelet a principalement pâti de l'effervescence qui a entouré le problème central de la mécanique newtonienne qu'est le problème des trois corps, exprimé à cette époque dans le cadre de la théorie de la Lune[35].

Venons-en à l'ouvrage et, en premier lieu, à la traduction des *Principia mathematica*. La Marquise a certainement travaillé d'arrache-pied pour boucler en deux années à peine (1745-1746) cette traduction, comme l'atteste du reste Clairaut dans sa lettre du 21 mars 1746 à François Jacquier :

> Mme du Châtelet a travaillé comme un forçat toute l'année dernière et une partie de celle-ci à la traduction de Newton[36].

De surcroît, le latin de Newton est très difficile à traduire, Linda Gardiner, dans son article « Mme Du Châtelet traductrice », remarque à ce propos :

> Il faut constater d'abord que le manuscrit démontre tout le sérieux de la traductrice. Elle avait entrepris une tâche d'une difficulté extrême, vu l'obscurité du latin de Newton, qui adaptait souvent des termes pré-existants pour exprimer des concepts ou des distinctions carrément nouveaux. Elle ne se contentait pas d'adopter des néologismes ou latinismes ; elle essayait toujours de rendre le sens dans un bon français, même avec élégance[37].

I. Bernard Cohen, spécialiste des *Principia mathematica*, juge la traduction de la Marquise excellente[38]. Antoinette Emch-Deriaz et Gérard

34 I. Bernard Cohen, dans son article « The French Translation of Isaac Newton's *Philosophiae naturalis Principia mathematica* (1756, 1759, 1966) » (in *Archives internationales des sciences*, 21, 1968, p. 270) cite l'Avertissement sur les Planches de cet ouvrage de l'édition de 1759 : « Les Planches qui étaient absolument nécessaires dans cet ouvrage, et d'autres obstacles qu'on ne pouvait pas prévoir, ont empêché jusqu'ici la publication des Principes de Newton, qu'on se proposait de mettre en vente dès 1756 ».

35 Olivier Courcelle, « La traduction tardive des *Principes mathématiques* », in *Émilie du Châtelet – éclairages et documents nouveaux*, p. 307.

36 Ernest Jovy, *Le P. François Jacquier et ses correspondants*, Vitry-le-François, 1922, p. 43.

37 Linda Gardiner, « Mme Du Châtelet traductrice », in *Émilie du Châtelet – éclairages et documents nouveaux*, p. 170-171.

38 I. Bernard Cohen, « A guide to Newton's *Principia* », dans Isaac Newton, *The Principia : mathematical principles of natural philosophy*, trad. I. Bernard Cohen et Anne Whitman avec

G. Emch la jugent fidèle[39]. Seule Marie-Françoise Biarnais émet un jugement négatif mais qui est mis en question par la traductrice Agnès Whitfield, après une comparaison des textes originaux[40].

La comparaison du texte de la troisième édition des *Principia mathematica* de Newton, du manuscrit conservé à la Bibliothèque Nationale (abrégée par la suite en Bnf) et de la traduction imprimée en 1748 (et diffusée en 1759) met en évidence un important travail de révision de la Marquise conseillée par Clairaut. En effet, le manuscrit de la Bnf que la Marquise fait parvenir le 10 septembre 1749 à l'abbé Sallier est une version antérieure à celle de la traduction imprimée en 1748, et contient des oublis (et des ajouts) volontaires de la Marquise, comme l'atteste un exemple proposé par Linda Gardiner. Il s'agit du texte de la première Définition de la quantité de matière ou de la masse des *Principia mathematica.* Newton écrit :

> *Medii interea, si quod fuerit, interstitia partium libere pervadentis, hic nullam rationem habeo. Hanc autem quantitatem sub nomine corporis vel massae in sequentibus passim intelligo.*

Dans le manuscrit de la Bnf, on trouve :

> On ne fait aucune attention en estimant la quantité de matière des corps au milieu qui passe librement dans leurs pores et entre leurs parties. Cette quantité de matière propre des corps est ce que je désigne lorsque je parle du corps ou de la masse.

Dans le texte imprimé de 1748 diffusé en 1759, on a :

> Je ne fais point attention ici au milieu qui passe librement entre les parties des corps, supposé qu'un tel milieu existe. Je désigne la quantité de matière par les mots de corps ou de masse[41].

Le « *si quod fuerit* » n'est plus oublié. Comme le remarque Linda Gardiner :

---

le concours de Julia Budenz, Berkeley ; London, University of California Press, 1999.

39 Antoinette Emch-Deriaz et Gérard G. Emch, « On Newton's french translator : how faithful was Mme du Châtelet ? » in *Émilie du Châtelet : rewriting Enligthenment philosophy and science*, éd. Judith P. Zinsser and Julie Candler Hayes, SVEC, 2006 : 1, p. 226-251.

40 Voir la note 1 de l'article de Frédéric Chambat et Dominique Vary, « Faut-il faire une description bibliographique des *Principes mathématiques* ? » in *Émilie du Châtelet – éclairages et documents nouveaux*, p. 317.

41 *Principia mathematica*, Paris, 1756-1759, repris en fac-similé par Jacques Gabay, p. 1-2.

> Newton est toujours resté indécis quant à la question de l'existence du vide : il était convaincu que c'était inutile de croire à un « milieu » universel mais imperceptible et non-résistant, mais en même temps il croyait que l'existence du vide restait à prouver[42].

La Marquise, en enlevant l'incise dans la première version, « leibnizianise » Newton en lui attribuant le principe de plénitude avec l'omniprésence d'un milieu. Linda Gardiner souligne qu'on trouve de nombreux passages comparables dans le manuscrit de la Bnf surtout dans les définitions et les scholies, c'est-à-dire dans la partie la plus philosophique des *Principia mathematica* où, dans la traduction manuscrite, la Marquise réintroduit des idées leibniziennes mais dans la traduction imprimée, toutes ces modifications ont disparu :

> Madame Du Châtelet a retranché systématiquement les passages les plus tendancieux [...] Que s'est-il passé entre la rédaction du manuscrit et la préparation du texte imprimé ? On ne sait pas. On peut supposer que Clairaut, qui se méfiait de la métaphysique, y a été pour beaucoup, sans parler des autres newtoniens dont elle a demandé les conseils pendant les dernières années de sa vie[43].

Toujours est-il que la Marquise est fidèle dans sa traduction imprimée au refus newtonien d'entrer dans des considérations métaphysiques. Mais alors n'y a-t-il pas dans cet envoi, à l'article de sa mort, à l'abbé Sallier d'une version antérieure de sa traduction un geste symbolique très fort de la Marquise ? Un geste qui veut positivement fonder la physique newtonienne dans la métaphysique ? Un geste qui renoue avec l'ampleur des *Institutions de physique* ? Certes il n'est plus question de faire du principe de la conservation des forces vives une preuve de l'existence de Dieu[44], mais il est encore question de chercher à fonder en raison l'attraction à l'aide d'hypothèses qu'il convient de contrôler par le bâton de l'expérience. C'est aussi l'interprétation que propose Linda Gardiner :

42 Linda Gardiner, « Mme Du Châtelet traductrice », in *Émilie du Châtelet – éclairages et documents nouveaux*, p. 171.

43 Linda Gardiner, « Mme Du Châtelet traductrice », in *Émilie du Châtelet – éclairages et documents nouveaux*, p. 172.

44 La Marquise s'est détournée de la philosophie proprement leibnizienne et wolffienne et de toute théologie naturelle à partir de 1742 quand elle entreprend son commentaire de la Bible puis quand elle se plonge dans la traduction et le commentaire de Newton.

> J'aimerais entrevoir [à travers l'envoi adressé à l'abbé Sallier] le dernier geste têtu d'une philosophe qui a fléchi sous les arguments de Clairaut, Jacquier, la famille Bernoulli, peut-être Voltaire lui-même, mais qui n'a jamais renoncé au grand projet de sa vie, la réconciliation de la physique et de la métaphysique[45].

Comme le remarque Voltaire, dans sa *Préface historique*, la Marquise ne s'est pas contenté de livrer une traduction « devenue nécessaire à tous ceux qui voudront acquérir ces profondes connaissances, dont le monde est redevable au grand Newton », elle « a rendu un double service à la postérité en traduisant le livre des Principes, et en l'enrichissant d'un commentaire [...] au-dessus de la traduction[46] ». Le commentaire est composé de deux parties, l'une de nature pédagogique, sans aucun calcul, en sept chapitres expliquant les résultats présentés par Newton ; l'autre, de nature mathématique, les justifiant. La première partie occupe 116 pages et s'intitule *Exposition abrégée du système du monde, et explication des principaux problèmes tirés des Principes de M. Newton*, la deuxième occupe 170 pages (p. 117 à 286) et s'intitule *Solution analytique des principaux problèmes qui concernent le système du monde*, cette deuxième partie est truffée de calculs et d'équations différentielles qui traduisent dans le langage analytique (issu du calcul infinitésimal de Leibniz) les démonstrations géométriques de Newton (selon la méthode des premières et dernières raisons, par exemple).

Dans la première partie, Marquise décrit qualitativement le système du monde, c'est-à-dire le système solaire. Elle fait plusieurs fois référence au *De mundi systemate liber* paru en 1728, exposé pédagogique de Newton destiné à rendre accessibles les *Principia* au plus grand nombre, qui sert de modèle à son *Exposition abrégée du système du monde.* L'Introduction (les dix premières pages) du commentaire constitue, sous la forme d'une brève histoire des sciences, un véritable discours de la méthode de la Marquise sur la manière de faire de la science. Dès le premier paragraphe, elle introduit le verbe rectifier, qui rappelle une des grandes lignes intentionnelles de ses *Institutions de physique* : les sciences avancent par rectification d'hypothèses et l'histoire des sciences est une succession d'erreurs rectifiées. Ainsi elle écrit :

45 *Ibid.*, p. 172.

46 *Préface historique* in tome 1 des *Principia*, Paris, 1756-1759, repris en fac-similé par Jacques Gabay, p. V, VIII, IX. Le texte de la *Préface historique* a été publié sous le titre d'*Éloge historique de Madame du Châtelet* en janvier-février 1752 dans la Bibliothèque impartiale, puis en décembre 1754 dans le *Mercure de France*.

> Les philosophes ont commencé par avoir sur l'astronomie, comme sur le reste, les mêmes idées que le peuple, mais ils les ont rectifiées : ainsi on a commencé par croire que la terre était plate, et qu'elle était le centre autour duquel tournaient tous les corps célestes[47].

Les Babyloniens, Pythagore et ses disciples ont rectifié cette double erreur et ont reconnu que la Terre est ronde et que le Soleil est le centre de l'univers. Malgré cette conception du véritable système du monde, l'hypothèse que la Terre est au repos et le centre des mouvements célestes a prévalu sous le joug de l'argument d'autorité d'Aristote que la Marquise, reprenant là aussi une idée forte de ses *Institutions de physique*, critique au passage :

> Il y a grande apparence que l'autorité d'Aristote qui était presque la seule règle de vérité du temps de Ptolémée, est ce qui a entraîné ce grand astronome dans l'erreur ; mais comment Aristote n'a-t-il pas lui-même suivi le véritable système qu'il connaissait puisqu'il l'a combattu ? cette réflexion n'est pas à l'honneur de l'esprit humain[48].

Après avoir fait l'éloge de Copernic, la Marquise mentionne Tycho-Brahé dont elle reconnaît le mérite d'observateur mais auquel elle décoche une flèche qu'elle serrait déjà dans son carquois des *Institutions de physique*, à savoir qu'il a cédé au goût des systèmes et à l'esprit de système :

> Tycho, trompé par une expérience mal faite[49], et peut-être encore plus par l'envie de faire un système, en composa un qui tient le milieu entre celui de Ptolémée et celui de Copernic[50].

Mais il n'est pas le seul, Kepler pour lequel Émilie du Châtelet ne tarit pas de compliments pour avoir découvert les lois fondamentales du mouvement des planètes et pour avoir entrevu la force de l'attraction, a lui aussi fini par verser dans l'esprit de système :

---

47 *Exposition abrégée du système du monde* in tome 2 des *Principia*, Paris, 1756-1759, repris en fac-similé par Jacques Gabay, p. 1.

48 *Ibid.*, p. 2.

49 Dans la note de bas de page, la Marquise précise qu'il s'agit de l'expérience qui consiste à lâcher, du haut d'un mât d'un navire qui fait route, une pierre. D'après Copernic, elle devrait tomber au pied du mât, ce qui ne fut pas le cas (l'expérience avait été mal faite), mais ce qui fut vérifié ensuite par Galilée.

50 *Ibid.*, p. 3.

> Kepler qui a fait de si belles et de si importantes découvertes tant qu'il a suivi ce guide [la géométrie], fournit une des preuves les plus frappantes des égarements où peuvent tomber les meilleurs esprits quand ils l'abandonnent pour se livrer au plaisir d'inventer des systèmes[51].

Mais si Kepler a entrevu la force de l'attraction, il n'en est pas l'inventeur proprement dit. Sur cette question du mérite et la priorité de l'invention, la Marquise distingue soigneusement une vérité seulement entrevue et une vérité démontrée. Ainsi Hooke, à l'instar de Kepler, a supposé qu'une force d'attraction était la cause du mouvement des corps célestes, il publie à Londres en 1674 *An attempt to prove the motion of the earth*, dont la Marquise traduit un extrait sur l'attraction :

> Que tous les corps célestes, sans en excepter aucun, ont une attraction ou gravitation vers leur propre centre, par laquelle, non seulement ils attirent leurs propres parties et les empêchent de s'écarter, comme nous le voyons de la Terre, mais encore ils attirent tous les autres corps célestes dans la sphère de leur activité [...] Pour ce qui est de la proportion suivant laquelle ces forces diminuent à mesure que leur distance augmente, j'avoue que je ne l'ai pas encore vérifiée par des expériences, mais c'est une idée, qui étant suivie comme elle mérite de l'être, sera très utile aux astronomes pour réduire tous les mouvements célestes à une règle certaine[52].

Dans le paragraphe suivant, elle commente l'extrait traduit :

> Il ne faut pas croire que cette idée jetée au hasard dans le livre de Hooke diminue la gloire de Newton, qui a même eu l'attention d'en faire mention dans son livre de *Systemate mundi*[53]. L'exemple de Hooke et celui de Kepler servent à faire voir quelle distance il y a entre une vérité entrevue et une vérité démontrée, et combien les plus grandes lumières de l'esprit

---

51 *Ibid.*, p. 6-7.

52 *Exposition abrégée du système du monde*, traduction d'un extrait d'*Un Essai pour prouver le mouvement de la Terre* de Hooke, p. 5-6.

53 Dans la note de bas de page, la Marquise renvoie à la p. 3 de la troisième édition de 1731, on apprend ainsi qu'elle travaille non seulement sur la troisième édition latine des *Principia mathematica*, mais aussi sur la troisième édition *De mundi systemate*, exposition abrégée du livre III des *Principia mathematica* d'Isaac Newton parue de manière posthume (1re éd. à Londres, 1728). On trouve en effet, p. 3 de la première édition 1728 : « *Philosophi recentiores aut vortices esse volunt, ut Kepler & Cartesisu, aut aliud aliquod sive impulsus sive attractionis principium, ut Borellus, Hookius* », qu'on peut traduire par « parmi les philosophes les plus récents, certains sont pour les tourbillons, comme Kepler et Descartes, d'autres pour l'impulsion ou le principe de l'attraction, comme Borel et Hooke ».

servent peu dans les sciences, quand elles cessent d'être guidées par la géométrie[54] ».

Émilie du Châtelet met ainsi en exergue l'éventuel décalage qui peut se produire entre l'évolution chronologique de la mise au jour d'une découverte, construite rétrospectivement par l'histoire des sciences, et la véritable évolution intellectuelle de l'inventeur qui opère la découverte. Elle met en garde contre les dangers d'une lecture trop chronologique et insuffisamment critique de l'évolution d'une question scientifique. Trouver des précurseurs à l'inventeur d'un fait scientifique est légitime quand on fait de l'histoire des sciences, mais ce travail doit s'accompagner d'un sens critique et non exclusivement chronologique de l'histoire des sciences, sinon on peut arriver à la situation paradoxale de faire passer à la postérité des personnes qui ont simplement entrevu des vérités et ne les ont pas démontrées. Dans sa défense de Newton comme du scientifique à qui revient la gloire de la découverte de l'attraction, elle reprend ce qu'il écrivait à Halley le 20 juin 1686 lors de la polémique avec Hooke sur la priorité de l'invention de l'attraction :

> Car n'est-il pas évident à le lire [Robert Hooke], qu'il ne savait pas comment s'y prendre ? N'est-ce pas vraiment extraordinaire ? Les mathématiciens qui trouvent, résolvent et font tout le travail, doivent se contenter de n'être que des calculateurs et de simples tâcherons, et un autre qui ne fait rien que prétendre embrasser toutes choses, doit avoir le bénéfice de toutes les découvertes aussi bien de ses prédécesseurs que de ses successeurs[55].

Émilie du Châtelet est plus mesurée dans son propos (« les plus grandes lumières de l'esprit servent peu dans les sciences, quand elles cessent d'être guidées par la géométrie ») mais elle insiste sur la même idée : la personne qui découvre véritablement est celle qui joint à l'idée la démonstration ; avec Newton, on a quitté la physique qualitative qui repose sur des idées pour entrer dans la construction d'une démonstration à partir de principes mathématiques. Et elle renvoie dos à dos Hooke, Kepler, Tycho-Brahé et « le grand Huyghens lui-même » pour avoir pris pour des vérités les songes de leurs imaginations. Ainsi quand Kepler

54 *Exposition abrégée du système du monde*, p. 6.

55 Newton, *The Correspondence of Isaac Newton*, 7 vol., Cambridge University Press, 1959-1977, vol. II, p. 435.

envoie à Tycho-Brahé une copie de son *Mysterium Cosmographicum*, où il développe « les rêveries des pythagoriciens », la Marquise souligne :

> Tycho lui répondit, qu'il lui conseillait de laisser là ses spéculations tirées des premiers principes, et de s'appliquer plutôt à établir des raisonnements sur le fondement solide des observations[56].

Et elle ajoute :

> Le grand Huyghens lui-même croyait que le quatrième satellite de Saturne qui porte son nom, faisant avec notre Lune et les quatre de Jupiter le nombre de six planètes secondaires, le nombre de planètes était complet, et qu'il était inutile de chercher à en découvrir de nouvelles, parce que les planètes principales sont aussi au nombre de six, et que le nombre de six est appelé parfait, parce qu'il est égal à la somme des parties aliquotes, 1, 2 et 3[57].

La Marquise montre ainsi que même les plus grands esprits s'éprennent parfois de la perfection de leurs constructions imaginaires et qu'il faut donc se méfier de la tendance de l'esprit à se laisser griser par ses propres spéculations. Mais ce n'est pas une raison pour brider l'imagination et l'empêcher de forger des hypothèses, à l'encontre de ce que préconisait Newton. Comme elle l'explique dans les *Institutions de physique*, il faut simplement réguler et guider l'imagination aveugle par le bâton de l'expérience. La Marquise conclut l'Introduction de son commentaire par la même déclaration que Newton :

> en me servant du mot d'attraction, je n'entends que la force qui fait tendre les corps vers un centre, sans prétendre assigner la cause de cette tendance[58].

Ce qui, ajoutait-elle dans les *Institutions de physique*, ne doit pas empêcher les scientifiques de forger des hypothèses pour tenter de lui en assigner une.

Les sept chapitres qui suivent l'Introduction présentent les grandes lignes du système du monde. Sans entrer dans l'analyse des chapitres, on peut noter que l'*Exposition abrégée du système du monde* forme bien un manuel de l'astronomie nouvelle de Newton : les mouvements célestes et terrestres sont désormais expliqués par la seule cause de l'attraction

56 *Exposition abrégée du système du monde*, p. 7.
57 *Ibid.*, p. 7.
58 *Ibid.*, p. 10.

universelle (et non plus « l'hypothèse de l'attraction », selon l'expression qu'utilisait la Marquise dans les *Institutions de physique* de 1740). Chacun des sept chapitres donne non seulement de très nombreuses descriptions détaillées du système planétaire mais aussi de très nombreuses applications des calculs de la loi de l'attraction aux problèmes de physique. Par exemple, elle explique que la théorie de l'attraction détermine l'aplatissement des pôles dans la figure de la Terre, le cycle des marées, et donne les outils qui ont permis à Newton de calculer les masses de la Terre et de la Lune. Outre ces considérations physiques, elle ne peut s'empêcher, chemin faisant, de décocher une flèche à ceux qui se réfugient derrière l'argument d'autorité, à propos des taches du Soleil observés par Galilée en Italie et, vers le même temps, par le Jésuite Scheiner en Allemagne :

> Ce Jésuite ayant été dire à son Supérieur qu'il avait découvert les taches dans le Soleil, celui-ci lui répondit gravement *cela est impossible, j'ai lu deux ou trois fois Aristote, et je n'y ai rien trouvé de semblable*[59].

Voltaire, dans l'éloge historique qu'il fait de la Marquise, souligne ce trait de sa personnalité – ne croire personne sur parole – :

> Défaite de tout esprit de système, elle prit pour sa règle celle de la Société Royale de Londres, *Nullius in verba*[60].

La référence de l'expression, à l'instar de *Sapere aude*, est Horace, qui dit exactement *Nullius addictus jurare in verba magistri* que François Villeneuve traduit par : « Aucune astreinte ne m'a contraint de jurer sur les paroles d'un maître[61] », autrement dit, selon l'interprétation qu'en font Voltaire et Émilie, je suis libre de penser par moi-même et de refuser tout argument d'autorité.

Dans la deuxième partie du commentaire, la Marquise décrit analytiquement ce qu'a prouvé Newton par la géométrie. Comme le souligne Michel Toulmonde, dans son article « Le *Commentaire* des *Principes de la philosophie naturelle* » :

59 *Exposition abrégée du système du monde*, p. 21, note (0).
60 Voltaire, *Préface historique*, in tome 1 des *Principia mathematica*, Paris, 1756-1759, repris en fac-similé par Jacques Gabay, p. VI.
61 Horace, *Épîtres*, I, I, 15, trad. François Villeneuve, Paris, les Belles Lettres, 1995, p. 37.

> En mathématicienne experte, elle emploie les nouveaux outils mathématiques infinitésimaux afin de démontrer à son tour les affirmations de Newton[62].

Michel Toulmonde commente notamment le feuillet 65 du manuscrit en ces termes : il « présente un très bel exemple [...] où Émilie développe le calcul de l'attraction d'un sphéroïde (problème XVII, à la fin de la section II) ». Sur deux pages, la Marquise présente « avec élégance les étapes de l'intégration d'une expression différentielle assez complexe[63] ». Judith P. Zinsser insiste elle aussi sur la virtuosité de la Marquise à manier le nouvel algorithme[64]. La Marquise, dans cette deuxième partie, opère donc une double traduction du latin de Newton au français, mais aussi de la langue géométrique de Newton à la langue analytique. Judith P. Zinsser propose même d'ajouter une troisième sorte de traduction : celle de la physique de Newton dans les progrès de la physique des années 1740. Il est vrai que la Marquise elle-même dans les deux dernières sections consacrées à la figure de la Terre (section IV) et aux marées (section V) expose son projet qui est de présenter les travaux qui incitent à « mettre le système de Newton dans tout son jour, et à le perfectionner autant que l'incertitude de quelques circonstances requises pourraient le permettre[65] » et elle mentionne que les deux mémoires de Clairaut sur la figure de la Terre et de Daniel Bernoulli sur les marées lui ont beaucoup servi à rédiger ces deux sections[66]. Ce sont effectivement ces deux sections qui retiennent l'attention de Judith P. Zinsser pour appuyer son idée de troisième traduction, elle note que la Marquise avait déjà évoqué les noms des deux savants dans son *Exposition abrégée du système du monde* mais qu'à présent, dans la *Solution analytique des*

62 Michel Toulmonde, « Le *Commentaire* des *Principes de la philosophie naturelle* », in *Émilie du Châtelet – éclairages et documents nouveaux*, p. 311.

63 *Ibid.*, p. 315.

64 Judith P. Zinsser, « Translating Newton's *Principia* : The Marquise du Châtelet's Revisions and Additions for a french audience », p. 229 : « *By the mid-1740s, Du Châtelet had become one of the few people in Europe, male or female, who could not only read and understand this advanced mathematics, "le calcul", but also explain its progression and manipulate its propositions to apply other cases* », que l'on peut traduire par : « Dans le milieu des années 1740, Madame du Châtelet faisait partie de la poignée de scientifiques, femmes ou hommes, qui pouvaient non seulement lire et comprendre les mathématiques analytiques, "le calcul", mais aussi expliquer ses articulations et manier ses propositions pour les appliquer à d'autres cas ».

65 *Solution analytique des principaux problèmes qui concernent le système du monde*, p. 260.

66 *Solution analytique des principaux problèmes qui concernent le système du monde*, p. 258-259 et p. 261.

principaux problèmes qui concernent le système du monde, elle rend compte de leurs deux mémoires dans le détail en explicitant clairement les preuves mathématiques de leurs hypothèses[67].

Judith P. Zinsser souligne que la Marquise avait une connaissance insigne des commentaires anglais, allemands et hollandais qui étaient parus sur Newton (Keill, Pemberton, Desaguliers, Gregory, mais aussi Musschenbroek et Christian Wolff)[68]. Elle rejoint Michel Toulmonde dans sa conclusion que l'intervention de Clairaut sur le texte de la Marquise après sa mort a été minime :

> Lors de la publication du *Commentaire* en 1759, en effet, le dernier chapitre de l'*Exposition abrégée* [chapitre VII sur les comètes] n'était pas actualisé : on ne trouve aucune allusion au retour de la comète de 1682, calculé par Clairaut lui-même, qui validait définitivement la théorie newtonienne[69].

Si Émilie du Châtelet a travaillé « comme un forçat », selon l'expression de Clairaut, à la traduction, elle a aussi mis tout en œuvre, y compris des longues journées de travail et des brèves nuits de sommeil pour finir son commentaire en 1749 à Paris avant de partir accoucher à Lunéville. Voici l'emploi du temps qu'elle décrit à Saint-Lambert, d'après lequel elle travaille 17 heures par jour et dort 4 heures :

> Je me lève à 9 heures, quelquefois à 8, je travaille jusqu'à 3, je prends mon café à 3 heures, je reprends le travail à 4, je le quitte à 10 pour manger un morceau seule, je cause jusqu'à minuit avec m. de V., qui assiste à mon souper et je reprends le travail à minuit jusqu'à 5 heures[70].

De retour à Cirey, elle continue à travailler et à relire les épreuves de son ouvrage « jusqu'à son terme » si l'on en croit la lettre de Voltaire à Madame de Staal du 4 septembre 1749 :

> Elle était à son secrétaire à 2 heures après minuit, selon sa louable habitude. Elle dit, en griffonnant du Newton ; "Mais je sens quelque chose !" Ce quelque chose était une petite fille qui vient au monde beaucoup plus aisément qu'un problème[71].

67 Judith P. Zinsser, « Translating Newton's *Principia* : The Marquise du Châtelet's Revisions and Additions for a french audience », p. 233.

68 *Ibid.*, p. 229.

69 *Ibid.*, p. 315.

70 Lettre de la Marquise à Saint-Lambert du 15 juin 1749 in *Lettres de la Marquise du Châtelet*, tome 2, p. 294.

71 Voltaire, *Correspondance*, Besterman, Paris, Gallimard, 1953-1965, D3460, vol. 17, p. 161.

Au terme de cette présentation de son travail sur Newton, on peut conclure que la Marquise a joué et joue encore aujourd'hui un rôle incontournable dans la diffusion et la transmission de la théorie newtonienne : le travail de triple traduction qu'elle a fourni, du latin au français, de la langue géométrique à la langue analytique, de la physique newtonienne dans les progrès de la physique du milieu du XVIIIe, est colossal : Émilie du Châtelet a véritablement créé une langue française scientifique. Voltaire est le premier à le reconnaître :

> Madame du Châtelet a rendu un double service à la postérité en traduisant le livre des Principes, et en l'enrichissant d'un commentaire [...] il en coûte toujours quelques fatigues à lire des choses abstraites dans une langue étrangère [...] Il a fallu que les modernes créassent des mots nouveaux pour rendre ces nouvelles idées [...] Le français qui est la langue courante de l'Europe, et qui s'est enrichi de toutes ces expressions nouvelles et nécessaires, est beaucoup plus propre que le latin à répandre dans le monde toutes ces connaissances[72].

Du reste, René Taton ne s'y est pas trompé en comptant sur les cinq doigts de la main les personnages qui ont joué un rôle essentiel dans l'introduction de Newton en France : Madame du Châtelet, Voltaire, François Jacquier, Johann Bernoulli (Jean II) et Clairaut[73]. Cependant, vu son ouvrage *Discours sur la figure des astres*, vu son rôle de professeur auprès de la Marquise, vu son voyage en Laponie pour prouver que la Terre est aplatie aux pôles, Maupertuis selon nous s'impose davantage dans ce groupe que Johann Bernoulli qui appartient, du moins par sa famille, à une tradition leibnizienne.

Les encyclopédistes reconnaissent aux aussi le rôle premier de la Marquise dans la diffusion du newtonianisme. Ainsi D'Alembert, dans l'article « Newtonianisme », remarque que l'histoire de cette philosophie est fort courte et qu'il faut mentionner parmi les auteurs qui ont tenté de la rendre plus facile à entendre : Whiston, s'Gravesande, Pemberton, Le Seur et Jacquier, Maclaurin et « le commentaire que madame la marquise du Chatelet nous a laissé sur les principes de Newton, avec une traduction de ce même ouvrage[74] ».

---

72 Voltaire, *Préface historique*, in tome 1 des *Principia mathematica*, p. VIII-IX.

73 René Taton, « Madame du Châtelet, traductrice de Newton », p. 210.

74 Article « Newtonianisme » in tome XI, 1765, p. 123 de l'*Encyclopédie ou dictionnaire raisonné des sciences, des arts et des métiers.*

Cet article nous permet de faire le lien avec la deuxième partie de notre ouvrage. Si la première partie était vouée à présenter les grandes lignes de l'œuvre d'Émilie du Châtelet, la deuxième a pour objet la question de la réception de son œuvre et de sa postérité.

Nous avons bien conscience de ne pas avoir livré toutes les facettes de l'œuvre de la Marquise : nous avons sciemment laissé de côté la trentaine de pages qu'elle consacre à la grammaire raisonnée[75], la raison en est qu'il existe déjà un très bon article de Françoise Douay-Soublin étudiant ce texte[76]. De la même manière, nous n'avons rien dit de son *Essai sur l'optique* resté inachevé et dont un chapitre sur la Formation des couleurs a été publié[77], la raison en est que Michel Toulmonde étudie les questions d'optique dans les manuscrits de la Marquise découverts récemment, nous lui laissons le soin de la synthèse de ce domaine de recherches. La *Dissertation sur la nature du feu* que nous avons simplement mentionnée a également fait l'objet d'un article de Bernard Joly[78] qui compare les deux mémoires de Voltaire et de Mme du Châtelet. Concernant les *Institutions de physique*, nous avons porté notre attention sur la philosophie et la réflexion sur les sciences qui s'en dégageaient et non sur la métaphysique leibnizienne. En effet, Anne-Lise Rey, spécialiste de Leibniz, a publié plusieurs articles sur la question[79] et prépare une édition critique des *Institutions de physique*. Enfin, face à l'ampleur des deux grands ouvrages de la Marquise (les *Examens de la Bible* et la traduction et le commentaire des *Principia mathematica* de Newton font respectivement plus de 900 pages), nous avons dû nous contenter d'en donner des aperçus.

---

75 *Grammaire raisonnée* de Mme du Châtelet, p. 209-241 in Ira O. Wade, *Studies on Voltaire. With some unpublished papers of Mme du Châtelet*, Princeton, Princeton University Press, 1947.

76 Françoise Douay-Soublin, « Nouvel examen de la Grammaire raisonnée de Mme du Châtelet », in *Émilie du Châtelet – éclairages et documents nouveaux*, p. 173-196.

77 *Essai sur l'optique*, chap. 4 De la formation des couleurs de Mme du Châtelet, p. 188-208 in Ira O. Wade, *Studies on Voltaire. With some unpublished papers of Mme du Châtelet*, Princeton, Princeton University Press, 1947.

78 Bernard Joly, « Les théories du feu de Voltaire et de Mme du Châtelet » in *Cirey dans la vie intellectuelle. La réception de Newton en France*, dir. François de Gandt, Oxford, Voltaire Foundation, *SVEC*, 2001, 11, p. 212-237.

79 Voir, par exemple, Anne-Lise Rey, « La figure du leibnizianisme dans les *Institutions de physique* », in *Émilie du Châtelet – éclairages et documents nouveaux*, p. 231-242.

DEUXIÈME PARTIE

LA POSTÉRITÉ DE L'ŒUVRE D'ÉMILIE DU CHÂTELET

l'Académie royale des sciences lui a écrite le 18 février 1741, sur la question des forces vives, réponse qui porte la date du 26 mars 1741. Si la Marquise a ainsi tenu à répondre très rapidement à Dortous de Mairan, c'est pour en finir avec les accusations de plagiat qui affectaient ses écrits et notamment les *Institutions de physique* dont Samuel König était tenu par certains pour le véritable auteur. Nous avons vu que cette polémique avec Mairan a permis à la Marquise d'être pleinement reconnue dans la communauté scientifique en France mais aussi en Europe, notamment en Italie et en Allemagne.

Comme le souligne John Iverson, dans son article « Une traduction allemande de l'échange sur les forces vives », la défense par la Marquise du principe des forces vives crée une affinité entre la communauté scientifique allemande et Madame du Châtelet :

> Ainsi, quand Louise Gottsched entreprend la traduction des lettres de Mme du Châtelet et Mairan, elle est fortement consciente d'une rivalité internationale dans les domaines scientifique et philosophique [...] D'après elle, une Française de haute noblesse qui défend les forces vives est une preuve éclatante de l'excellence allemande[1].

La traduction immédiate des deux lettres sur les forces vives en allemand tient au fait que la Marquise prend un soin extrême à la diffusion européenne de la discussion qui l'oppose à M. de Mairan. Dans son article « La réception des *Institutions de physique* en Allemagne », Frauke Böttcher note :

> En Allemagne, les wolffiens savent assez tôt que Mme du Châtelet s'occupe de métaphysique leibnizienne sur la base des travaux de Christian Wolff. Dès juin 1739, le philosophe Wolff reçoit cette information de Cirey et la transmet à son ami le comte Ernst Christoph von Manteuffel[2].

On sait que Frédéric II fit parvenir à Voltaire en janvier 1737 la traduction française manuscrite faite par Ulrich Friedrich von Suhm du *Traité de Dieu, de l'âme et du monde* qui résumait la métaphysique de Wolff, version abrégée que la Marquise a certainement lue (et qui a été perdue depuis). Puis le séjour à Cirey de König en 1739 finit de la familiariser avec la

1 John Iverson, « Une traduction allemande de l'échange sur les forces vives », in *Émilie du Châtelet – éclairages et documents nouveaux*, p. 284.

2 Frauke Böttcher, « La réception des *Institutions de physique* en Allemagne », in *Émilie du Châtelet – éclairages et documents nouveaux*, p. 245.

métaphysique de Wolff. Du reste c'est probablement König qui informe Wolff de l'intérêt de la Marquise pour sa métaphysique. S'ensuit une correspondance entre Émilie du Châtelet et Wolff qui a été malheureusement perdue. Si Wolff est enthousiaste d'avoir en la Marquise une partisane de sa métaphysique, en revanche le comte Manteuffel est réservé. Mais après l'envoi en 1740 des *Institutions de physique*, ils se disent que la philosophie wolffienne a trouvé sa représentante en France. Pourtant quelques ombres et soupçons de plagiat tournent toujours autour de l'ouvrage : son style, particulièrement celui du chapitre VIII sur la nature des corps, est selon Manteuffel, trop clair pour être honnête. Dans ce chapitre, la Marquise fait preuve en effet d'une inventivité remarquable dans son expression, elle parle ainsi des « *phénomènes substantiés*, comme les appelle Wolff, c'est-à-dire des phénomènes qui nous paraissent des substances, mais qui n'en sont cependant pas[3] », et prend l'exemple de l'étendue comme phénomène substantié : elle apparaît comme une substance alors qu'elle est un phénomène[4]. Pour Manteuffel et Johann Gottsched, cela rappelle trop précisément l'expression même de Wolff[5], ce dernier prend alors la défense de la Marquise en disant qu'elle a utilisé la traduction de sa métaphysique pour s'instruire. La société des Alétophiles n'est pas exempte des préjugés de sexe ni de genre. Ainsi Jean Deschamps utilise un argument qu'on peut qualifier de sexiste pour montrer le caractère pédagogique des *Institutions de physique* que Frauke Böttcher résume ainsi :

> si une femme comprend la philosophie de Wolff et si même elle peut l'expliquer, l'intelligibilité et la clarté de celle-ci sont démontrées[6].

Le même Jean Deschamps reproche au style élégant de la Marquise de rendre la métaphysique brillante mais aussi ambiguë, ce qui peut conduire au faux sens, et enfin – il n'est visiblement pas à une contradiction près – il l'accuse de plagiat[7].

Rien d'étonnant alors à ce que Louise Gottsched qui admire la Marquise du Châtelet compose, pour sa traduction de la discussion sur

---

3 Émilie du Châtelet, *Institutions de physique*, § 156, p. 170-171.

4 Voir, sur ce point, Anne-Lise Rey, « La figure du leibnizianisme dans les *Institutions de physique* », in *Émilie du Châtelet – éclairages et documents nouveaux*, p. 238.

5 Voir, sur ce point, Frauke Böttcher, « La réception des *Institutions de physique* en Allemagne », in *Émilie du Châtelet – éclairages et documents nouveaux*, p. 245.

6 Frauke Böttcher, « La réception des *Institutions de physique* en Allemagne », p. 250.

7 Frauke Böttcher, « La réception des *Institutions de physique* en Allemagne », p. 250-251.

les forces vives, une épigraphe afin de lutter contre les autorités traditionnelles qui voudraient limiter l'accès au savoir, et ainsi défendre la cause des femmes. Elle n'hésite pas à se servir du troisième livre « De la fausse sagesse » des *Institutions divines* de Lactance pour remettre en question le statut privilégié du philosophe traditionnel dont la fausse sagesse consiste à laisser les autres dans l'ignorance :

> Mais si la nature humaine est capable de science, il est convenable que laboureurs, paysans et femmes, tous, en somme, qui portent la forme humaine, apprennent à se servir de la raison ; et que les gens de toutes les langues, de toutes les conditions, de chaque sexe et de tous les âges soient réunis[8].

Dans l'Avant-propos, la traductrice insiste sur le fait que la physicienne qui évite la « fausse science » de Mairan est une femme française qui ne fait pas de la vérité un bien national. Dans le poème mis en conclusion de sa traduction, Louise Gottsched fait l'éloge de la Marquise en tant que femme cherchant la vérité au-delà des frontières :

> Dame ! toi qui es plus utile qu'un millier d'hommes,
> Sublime Du Châtelet ! oh continue toujours en avant
> À poursuivre la vérité. Elle ne dépend d'aucun lieu ;
> Et celui qui en Afrique, et dans le Nord glacé
> Écoute ses traces, appartient à l'ordre des sages.
> Et si l'envie t'en veut parce que ta plume librement
> Appelle la vérité la vérité, sans se soucier de ses origines,
> Tu es pourtant suffisamment grande pour te moquer de la jalousie ;
> Elle se rendra haïssable avant de te rendre partielle[9].

Comme le note John Iverson à propos de la Marquise :

> Son sexe, son manque de statut officiel, et sa nationalité (qui est en conflit avec l'origine des idées qu'elle embrasse) semblent contribuer à la cause de la vérité[10].

Dans la discussion sur les forces vives, la Marquise avait saisi l'occasion du chapitre XXI des *Institutions de physique* sur la force des corps pour

8 Extrait de l'épigramme de Louise Gottsched citée par John Iverson dans « Une traduction allemande de l'échange sur les forces vives », in *Émilie du Châtelet – éclairages et documents nouveaux*, p. 289.

9 Extrait du poème de Louise Gottsched cité par John Iverson dans « Une traduction allemande de l'échange sur les forces vives », in *Émilie du Châtelet – éclairages et documents nouveaux*, p. 296.

10 John Iverson dans « Une traduction allemande de l'échange sur les forces vives », p. 290.

discuter individuellement avec Mairan[11], ce qui du reste a parfaitement fonctionné comme le reconnaît la Marquise elle-même :

> je commence à croire véritablement les *Institutions de physique* un livre *d'importance*, depuis qu'elles ont procuré au public la Lettre à laquelle je vais répondre[12].

Dans la version allemande, la portée de la dispute est amplifiée. Comme le souligne John Iverson, on en fait une lutte entre nations et entre deux cultures où la philosophie leibnizienne domine l'autorité de la science française et où l'on récupère Émilie du Châtelet comme représentante de cette hégémonie de l'Allemagne. La Marquise a-t-elle eu vent de cette instrumentalisation de son œuvre au profit de l'excellence allemande ? On n'en sait trop rien, mais à partir de 1742, et sans doute suite à sa querelle avec König, la Marquise se détourne de la philosophie wolffienne, à la grande stupéfaction de Manteuffel et Wolff, qui mettent ce changement, selon leurs lunettes sexistes, sur le compte de sa « faiblesse de caractère[13] ». Il y a peut-être une autre explication qui tient au fait qu'elle commence en 1742 son commentaire très critique de la Bible et que cela l'éloigne de toute théologie future qui voudrait se présenter comme une science.

En effet, si la Marquise du Châtelet, dans les *Institutions de physique* et dans la discussion sur les forces vives, semble s'inscrire dans la mouvance leibnizienne de la théologie naturelle en considérant le principe de la conservation des forces vives comme un secret du Créateur, auparavant, en 1735, elle a traduit *la Fable des abeilles* de Mandeville parce qu'il est « le meilleur livre de morale[14] » , puis vers 1745-1746 elle discute avec

11 Madame du Châtelet, *Les Institutions de physique*, p. 433 : « Je me flatte que M. de Mairan regardera les remarques que je viens de faire sur son mémoire, comme une preuve du cas que je fais de cet ouvrage ; j'avoue qu'il a dit tout ce que l'on pouvait dire en faveur d'une mauvaise cause : ainsi, plus ces raisonnements sont séduisants, plus je me suis cru obligé de vous faire sentir qu'ils ne portent aucune atteinte à la doctrine des forces vives ».

12 Extrait de la *Réponse de madame*** à la lettre que M. de Mairan, etc.* citée par John Iverson dans « Une traduction allemande de l'échange sur les forces vives », in *Émilie du Châtelet – éclairages et documents nouveaux*, p. 293.

13 Voir, sur ce point, Frauke Böttcher, « La réception des *Institutions de physique* en Allemagne », p. 248.

14 Émilie du Châtelet, Préface à la traduction de la *Fable des abeilles* in Ira O. Wade, *Studies on Voltaire with some unpublished Papers of Mme du Châtelet*, Princeton, Princeton University Press, 1947, p. 137 : « C'est je crois le meilleur livre de morale, qui ait jamais été fait,

La Mettrie pour développer dans le *Discours sur le bonheur* une morale utilitariste voire matérialiste. Enfin, entre 1742 et 1745, elle commente intégralement la Bible de manière anticléricale en dénonçant, par exemple, la misogynie de Paul et en dénonçant la religion comme le plus grand des préjugés. Il semble donc qu'elle ait renoncé, à partir de 1742, à mettre la science au service de la théologie même si elle n'a pas renoncé, on l'a vu, à continuer à travailler à une physique complète fondée en raison, physique complète qu'elle cherchait déjà à bâtir dans les *Institutions de physique* de 1740[15] et qu'elle continue à espérer de construire jusqu'à son dernier jour dans le geste d'envoyer à l'abbé Sallier, une version antérieure « plus métaphysique » de sa traduction de Newton[16], mais cela ne veut pas dire une physique dont la raison serait les monades et l'harmonie préétablie.

Un extrait de la *Préface historique* de Voltaire vient confirmer cette interprétation d'un désintéressement de la Marquise vis-à-vis de la philosophie leibnizienne et wolffienne :

> Après avoir rendu les imaginations de Leibniz intelligibles, son esprit qui avait acquis encore de la force et de la maturité par ce travail même, comprit que cette métaphysique si hardie, mais si peu fondée, ne méritait pas ses recherches. Son âme était faite pour le sublime, mais pour le vrai. Elle sentit que les monades et l'harmonie préétablie devaient être mises avec les trois éléments de Descartes, et que des systèmes qui n'étaient qu'ingénieux, n'étaient pas du tout dignes de l'occuper. Ainsi, après avoir eu le courage d'embellir Leibniz, elle eut celui de l'abandonner : courage bien rare dans quiconque a embrassé une opinion, mais qui ne coûta guère d'efforts à une âme qui était passionnée pour la vérité[17].

Au terme de l'analyse de la réception de son œuvre en Allemagne, on peut conclure que la traduction de ses contributions scientifiques s'est faite très tôt et de manière remarquable, mais que cela tient sans doute, comme le dit Louise Gottsched dans son poème, « aux origines de ses idées ». Toujours est-il que la Marquise entre dès 1745 dans la

---

c'est-à-dire celui qui ramène le plus les hommes à la véritable source des sentiments auxquels ils s'abandonnent presque tous sans les examiner ».

15 Madame Du Châtelet, *Institutions de physique*, Paris, Prault, 1740, Avant-propos, p. 4 : « nous n'avons pas de physique complète, si on en excepte le petit traité de Rohault [...] devenu très insuffisant par la quantité de découvertes faites depuis ».

16 Voir ci-dessus, chapitre VI, p. ###.

17 Voltaire, *Préface historique*, in tome 1 des *Principia mathematica*, p. VI.

collection des portraits des savants vivants destinée à la République des Lettres en Allemagne[18]. Johann Jakob Brucker la présente en savante très compétente :

> Et parce que cette excellente femme s'est habituée à combiner les idées avec la plus grande clarté et le plus grand ordre, elle a réussi à pénétrer d'un pas léger le cabinet interne de la philosophie où personne ne pouvait la suivre facilement[19].

Cette collection faite de dix portraits par édition commence en 1741 et s'interrompt en 1755, au bout de la dixième édition. Sur les cent portraits ainsi rassemblés dans la République des Lettres figurent quatre femmes : Louise Gottsched en 1741, Laura Bassi, professeure de physique à l'Institut de Bologne ; la Marquise du Châtelet dans la quatrième édition en 1745 ; Magdalena Sibylla Riegerin, poétesse d'inspiration spirituelle et morale dans la cinquième édition. Mais, malgré cette petite ouverture aux femmes, la République des Lettres allemande considère ces quatre femmes comme des exceptions qui confirment la règle de la domination masculine dans les sciences et les lettres ; Jakob Brucker suit en effet toujours la même stratégie dans sa présentation des quatre portraits : il commence par dire que le sexe « faible » peut avec raison revendiquer des talents intellectuels égaux aux hommes mais que la nature et la société coopèrent pour restreindre leur activité dans le domaine artistique et scientifique, ce qui fait que les femmes savantes restent un groupe exceptionnel digne d'admiration mais insuffisamment nombreux pour fournir un modèle à imiter. Les femmes savantes restent une exception qui ne peut jamais conduire à une norme. Comme le souligne John Iverson, ces quatre portraits font plaisir aux lecteurs masculins qui voient dans les œuvres de ces quatre femmes la confirmation du potentiel intellectuel humain capable de défier l'ordre social[20].

18 Voir, sur ce portrait, John Iverson, « A female member of the Republic of Lettres : Du Châtelet's portrait in the Bilder-Sal [...] berümhter Schrifftsteller », in *Émilie du Châtelet : rewriting Enlightenment philosophy and science*, Oxford, Voltaire Foundation, *Studies on Voltaire and the eighteenth century* (SVEC), 1, 2006, p. 35.

19 Extrait traduit par Frauke Böttcher, « La réception des *Institutions de physique* en Allemagne », p. 243.

20 John Iverson, « A female member of the Republic of Lettres : Du Châtelet's portrait in the Bilder-Sal [...] berümhter Schrifftsteller », in *Émilie du Châtelet : rewriting Enlightenment philosophy and science*, p. 46-47.

Cependant, le fait que l'œuvre de la Marquise soit celle d'une mathématicienne et d'une physicienne confère une portée européenne voire internationale à ses conceptions qui obtiennent partout une reconnaissance de ses pairs. Si les Français n'en sont pas devenus plus leibniziens pour autant, la Marquise a rendu intelligible une philosophie qui était méconnue et incomprise. L'insertion du portrait de la Marquise dans le *Bilder-Sal* lui a donné une audience internationale appréciée de ses compatriotes, qui lui a sans doute valu d'être une référence choisie et souvent recopiée dans l'*Encyclopédie*[21].

Le fondateur de la société des Alétophiles, Manteuffel, voit dans les *Institutions de physique* un ouvrage qui contribue à la mission déclarée de la société des Alétophiles de rendre service à la vérité, il envoie en ce sens à Wolff une médaille de la société en le priant de la faire parvenir à la Marquise. L'a-t-elle reçue ? On ne sait pas. Mais cette médaille vaut qu'on s'y attarde : elle présente le portrait d'une Minerve qui porte un casque curieux sur lequel figurent Leibniz et Wolff, y est également gravée la devise tirée des Épîtres (I, II, 40) d'Horace *Sapere aude* dont Kant fera la devise des Lumières dans sa *Réponse à qu'est-ce que les Lumières ?* Louise Gottsched recevra une médaille analogue pour sa traduction de la discussion sur les forces vives[22].

Les *Institutions de physique* constituent donc un ouvrage qui a fait date et qui a acquis une aura internationale. La Marquise ne s'y est pas trompée, elle qui voulait que le peintre Nattier la représente avec son ouvrage de physique à la main[23]. Et même si Brucker dans le *Bilder-Sal* s'est évertué à la présenter comme une personne dotée d'une nature « exceptionnelle » (étonnante pour une femme[24]), la réception des

21 Voir l'analyse ci-dessous pour la forte présence de la Marquise dans la partie scientifique, via les articles de Samuel Formey. Mais en métaphysique aussi, notamment en ce qui concerne la métaphysique leibnizienne et wolffienne, la Marquise a été recopiée dans l'*Encyclopédie*, voir Sonia Carboncini, « L'*Encyclopédie* et Christian Wolff. À propos de quelques articles anonymes », in *Les Études philosophiques*, 4, 1987, p. 502-504.

22 Voir John Iverson dans « Une traduction allemande de l'échange sur les forces vives », in *Émilie du Châtelet – éclairages et documents nouveaux*, p. 287-288.

23 Voir « Le portrait de Madame la Marquise Du Châtelet, tenant le livre de l'*Institution de physique*, qu'elle a composé » in Pierre de Nolhac, *Nattier, peintre de la cour de Louis XV*, Paris, 1925, p. 275.

24 John Iverson, « A female member of the Republic of Lettres : Du Châtelet's portrait in the Bilder-Sal [...] berümhter Schrifftsteller », in *Émilie du Châtelet : rewriting Enlightenment philosophy and science*, voir l'appendice qui reproduit la présentation de Brücker en anglais (où l'on a cette remarque sexiste, p. 55) et en allemand (p. 61).

Institutions de physique nous invite à penser au contraire que la Marquise n'était pas du tout une personne isolée travaillant seule dans son coin, mais une actrice très engagée dans le réseau scientifique international, ce que confirme du reste sa correspondance où elle discute avec les figures les plus éminentes de son époque : Maupertuis, Clairaut, Mairan, côté français, Johann Bernoulli, Jacquier, Jurin, Wolff, Euler, Musschenbroek, côté international[25].

Un peu plus tard, en France, après la mort de la Marquise, une autre réception de son œuvre s'opère dans l'*Encyclopédie* de Diderot et de D'Alembert. Mais la transmission des *Institutions de physique* se fait en réalité via la société des Alétophiles et, plus précisément, via Samuel Formey. En effet, ce dernier a une contribution importante dans l'*Encyclopédie* : il signe cent-vingt articles et les *Institutions de physique* de la Marquise sont une source de références où il puise fréquemment pour rédiger ses articles. Parfois, Formey recopie des passages entiers des *Institutions de physique*. Le très bel article de Koffi Maglo met bien en évidence le rôle de Formey dans la transmission et la circulation des idées de la Marquise. Six des sept articles où est explicitement mentionné l'ouvrage de 1740 sont de la main de Formey :

> Formey avait une connaissance approfondie de l'ouvrage et semble l'avoir utilisé, le cas échéant, de manière extensive comme ouvrage de référence pour ses articles destinés à l'*Encyclopédie*. Dans une certaine mesure, on peut recommander ceci dans l'étude de la réception des *Institutions de physique* dans l'*Encyclopédie* : suivez les traces de Formey et vous serez en compagnie de Mme Du Châtelet[26].

Nous avons parlé de sept articles mais innombrables sont les articles qui reprennent des passages entiers de la Marquise sans la citer. Il est vrai que cela se pratiquait couramment à l'époque, notamment dans l'*Encyclopédie* où il était parfois préférable que les références restent cachées. La situation avec la Marquise est encore plus complexe du fait qu'elle-même était réticente à voir son nom diffusé publiquement. Ainsi quand elle apprend en 1738 que l'Académie a décidé de publier les

25 John Iverson, « A female member of the Republic of Lettres : Du Châtelet's portrait in the Bilder-Sal [...] berümhter Schrifftsteller », in *Émilie du Châtelet : rewriting Enlightenment philosophy and science*, p. 43.

26 Koffi Maglo, « Mme Du Châtelet, l'*Encyclopédie*, et la philosophie des sciences », in *Émilie du Châtelet – éclairages et documents nouveaux*, p. 262.

deux mémoires sur le feu de deux auteurs dont le nom seul est capable d'intéresser le public, elle demande à Réaumur la grâce de ne point la nommer[27] ; sans doute y a-t-il, dans cette pudeur, une part de culture aristocratique qui nous échappe quelque peu, trois siècles plus tard. Peut-être la Marquise obéit–elle tout simplement aux normes sociales selon lesquelles une femme ne doit pas se montrer publiquement sous peine d'être jugée comme une femme « publique[28] ». Toujours est-il que Madame du Châtelet est souvent nommée par périphrase. Ainsi D'Alembert parle, à propos des forces vives des « écrits d'une Dame illustre par son esprit et son savoir[29] ».

Les sept articles où la Marquise est explicitement nommée sont : « Continuité », « Espace », « Hypothèse », « Mouvement », « Pesanteur », « Repos », « Temps ». Elle est également citée à « Feu » pour sa *Dissertation sur le feu* et à « Newtonianisme », pour sa traduction et son commentaire des *Principia*. Mais il est d'autres articles comme l'article « Fluide » de D'Alembert où les conceptions de la Marquise sur la valeur positive qu'il faut conférer à l'erreur, sur le rôle heuristique des hypothèses, et sur les progrès des sciences comme succession d'hypothèses rectifiées sont extrêmement présentes sans que la Marquise ni les *Institutions de physique* soient citées. Koffi Maglo[30] propose de mettre en regard deux extraits des pages 75-77 du chapitre IV sur les hypothèses des *Institutions de physique* et des pages 888-889 (t. VI de l'*Encyclopédie*) de l'article « Fluide » de D'Alembert, cela donne :

> *Institutions de physique* :
> Ainsi, il faut nécessairement que quelques-uns risquent de s'égarer, pour marquer le bon chemin aux autres : ce serait donc faire un grand tort aux sciences, et retarder infiniment leurs progrès que d'en bannir avec quelques philosophes modernes, les hypothèses [...] Pour peu qu'on se rende attentif à la façon dont les plus sublimes découvertes ont été faites, on verra que l'on y est parvenu

27 Voir la lettre de la Marquise à Maupertuis du 7 juillet 1738 in *Lettres de la Marquise du Châtelet*, tome 1, p. 243.

28 Sur ce point, voir Véronique Le Ru, « Olympe de Gouges : une femme "publique" ? », en cours de publication dans les Actes du colloque sur les femmes et la philosophie des Lumières, qui a eu lieu à Nanterre les 14-16 mars 2017.

29 D'Alembert, préface de la première édition de 1743 de son *Traité de Dynamique* (Paris, David, 1743, p. XVII), dans la deuxième édition de 1758, il ne la mentionne plus, ni dans son sous-article « Force vive » où il expose pourtant les positions de Mairan et de la Marquise.

30 Koffi Maglo, « Mme Du Châtelet, l'*Encyclopédie*, et la philosophie des sciences », p. 257.

qu'après avoir fait bien des hypothèses inutiles, et ne s'être point rebuté par la longueur et l'inutilité de ce travail [...] ; il est vrai que le moyen est lent et demande un travail d'autant plus pénible, que l'on est longtemps sans pouvoir s'assurer s'il sera utile ou infructueux [...] ; lorsqu'on a le courage de se mettre en chemin, on ne peut douter que de trois chemins, dont deux nous ont égarés, le troisième nous conduira infailliblement au but. C'est de cette manière que l'astronomie a été portée au point où nous l'admirons aujourd'hui ; car si l'on avait voulu attendre pour calculer les cours des astres, que l'on eût trouvé la véritable théorie des planètes, nous serions actuellement sans astronomie.

Fluide :
Il n'en faut pas moins admirer les efforts et la sagacité de ce grand philosophe [Newton], qui après avoir trouvé si heureusement la vérité dans un grand nombre d'autres questions, a osé entreprendre le premier la solution d'un problème, que personne avant lui n'avait tenté. Aussi cette solution, quoique peu exacte, brille partout de ce génie inventeur, de cet esprit fécond en ressources que personne n'a possédé dans un plus haut degré que lui. Aidés par les secours que la géométrie et la mécanique nous fournissent aujourd'hui en plus grande abondance, est-il surprenant que nous fassions quelques pas de plus dans une carrière vaste et difficile qu'il nous a ouverte ? Les erreurs mêmes des grands hommes sont instructives, non seulement par les vues qu'elles fournissent par l'ordinaire, mais par les pas inutiles qu'elles nous épargnent. Les méthodes qui les ont égarés, assez séduisantes pour les éblouir, nous auraient trompés comme eux. Il était nécessaire qu'ils les tentassent, pour que nous en connaissions les écueils.

Cette comparaison de textes est révélateur du fait que les encyclopédistes, et notamment D'Alembert qui dirige la partie scientifique, connaissent très bien les *Institutions de physique* et se sont totalement approprié les grandes lignes de la philosophie de la Marquise et de sa réflexion sur les sciences. La méthodologie qu'elle propose en science est celle qui est transmise par l'*Encyclopédie*, et cela a des conséquences, bien entendu, sur la postérité souterraine de la Marquise car les lecteurs de l'*Encyclopédie* sont en réalité des lecteurs sans le savoir de la Marquise, nous en développerons plus loin deux exemples. D'autres indices d'une lecture assidue de la Marquise peuvent se retrouver dans le style même de D'Alembert, il utilise en effet très souvent le mot sagacité, par exemple, dans l'article « Fluide[31] » ou bien dans l'article « Découverte » où il s'en sert dans le cadre d'une distinction entre le vrai en métaphysique et le vrai en physique :

31 D'Alembert, article « Fluide » in *Encyclopédie*, t. VI, 1756, 888 : « Il n'en faut pas moins admirer les efforts et la sagacité de ce grand philosophe [Newton] ».

> En métaphysique les faits sont pour ainsi dire au-dedans de chacun ; un peu d'attention suffit pour les y voir ; en physique au contraire, comme ils sont hors de nous, il faut d'ordinaire plus de *sagacité* pour les découvrir[32].

Dans les *Éléments de philosophie*[33], D'Alembert conforte cette conception du vrai en métaphysique comme le vrai du sens commun et il renvoie les autres questions de la métaphysiques à la question *Que sais-je ?* qui est la seule réponse raisonnable à ces questions. Cette conception sceptique de la métaphysique, il la tient directement de la Marquise qui, à la fin de son Avant-propos, écrit :

> La métaphysique contient deux espèces de choses ; la première, ce que tous les gens qui font un bon usage de leur esprit, peuvent savoir ; et la seconde, qui est la plus étendue, ce qu'ils ne sauront jamais[34].

On trouve aussi l'emploi de sagacité dans l'article « Invention » de Jaucourt[35]. Il est clair que les encyclopédistes, héritiers de la Marquise, associent ce terme au processus d'invention[36]. Dans l'article « Découverte », D'Alembert développe une autre idée chère à la Marquise, à savoir que la science est une œuvre collective, une œuvre de coopération. Ainsi il écrit :

> Les sciences sont un grand édifice auquel plusieurs personnes travaillent de concert : les uns à la sueur de leur corps tirent la pierre de leur carrière ; d'autres la traînent avec effort jusqu'au pied du bâtiment ; d'autres l'élèvent à force de bras et de machines ; mais l'architecte qui la met en œuvre et en place a tout le mérite de la construction[37].

---

32 D'Alembert, article « Découverte » in *Encyclopédie*, t. IV, 1754, 706 (nous soulignons le terme).

33 D'Alembert, *Éléments de philosophie*, Paris, Fayard, 1986, p. 39-40 : « On peut dire en un sens de la métaphysique que tout le monde la fait ou personne, ou pour parler plus exactement, que tout le monde ignore celle que tout le monde ne peut savoir. [...] Le vrai en métaphysique ressemble au vrai en matière de goût ; c'est un vrai dont tous les esprits ont le germe en eux-mêmes, auquel la plupart ne font point d'attention, mais qu'ils reconnaissent dès qu'on le leur montre ».

34 Madame Du Châtelet, *Institutions de physique*, p. 14.

35 De Jaucourt, article « Invention » in *Encyclopédie*, t. VIII, 1765, 848 : « Ainsi les hommes heureusement nés, qui ont eu une parfaite connaissance de la mécanique, ont profité des esquisses grossières des premières inventions, et les ont portées peu à peu par leur *sagacité* au degré de perfection où nous les voyons aujourd'hui » (nous soulignons le terme).

36 Voir ci-dessus le chapitre III sur la sagacité et la flexibilité de l'esprit.

37 D'Alembert, article « Découverte » in *Encyclopédie*, t. IV, 1754, 706.

Cette métaphore du manouvrier et de l'architecte est l'objet de discussions intertextuelles entre D'Alembert et Diderot : Diderot valorisant au contraire le manouvrier face à l'orgueilleux architecte[38]. Dans le *Discours préliminaire de l'Encyclopédie*, en 1751, D'Alembert avait déjà utilisé cette métaphore de l'architecte pour insister sur la nécessaire complémentarité des deux démarches expérimentale et rationnelle en disant :

> Que dirait-on d'un architecte qui ayant à élever un édifice immense, passerait toute sa vie à en tracer le plan ; ou d'un curieux qui se proposant de parcourir un vaste palais, emploierait tout son temps à en observer l'entrée[39] ?.

Diderot lui répond dans les *Pensées sur l'Interprétation de la nature* en 1753 mais en inversant le sens de la métaphore de l'architecte et du manouvrier, il l'oriente en faveur de la philosophie expérimentale, c'est la philosophie rationnelle qui s'écroule sous les coups de butoir de cette dernière :

> Recueillir et lier les faits, ce sont deux occupations bien pénibles ; aussi les philosophes les ont-ils partagées entre eux. Les uns passent leur vie à rassembler des matériaux, manœuvres utiles et laborieux ; les autres, orgueilleux architectes, s'empressent à les mettre en œuvre. Mais le temps a renversé jusqu'aujourd'hui presque tous les édifices de la philosophie rationnelle. Le manœuvre poudreux apporte tôt ou tard, des souterrains où il creuse en aveugle, le morceau fatal à cette architecture élevée à force de tête ; elle s'écroule ; et il ne reste que des matériaux confondus pêle-mêle, jusqu'à ce qu'un autre génie téméraire en entreprenne une combinaison nouvelle[40].

L'article « Découverte » de 1754 est donc une réponse de D'Alembert à cette inversion de Diderot : il remet la métaphore à l'endroit, c'est à l'architecte que revient le mérite de la construction de la science. Ce qu'on sait moins est que cette métaphore en réalité vient de la Marquise qui se place du côté de l'architecte mais avec modestie :

> La physique est un bâtiment immense, qui surpasse les forces d'un seul homme ; les uns y mettent une pierre, tandis que d'autres bâtissent des ailes entières, mais tous doivent travailler sur les fondements solides qu'on a

38 Diderot, *Pensées sur l'Interprétation de la nature* in *Œuvres philosophiques*, Paris, Garnier, 1964, § XXI, p. 191-192, voir aussi § XXIII, p. 192-193.

39 D'Alembert, *Discours préliminaire de l'Encyclopédie*, Paris, Vrin, 1984, p. 63.

40 Diderot, *Pensées sur l'Interprétation de la nature* in *Œuvres philosophiques*, Paris, Garnier, 1964, § XXI, p. 191-192

> donnés à cet édifice dans le dernier siècle, par le moyen de la géométrie, et des observations ; il y en a d'autres qui lèvent le plan du bâtiment, et je suis du nombre de ces derniers[41].

Les exemples de cette influence intellectuelle de la Marquise sur les encyclopédistes sont nombreux. On peut même dire qu'elle contribue à leur formation intellectuelle. Nous avons déjà développé dans le chapitre II sur les *Institutions de physique*, deux exemples de cette formation, à propos de l'art de conjecturer repris par D'Alembert dans les *Éléments de philosophie* et du rôle des hypothèses : l'article « Hypothèse » reprend mot à mot certains passages du chapitre IV des *Institutions de physique*[42]. Un autre exemple de cette formation intellectuelle des encyclopédistes par la Marquise concerne la critique de l'argument d'autorité. Certes cette critique avait été auparavant faite par Pascal mais la Marquise joint ses forces à celles de Pascal pour mettre en question – et ce point sera bien noté par D'Alembert – le scientifique intouchable de l'époque, à savoir Newton. En ce sens, D'Alembert est autant l'héritier de Pascal que de la Marquise à propos de l'argument d'autorité : celui-ci n'a aucune place en science. Dans la *Préface au Traité du vide*, Pascal distingue les droits séparés de l'autorité et de la raison selon les matières que l'on étudie : en théologie et dans les matières où l'on cherche seulement à savoir ce que les auteurs ont écrit, l'autorité doit prévaloir, en revanche dans les matières où l'on cherche à connaître la nature, l'autorité est inutile[43]. En science, la raison et l'expérience s'imposent. Pascal vise ainsi à renverser l'argument d'autorité au profit de la seule fécondité du raisonnement et de l'expérience. Il cherche à assigner les limites strictes du pouvoir de la raison et de la preuve expérimentale. Il organise dans son argumentation une confrontation entre les droits et les pouvoirs de l'esprit humain qui ne cesse d'accroître ses connaissances, et la nature qu'il considère comme

41 Madame Du Châtelet, *Institutions de physique*, Avant-propos, p. 12.

42 Rappelons ici que la comparaison entre l'article « Hypothèse » de l'*Encyclopédie* et le chapitre IV des *Institutions de physique* a été soigneusement étudiée par Koffi Maglo dans son article « Mme du Châtelet, l'*Encyclopédie*, et la philosophie des sciences » in *Émilie du Châtelet, éclairages et documents nouveaux*, p. 255-260.

43 Pascal, *Préface au Traité du vide* in *Œuvres complètes*, Paris, Seuil, 1962, p. 230 : « l'autorité y est inutile ; la raison seule a lieu d'en connaître. Elles ont leurs droits séparés : l'une avait tantôt tout l'avantage ; ici l'autre règne à son tour. Mais comme les sujets de cette sorte sont proportionnés à la portée de l'esprit [...] sa fécondité inépuisable produit continuellement, et ses inventions peuvent être tout ensemble sans fin et sans interruption ».

immuable. S'il y a progrès dans les connaissances, c'est parce que les faits et les expériences se multiplient. L'autorité n'a donc aucune place en science même si le savant qui fait à mauvais escient autorité pour certains a traversé les siècles. Ainsi même si Aristote affirmait que la nature a horreur du vide, on peut sans le contredire dire le contraire de ce qu'il disait car en réalité il était au berceau du savoir. Comme les modernes disposent de plus d'expériences qu'il en avait, ils peuvent affirmer le contraire, à savoir que le vide existe dans la nature. Si, pour Pascal, le rejet de l'argument d'autorité en science concerne Aristote, pour la Marquise et D'Alembert, ce rejet concerne Newton que certains considèrent comme faisant autorité de manière immodérée.

En effet, la Marquise n'hésite pas à critiquer Newton, par certains aspects de son œuvre. Elle critique notamment l'absurdité de certaines des questions finales de l'*Optique* et surtout elle critique son rejet des hypothèses. Les hypothèses sont nécessaires en physique car elles sont fécondes et heuristiques et obligent les scientifiques à se mettre au travail et à ne pas se contenter de ce qu'ils ont découvert. Par conséquent, Émilie pense que Newton a tort de renoncer à élaborer des hypothèses pour assigner une cause à l'attraction[44].

D'Alembert n'hésite pas lui non plus à critiquer Newton, il a même envisagé de remettre en question sa théorie scientifique à propos du problème des trois corps. Rappelons ici que le calcul de l'apogée et du périgée de la Lune qui plongea Clairaut, D'Alembert et Euler dans la controverse du problème des trois corps, était au départ en désaccord avec la théorie newtonienne de l'attraction, jusqu'à ce que les trois savants découvrent chacun leur erreur et réhabilitent la théorie newtonienne. Ce qui se joue derrière cette controverse, c'est le refus de considérer l'œuvre newtonienne comme un système clos et auto-suffisant. Ce refus s'accompagne de la conviction que le savoir est en mouvement et qu'il faut laisser libre cours à l'errance inventive et à l'invention effective même si celle-ci contredit des grands noms. D'Alembert, à la suite de

44 Émilie du Châtelet, *Institutions de physique*, p. 9 : « aussi rien n'est-il plus capable de retarder les progrès des sciences que de vouloir les en bannir, et de se persuader que l'on a trouvé le grand ressort qui fait mouvoir toute la nature, car on ne cherche point une cause que l'on croit connaître, et il arrive par là que l'application des principes géométriques de la mécanique aux effets physiques, qui est très difficile et très nécessaire, reste imparfaite, et que nous nous trouvons privés des travaux et des recherches de plusieurs beaux génies qui auraient peut-être été capables de découvrir la véritable cause des phénomènes ».

la Marquise, rejette tout argument d'autorité en science y compris celui qui a pour nom Newton. La lettre à M.*** qu'il écrit en réponse au discours du Prince Louis Gonzaga di Castiglione prononcé à la Société Royale de Londres est de ce point de vue tout à fait significative :

> L'objet du discours dont il s'agit ici est de sacrifier les géomètres français au grand Newton (qui n'a pas besoin pour être grand qu'on lui sacrifie personne) et de faire entendre que nos mathématiciens n'ont fait que mettre en calcul ce que Newton avait déjà trouvé avant eux, ou ce qu'il n'a pas cru digne d'être développé dans son livre des Principes ; cet ouvrage selon l'auteur du discours, n'a laissé aux siècles suivants que l'honneur de le commenter[45].

Prenant alors la défense des géomètres français, D'Alembert énumère les progrès qui leur sont dus et cite notamment le problème des trois corps. D'Alembert rejoint tout à fait Émilie du Châtelet quand elle dit qu'on se rend compte, en étudiant l'histoire des sciences, que les découvertes scientifiques surviennent après de longues périodes d'essais et d'erreurs et que même les hypothèses qui ont conduit vers de fausses routes ou des impasses sont positives en ce qu'elles indiquent de nouvelles voies à explorer. D'un point de vue collectif, la science se construit à partir d'hypothèses et d'erreurs rectifiées, et du point de vue individuel, on ne trouve souvent un chemin fécond qu'après s'être égaré et avoir tâtonné longtemps. D'Alembert reprend cette idée en distinguant l'ordre d'invention qui est l'ordre d'exposition d'une découverte et la démarche réelle et effective des inventeurs qui est chaotique et faite de soubresauts. En aucun cas, la démarche réelle des inventeurs ne peut s'ériger en méthode ni se confondre avec un art universel de découvrir. Ce n'est que rétrospectivement qu'on peut reconstituer (mais il s'agit en réalité d'une constitution de la découverte dans une histoire ordonnée des faits) la démarche de l'inventeur, par la distinction d'étapes et par la mise en lumière d'un ordre d'invention. En d'autres termes, l'ordre d'invention est un ordre inventé par les encyclopédistes, par les philosophes des sciences et par les épistémologues. Mais cet ordre d'invention, s'il est artificiel, n'en est pas moins utile en ce qu'il permet une meilleure communication du savoir par l'organisation des connaissances en une suite logique des faits scientifiques plus facile à mémoriser qu'une simple énumération :

45 D'Alembert, *Correspondance inédite de D'Alembert avec Cramer, Lesage, Clairaut, Turgot, Castillon, Béguelin, etc.*, Paris, Gauthier-Villars, 1885, p. 95.

> doit-on suivre, en traitant les *éléments*, l'ordre qu'ont suivi les inventeurs ? Il est d'abord évident qu'il ne s'agit point ici de l'ordre que les inventeurs ont pour l'ordinaire réellement suivi, et qui était sans règle et quelquefois sans objet, mais de celui qu'ils auraient pu suivre en procédant avec méthode. On ne peut douter que cet ordre ne soit en général le plus avantageux à suivre ; parce qu'il est le plus conforme à la marche de l'esprit, qu'il éclaire en instruisant, qu'il met sur la voie pour aller plus loin, et qu'il fait pour ainsi dire pressentir à chaque pas celui qui doit le suivre[46].

L'ordre encyclopédique permet d'accroître la complexité du savoir par diminution des effets de redondance par les renvois d'un article à d'autres articles, ce qui évite la répétition des mêmes informations. Cette complexification est un enrichissement structurel et fonctionnel du savoir. Elle résulte d'une succession de désordres rattrapés et compensés aboutissant finalement à plus de souplesse et plus de variété dans la présentation des sciences et des arts et dans leur transmission. D'Alembert[47] et Diderot[48] insistent sur la nécessité de rendre la philosophie populaire. Ils pensent la communication du savoir comme la condition de sa reproduction mais aussi comme la condition de l'accroissement de sa capacité reproductive, ce qui implique l'intégration permanente des inventions et des nouvelles informations dans des ouvrages encyclopédiques. En ce sens, la fin de l'*Encyclopédie*, c'est sa fin ; et, plus précisément, la fin de l'*Encyclopédie* c'est la fin d'un état simple du savoir, c'est-à-dire l'évolution vers un état plus complexe. Or ce qui est très intéressant dans cette évolution du savoir, c'est que le désordre réel de l'esprit humain crée cette dynamique de progrès réordonnée dans une histoire des sciences qui tend à réduire ce désordre réel. L'ordre d'invention est produit par le désordre réel, ou ce que la Marquise du Châtelet appelle l'obligation d'errer, le droit à l'errance, qui est aussi un droit à l'erreur. Le désordre produit l'ordre ; l'obligation d'errer ou l'errance inventive produit le

46 D'Alembert, article « Éléments des sciences » in *Encyclopédie*, V, 1755, p. 492.

47 D'Alembert, article « Éléments des sciences », p. 494 : « On ne saurait [...] rendre la langue de chaque science trop simple, et pour ainsi dire trop populaire ; non seulement c'est un moyen d'en faciliter l'étude, c'est ôter encore un prétexte de la décrier au peuple, qui s'imagine ou qui voudrait se persuader que la langue particulière d'une science en fait tout le mérite, que c'est une espèce de rempart inventé pour en défendre les approches : les ignorants ressemblent en cela à ces généraux malheureux ou malhabiles, qui ne pouvant forcer une place se vengent en insultant les dehors ».

48 Diderot, *Pensées sur l'Interprétation de la nature* in *Œuvres philosophiques*, XL, p. 216 : « Hâtons-nous de rendre la philosophie populaire ».

cheminement méthodique. Mais au commencement était le chaos. En effet, quand D'Alembert, dans le *Discours Préliminaire de l'Encyclopédie*, se réfère aux progrès de l'esprit humain, on est frappé par le caractère visuel de sa description de la démarche tâtonnante de l'esprit :

> Pressé par ses besoins et par ceux du corps auquel il est uni, il étudie d'abord les premiers objets qui se présentent à lui ; pénètre le plus avant qu'il peut dans la connaissance de ces objets ; rencontre bientôt des difficultés qui l'arrêtent, et soit par l'espérance ou même par le désespoir de les vaincre, se jette dans une nouvelle route ; revient ensuite sur ses pas ; franchit quelquefois les premières barrières pour en rencontrer de nouvelles ; et passant rapidement d'un objet à un autre, fait sur chacun de ces objets à différents intervalles et comme par secousses, une suite d'opérations dont la discontinuité est un effet nécessaire de la génération même de ses idées. Mais ce désordre, tout philosophique qu'il est de la part de l'esprit, défigurerait, ou plutôt anéantirait entièrement un arbre encyclopédique dans lequel on voudrait le représenter[49].

L'errance inventive de l'esprit magnifiquement décrite dans ce texte s'inscrit dans le sillage du chapitre IV des *Institutions de physique* de Madame du Châtelet que D'Alembert connaît bien, comme le montre l'influence qu'a exercée cet ouvrage sur sa réflexion non seulement sur l'invention mais aussi sur les hypothèses et l'art de conjecturer. D'Alembert a fait sienne la ligne forte de la philosophie d'Émilie du Châtelet, à savoir « que c'est aux hypothèses successivement faites et corrigées que nous sommes redevables des belles et sublimes connaissances dont l'astronomie et les sciences qui en dépendent sont à présent remplies[50] ». Ce que montre avec beaucoup d'habileté la Marquise dans son chapitre sur les hypothèses est qu'à l'origine des théories scientifiques il y a une indétermination voire une contradiction qu'il faut résoudre en risquant une idée, ce qui fait d'elle une hypothèse. Elle prend, pour illustrer ce point, l'exemple de l'anneau de Saturne. Huygens proposa cette idée qui lui paraissait résoudre les différentes apparences de Saturne :

> Celle d'un anneau réussit si bien, que par son moyen, non seulement on rend raison des apparences, mais on prédit encore les phases de cet anneau avec précision. Cet accord entre l'hypothèse et les observations ont enfin converti cette supposition de M. Huyghens en certitude, et l'on ne doute plus à présent

49 D'Alembert, *Discours préliminaire de l'Encyclopédie* (titre abrégé par la suite en *D.P.E.*), Paris, Vrin, 1984, p. 58-59.
50 Émilie du Châtelet, *Institutions de physique*, p. 79.

que cet anneau ne soit très réel : ainsi, les hypothèses nous ont valu cette belle découverte de l'anneau de Saturne[51].

Mais une hypothèse scientifique même transformée en certitude reste toujours révocable si un fait nouveau vient la contredire, c'est une de ses caractéristiques. C'est pourquoi il faut ajouter à la sagacité de l'esprit la flexibilité et il s'agit, non d'une fluctuation de l'âme, mais d'une flexibilité réfléchie inhérente à la pratique scientifique et au doute que l'on doit toujours exercer quand une proposition scientifique est perturbée par une nouvelle expérience[52]. Pour Madame du Châtelet, la condition d'une bonne hypothèse est le principe de raison suffisante :

> « La première de toutes est qu'elle ne soit pas en contradiction avec le principe de la raison suffisante, ni avec ceux qui servent de fondement à nos connaissances[53] ».

Ici il y a une petite variation dans l'article « Hypothèse » de l'*Encyclopédie* qui dit :

> Il faut que l'*hypothèse* ne soit en contradiction avec aucun des premiers principes qui servent de fondement à nos connaissances[54].

Le principe de la raison suffisante n'est plus mentionné. Il est vrai que dans l'argumentation de Madame du Châtelet, le principe qu'on pourrait qualifier de raison suffit si l'on peut dire :

> Quand on fait une hypothèse ; on doit avoir des raisons pour préférer la supposition sur laquelle elle est fondée, à toute autre supposition ; car sans cela on débite des chimères, et des principes précaires qui n'ont aucun fondement[55].

Ce pourrait bien être D'Alembert qui choisit de faire cette variante dans l'article « Hypothèse », lui qui, dans ses différentes tentatives de démontrer le principe d'inertie, utilise implicitement le principe de raison[56].

---

51 *Ibid.*, p. 80.

52 *Ibid.*, p. 84 : « Une expérience ne suffit pas pour admettre une hypothèse, mais une seule suffit pour la rejeter lorsqu'elle lui est contraire ».

53 *Ibid.*, p. 82.

54 Article « Hypothèse » in *Encyclopédie*, VIII, 1765, p. 417.

55 Émilie du Châtelet, *Institutions de physique*, p. 87.

56 Voir, sur ce point, Véronique Le Ru, *D'Alembert philosophe*, Paris, Vrin, 1994, p. 52-53.

On peut relever, dans l'*Encyclopédie*, deux exemples de la flexibilité de l'esprit qu'il faut joindre à la sagacité, à propos du traitement des notions de l'espace et du temps dans les *Institutions de physique* et dans leur reprise dans l'*Encyclopédie*. Voici les deux versions des textes sur l'espace :

> *Institutions de physique*, p. 90 : « La question sur la nature de l'espace est une des plus fameuses qui ait partagé les philosophes anciens et modernes ; aussi est-elle une des plus essentielles par l'influence qu'elle a sur les plus importantes vérités de physique et de métaphysique ».
>
> *Espace*, V, 949 : « La question sur la nature de l'espace est une des plus fameuses qui ait partagé les philosophes anciens et modernes ; aussi est-elle, selon plusieurs d'entre eux, une des plus essentielles, par l'influence qu'elle a sur les plus importantes vérités de métaphysique ».

Koffi Maglo[57] note que les deux petites variations (ajout de *selon plusieurs d'entre eux* et suppression *de physique*) montrent à quel point Formey, l'auteur de l'article, pouvait recopier l'ouvrage de la Marquise tout en l'actualisant : il fait de la controverse sur l'espace une question uniquement métaphysique et la relativise à certains philosophes. Il est vrai que cette controverse explicitée dans la correspondance entre Samuel Clarke et Leibniz concerne à l'époque principalement Leibniz et Newton : l'espace est-il, à l'instar du temps, tenu pour un ordre de succession, une notion relative, à savoir un ordre des coexistants, comme le veut Leibniz ? Ou est-il, à l'instar de la notion de temps, une notion absolue, une forme *a priori* de la sensibilité de Dieu comme le veut Newton qui fait de l'espace absolu et du temps absolu des *sensoria Dei*. D'Alembert, à la suite de Formey, rédige la conclusion de l'article « Espace », et renchérit sur le fait que la question ne concerne pas la physique et n'est pas si importante que cela, et renvoie à son article « Éléments des sciences » où il soutient que les idées simples comme l'espace et le temps sont indéfinissables, seules les idées composées, comme le mouvement qui fait intervenir deux notions simples d'espace et de temps, doivent être définies[58]. Cependant, si l'article « Espace » de Formey reprend de larges extraits des *Institutions de physique*, c'est en raison de la très bonne argumentation d'Émilie du Châtelet contre la

57 Koffi Maglo dans son article « Mme du Châtelet, l'*Encyclopédie*, et la philosophie des sciences » in *Émilie du Châtelet, éclairages et documents nouveaux*, p. 260.

58 Voir, sur ce point, Véronique Le Ru, *D'Alembert philosophe*, I, chapitre 7 sur la théorie de la définition.

conception newtonienne de l'espace absolu, qui serait un être superfétatoire créé par Dieu, puisqu'il n'a aucune fonction physique ; par conséquent, il dérogerait au principe de raison suffisante[59]. Pour l'article « Temps », Formey commence par présenter les différentes conceptions du temps (Locke, Aristote, Épicure, puis le temps absolu sans mention de Newton) et les deux tiers suivants de l'article constituent une reprise du chapitre VI sur le temps des *Institutions de physique*, où de nouveau Émilie du Châtelet critique la conception newtonienne du temps absolu comme contraire au principe de raison suffisante[60]. L'article « Mouvement » reprend lui aussi des extraits des *Institutions de physique* et notamment la mention du principe de raison suffisante à propos de la deuxième loi (loi de la force imprimée) et de la troisième loi de Newton (loi de l'action et de la réaction)[61]. D'Alembert a certainement relu cet article et n'y a vu aucune variation ni ajout à faire, lui qui se sert aussi du principe de raison dans ses démonstrations des principes de la mécanique. Tout ceci nous fait voir que les *Institutions de physique* d'Émilie du Châtelet étaient aussi connues et appréciées des encyclopédistes que sa traduction et son commentaire de Newton. L'ouvrage de physique de Madame du Châtelet constitue une référence très utilisée dans la partie scientifique de l'*Encyclopédie* et le directeur de cette partie, D'Alembert, apprécie et entérine visiblement ces emprunts à la physique de la Marquise.

Du reste, dans le *Discours Préliminaire de l'Encyclopédie*, D'Alembert reprend la conception de l'évolution des sciences d'Émilie du Châtelet : les connaissances sont dues aux hypothèses successivement faites et corrigées, ce qui est une manière forte de dire que la physique cartésienne doit

59 *Institutions de physique*, p. 93-94 : « on ne peut se dispenser d'avouer que M. de Leibniz avait raison de bannir l'espace absolu de l'univers, et de regarder l'idée que quelques philosophes croient en avoir comme une illusion de l'imagination [...] si l'espace est un être réel et subsistant sans les corps [...] il est indifférent dans quel endroit de cet espace similaire on les place, pourvu qu'ils conservent le même ordre entre eux ; ainsi il n'y aurait point eu de raison suffisante pourquoi Dieu aurait placé l'univers dans la place où il est maintenant, plutôt que dans tout autre ».

60 *Institutions de physique*, p. 114-115 : « si le temps est un être absolu qui consiste dans un flux uniforme, la question pourquoi Dieu n'a pas créé le monde six mille ans plus tôt ou plus tard, devient réelle, et force à reconnaître qu'il est arrivé quelque chose sans raison suffisante ; car la même succession des êtres de l'univers étant conservée, Dieu pouvait faire commencer le monde plus tôt ou plus tard, sans y causer le moindre dérangement ».

61 Koffi Maglo montre l'identité des deux textes sur la deuxième et troisième loi dans son article « Mme du Châtelet, l'*Encyclopédie*, et la philosophie des sciences » in *Émilie du Châtelet, éclairages et documents nouveaux*, p. 263.

désormais faire place à la physique newtonienne qui est pour l'instant celle qui est la plus reconnue, grâce au calcul qui permet de l'étayer :

> cette démonstration [de la gravitation des planètes] qui n'appartient qu'à lui, fait le mérite réel de sa découverte ; et l'attraction sans un tel appui serait une hypothèse comme tant d'autres[62].

Mais cela ne veut pas dire que la théorie de l'attraction est un système gravé dans le marbre, D'Alembert va même supposer : « Si le newtonianisme venait à être détruit de nos jours[63] ».

On retrouve ici la proposition de la Marquise que les sciences progressent par une série d'hypothèses rectifiées.

Ce qu'on peut retenir de la réception de l'œuvre d'Émilie du Châtelet juste après sa mort est qu'elle fut d'autant plus importante qu'Émilie appartient à deux générations, elle fait partie, avec Maupertuis et Voltaire, des newtoniens militants qui ont combattu pour imposer l'attraction newtonienne, mais sa version analytique des démonstrations géométriques de Newton dans sa traduction et son commentaire des *Principia mathematica*, la range dans la nouvelle génération de scientifiques aux côtés d'Euler, de D'Alembert et de Clairaut. Comme le remarque Koffi Maglo :

> son indépendance d'esprit la situe tout aussi bien dans le même espace épistémologique que la génération de techniciens et d'innovateurs tels que D'Alembert, Euler et Clairaut qui n'ont accepté les idées newtoniennes qu'avec beaucoup de distance et les ont développées, sans la moindre gêne, avec les outils analytiques leibniziens[64].

En conclusion, ce que les scientifiques les plus éminents de l'époque retiennent d'Émilie du Châtelet, c'est qu'il faut imiter la sagacité et la flexibilité de l'esprit dont elle a su faire preuve tout au long de sa vie.

---

62 D'Alembert, *Discours Préliminaire de l'Encyclopédie*, Paris, reprise de la 3e éd. de 1763 par Vrin, 1984, p. 101.

63 *Ibid.*, p. 111.

64 Koffi Maglo dans son article « Mme du Châtelet, l'*Encyclopédie*, et la philosophie des sciences » in *Émilie du Châtelet, éclairages et documents nouveaux*, p. 265.

LA POSTÉRITÉ SOUTERRAINE DE L'ŒUVRE SCIENTIFIQUE D'ÉMILIE DU CHÂTELET

Les *Institutions de physique* ont exercé une grande influence dans toute l'Europe savante : en Italie (traduction de l'ouvrage dès 1743 et élection de la Marquise à l'Institut de Bologne en 1746), en Allemagne (traduction de l'ouvrage dès 1743 et élection de la Marquise à la République des Lettres en 1745[1]) et en France par le biais des articles de l'*Encyclopédie* dont la portée et la diffusion sont au moins européennes. Si en Allemagne et en Italie, le nom d'auteur de Madame du Châtelet est bien explicité, en revanche dans l'*Encyclopédie*, la référence au nom de l'auteur est souvent implicite et parfois absente[2]. Ce constat autorise à parler d'une postérité souterraine de l'œuvre de Madame du Châtelet : on s'approprie ses conceptions sans savoir qu'elle en est l'inventrice. Nous développerons trois exemples de cette postérité souterraine manifeste dans certaines conceptions d'Henri Poincaré, de Claude Bernard et de Gaston Bachelard.

Le premier exemple est la métaphore du manouvrier et de l'architecte qu'on attribue à Diderot et à D'Alembert dans leur discussion sur l'articulation de la philosophie expérimentale et de la philosophie rationnelle. On ignore bien souvent que la Marquise en est l'instigatrice

1 Voir l'article de John Iverson, « A female member of the Republic of Lettres : Du Châtelet's portrait in the Bilder-Sal [...] berümhter Schrifftsteller », in *Émilie du Châtelet : rewriting Enlightenment philosophy and science*, Oxford, Voltaire Foundation, *Studies on Voltaire and the eighteenth century* (SVEC), 1, 2006, p. 35-64.

2 Les *Institutions de physique* ont été recopiées dans l'*Encyclopédie*, sur ce point, voir Sonia Carboncini, « L'*Encyclopédie* et Christian Wolff. À propos de quelques articles anonymes », in *Les Études philosophiques*, 4, 1987 : les articles « Possible » et « Impossible » sont des reprises littérales des *Institutions de Physique* sans qu'Émilie du Châtelet ne soit mentionnée. L'article « Suffisante raison » notamment est un article assez long et repris mot à mot du chapitre I sur les principes des *Institutions de Physique*. Charles Bonnet l'avait déjà remarqué, il souligne qu'on ne la cite nulle part et que l'auteur de l'article ne met point de guillemets, voir note 73, p. 503 de l'article de Sonia Carboncini.

dans l'Avant-propos des *Institutions de physique*[3]. Or il est intéressant de noter qu'Henri Poincaré dans *La science et l'Hypothèse* reprend cette métaphore des pierres et du plan de l'édifice : un tas de pierres ne fera jamais une maison[4]. Il est peu probable qu'il ait lu directement Émilie du Châtelet, en revanche il a certainement lu le *Discours Préliminaire de l'Encyclopédie* de D'Alembert (qui fut et est toujours régulièrement au programme des concours scientifiques), ainsi que les articles épistémologiques de l'*Encyclopédie* tels les articles « Découverte », « Hypothèse », « Éléments des sciences », « Espace », « Mouvement », « Temps » et les articles relatifs à la mécanique, tous marqués, on l'a vu, de l'empreinte de la philosophie d'Émilie du Châtelet. Or, dans La *Science et l'hypothèse*, Poincaré se livre à un examen critique des principes de la mécanique classique et des concepts mathématiques et appelle à ne pas considérer comme réels de nombreux artefacts de la physique de son époque : le temps absolu, l'espace absolu, l'importance de l'éther. C'est aussi dans cet ouvrage qu'il s'interroge sur les principes métaphysiques de simplicité et d'unité qu'il réfère à des tendances de l'esprit humain et qu'il oppose aux tendances à la complexité et à la diversité qui résultent des progrès de l'observation et des théories. Enfin, dans le chapitre qu'il consacre aux hypothèses en physique, il insiste, comme le faisait déjà Madame du Châtelet, sur le caractère positif de l'invalidation d'une hypothèse par l'expérience : de même que, selon Émilie du Châtelet, il faut se décider à prendre l'un des chemins possibles même si celui-ci mène à une impasse, car il indique alors la voie à ne pas suivre et les autres voies de découverte possibles, de même Henri Poincaré fait l'éloge de l'hypothèse renversée :

> Si la vérification ne se fait pas, c'est qu'il y a quelque chose d'inattendu, d'extraordinaire ; c'est qu'on va trouver de l'inconnu et du nouveau. L'hypothèse renversée a-t-elle donc été stérile ? Loin de là, on peut dire qu'elle a rendu plus de services qu'une hypothèse vraie[5].

3 *Institutions de physique*, p. 12 : « La physique est un bâtiment immense, qui surpasse les forces d'un seul homme ; les uns y mettent une pierre, tandis que d'autres bâtissent des ailes entières, mais tous doivent travailler sur les fondements solides qu'on a donnés à cet édifice dans le dernier siècle, par le moyen de la géométrie, et des observations ; il y en a d'autres qui lèvent le plan du bâtiment, et je suis du nombre de ces derniers ».

4 Henri Poincaré, *La Science et l'hypothèse*, Paris, Champs Flammarion, 1968, p. 158 : « Le savant doit ordonner ; on fait la science avec des faits comme une maison avec des pierres ; mais une accumulation de faits n'est pas plus une science qu'un tas de pierres une maison ».

5 *Ibid.*, p. 165.

Les grandes lignes de force de la réflexion de Poincaré ont pu être inspirées des lectures des articles de l'*Encyclopédie* ci-dessus mentionnés et donc d'Émilie du Châtelet, notamment de l'article « Hypothèse » dont Poincaré dans son chapitre sur les hypothèses en physique reprend les références : Descartes, Newton, Kepler, Tycho, et dont il adopte aussi le recours à la probabilité. L'article « Hypothèse » dit en effet :

> Les véritables causes des effets naturels et des phénomènes que nous observons, sont souvent si éloignés des principes sur lesquels nous pouvons nous appuyer, et des expériences que nous pouvons faire, qu'on est obligé de se contenter de raisons probables pour les expliquer. Les probabilités ne sont donc pas à rejeter dans les sciences ; il faut un commencement dans toutes les recherches, et ce commencement doit presque toujours être une tentative très imparfaite, et souvent sans succès[6].

Poincaré écrit à son tour :

> De ce peu que nous pouvons directement atteindre, il faut tirer le meilleur parti ; il faut que chaque expérience nous permette le plus grand nombre possible de prévisions et avec le plus haut degré de probabilité qu'il se pourra[7].

Émilie du Châtelet insistait elle aussi sur le plus haut degré de probabilité qu'une hypothèse puisse atteindre et corollairement sur sa fragilité :

> Ainsi, quand on fait une hypothèse, on doit déduire toutes les conséquences qui peuvent en être légitimement déduites, et les comparer ensuite avec l'expérience ; car s'il arrive que toutes ces conséquences soient confirmées par les expériences, la probabilité acquiert son plus haut degré : mais s'il y en a une seule à laquelle elles soient contraires, on doit rejeter, ou l'hypothèse entière, si cette conséquence est une suite de l'hypothèse entière, ou cette partie de l'hypothèse dont elle est une suite nécessaire[8].

Poincaré reprend cette idée en notant que cette fragilité de l'hypothèse en fait aussi sa force ; c'est parce qu'elle est testable que l'hypothèse est scientifique :

> Si solidement assise que puisse nous paraître une prévision, nous ne sommes jamais sûrs *absolument* que l'expérience ne la démentira pas, si nous entreprenons de la vérifier. Mais la probabilité est souvent assez grande pour que

6 Article « Hypothèse » in *Encyclopédie*, VIII, 1765, p. 417, le passage cité reprend les § 53 et 54 du chapitre IV des *Institutions de Physique*, p. 74-75.

7 Henri Poincaré, *La Science et l'hypothèse*, p. 160.

8 Chapitre IV des *Institutions de Physique*, p. 86.

> pratiquement nous puissions nous en contenter. Mieux vaut prévoir sans certitude que de ne pas prévoir du tout[9].

Un autre lien peut être fait entre Henri Poincaré et Émilie du Châtelet, c'est leur réflexion sur l'invention. Henri Poincaré, dans sa conférence sur l'invention mathématique prononcée en 1908 devant la Société de Psychologie[10], insiste sur l'errance inventive qui lui est inhérente. La part qu'il fait à la fulgurance intellectuelle mais aussi à l'égarement nécessaire n'est pas sans rappeler l'obligation de faire des hypothèses en science et le devoir d'errer inhérent à la recherche scientifique que développe Madame du Châtelet dans son chapitre IV sur les hypothèses dans les *Institutions de physique.* Elle montre qu'en science, il faut, pour inventer, être parfaitement instruit de la science de son temps afin de pouvoir prendre une voie déconcertante qui dit non aux insuccès ou aux échecs des méthodes et normes acquises : ainsi, sur trois chemins qui s'offrent à l'investigation si deux ne mènent nulle part, on peut espérer que le troisième mène à bon port.

Henri Poincaré ne dit pas autre chose. Remuer, agiter, estimer et choisir : tels sont les rythmes du processus mental d'invention, mouvement fébrile et chaotique des idées ou atomes crochus qui se heurtent, se bousculent et finissent par prendre forme en une combinaison stable d'éléments reproductibles : alors seulement on peut se donner un rythme propre dans l'exposition du problème, sérier les degrés de difficulté, les ordonner et les présenter dans un raisonnement qui sollicite la coopération des pairs, qui emporte leur adhésion, afin d'être validé par la communauté scientifique.

Pour Poincaré, inventer, c'est discerner, c'est choisir, parmi un grand nombre de combinaisons d'éléments, celles qui sont utiles et fécondes. Il souligne que les plus fécondes sont souvent celles qui sont formées d'éléments empruntés à des domaines très éloignés ou à des couches de conscience très différentes :

> une première hypothèse se présente à nous ; le moi subliminal n'est nullement inférieur au moi conscient : il n'est pas purement automatique, il est capable

9 Henri Poincaré, *La Science et l'hypothèse*, p. 160.

10 Le texte de cette conférence est paru dans le numéro 3 du *Bulletin de l'Institut général de psychologie* en 1908 puis a été intégré dans le chapitre 3 sur l'invention mathématique du Livre I de l'ouvrage de Poincaré, *Science et méthode*, Paris, Flammarion, 1940, p. 43-63, ouvrage qui nous sert de référence ici.

de discernement, il a du tact, de la délicatesse ; il sait choisir, il sait deviner, que dis-je ? Il sait mieux deviner que le moi conscient, puisqu'il réussit là où celui-ci avait échoué. En un mot le moi subliminal n'est-il pas supérieur au moi conscient[11] ?.

Poincaré avoue qu'il a du mal à répondre, aussi préfère-t-il proposer la voie de la coopération des différentes couches de l'intelligence dans la sensibilité :

> Et cela est encore très mystérieux. Quelle est la cause qui fait que parmi les mille produits de notre activité inconsciente, il y en a qui sont appelés à franchir le seuil tandis que d'autres restent en deçà ? Est-ce un simple hasard qui leur confère ce privilège ? Évidemment non ; parmi toutes les excitations de nos sens, par exemple, les plus intenses seules retiendront notre attention, à moins que cette attention n'ait été attirée sur elles par d'autres causes. Plus généralement, les phénomènes inconscients privilégiés, ceux qui sont susceptibles de devenir conscients, ce sont ceux qui, directement ou indirectement, affectent le plus profondément notre sensibilité[12].

La coopération de différentes couches inconscientes et conscientes de l'intelligence favorise la diversité et la pluralité des combinaisons d'idées et des représentations auxiliaires qui facilitent la saisie des éléments reproductibles. Mais ce constat ne doit pas s'accompagner d'une hiérarchisation des couches de l'intelligence : l'inconscient coopère avec le conscient pour fournir à l'intelligence les combinaisons susceptibles d'être fécondes et utiles, et cette coopération se fait sur fond de sensibilité ou de perception.

Émilie du Châtelet, dans son attention aux petites perceptions et au rêve, ne trouverait rien à redire à cette coopération de couches de l'intelligence sur fond de perception :

> Nous ne pouvons avoir à la vérité une représentation claire que des changements les plus marqués, et qui affectent nos organes qu'avec une certaine force ; mais toutes ces représentations existent, quoique notre âme ne les aperçoive point, à cause de leur faiblesse et de leur multiplicité infinie, qui fait qu'il est impossible de les distinguer ; par conséquent, elles n'excitent en nous que des représentations obscures. Qu'une infinité de représentations obscures accompagnent nos idées les plus claires, c'est ce dont nous ne pouvons disconvenir, si nous faisons un peu d'attention sur nous-mêmes[13].

---

11 Henri Poincaré, *Science et méthode*, p. 56.

12 *Ibid.*, p. 57.

13 *Institutions de physique*, p. 145.

Dans le chapitre VII sur les éléments de la matière des *Institutions de physique*, elle prend l'idée toute claire du papier sur lequel elle écrit et de la plume dont elle se sert, pour faire surgir toutes les représentations obscures qui y sont enveloppées et cachées : perceptions de la tissure du papier, de l'arrangement des fibres qui le compose, de la distinction et des différences des fibres[14]. Mêmes nos idées les plus claires, dit-elle, sont nimbées de représentations obscures :

> Ainsi, la représentation totale qui résulte du tout de ce papier est claire ; mais les représentations partiales sont obscures[15].

Le deuxième exemple de postérité souterraine que nous voudrions développer est celui de Claude Bernard. L'héritage d'Émilie du Châtelet s'est certainement fait, comme c'est le cas pour Poincaré, par l'intermédiaire du *Discours Préliminaire de l'Encyclopédie* et des articles de l'*Encyclopédie*. Claude Bernard est donc héritier d'Émilie à son insu, via les articles de l'*Encyclopédie*. Qu'il ait lu les encyclopédistes et notamment l'article « Hypothèse » ne fait aucun doute quand on réfléchit à son œuvre fondée sur l'idée qu'il faut transférer à la médecine la méthode expérimentale de la physique qui a fait ses preuves. La place insigne qu'il accorde aux hypothèses corrobore cette idée d'un héritage souterrain de la Marquise. Claude Bernard définit l'hypothèse comme une idée ailée, ce qui lui confère un double rôle : d'une part, elle permet de bien distinguer deux étapes de la méthode expérimentale, à savoir la constatation du fait polémique initial qui pose problème au savant et, d'autre part, l'élaboration de l'hypothèse qui vient résoudre cette contradiction entre ce qu'on observe et ce qu'on sait[16].

La métaphore de l'idée ailée pour désigner l'hypothèse a pour objet d'opposer empirisme et rationalisme mais aussi de montrer que la science ne peut se faire que par le dépassement de cette opposition vers un état d'équilibre subtil entre empirisme et rationalisme. L'esprit, pour s'envoler, doit prendre appui sur le sol des faits et ce sol garantit sans cesse sa puissance de voler. L'esprit comme l'oiseau ne peut voler que s'il peut se poser :

---

14 *Institutions de physique*, p. 145-146.

15 *Institutions de physique*, p. 146.

16 Claude Bernard, *Principes de la médecine expérimentale*, Paris, Puf, 1947, p. 54.

> Tout le secret de la méthode expérimentale consiste à ne pas laisser l'idée s'envoler, s'égarer, mais toujours la ramener aux faits en lui coupant incessamment les ailes à l'aide des ciseaux de l'expérience[17].

Le lien est ici évident avec le chapitre IV des *Institutions de physique* sur les hypothèses qui met en place la méthode des hypothèses garantie par la vérification expérimentale :

> Une expérience ne suffit pas pour admettre une hypothèse, mais une seule suffit pour la rejeter lorsqu'elle lui est contraire[18].

Mais même une hypothèse infirmée est positive :

> c'est aux hypothèses successivement faites et corrigées que nous sommes redevables des belles et sublimes connaissances[19].

Claude Bernard ne dit pas autre chose quand il reprend l'opposition déjà travaillée par la Marquise entre le systématique et l'expérimentateur :

> Le progrès consiste donc à chercher à détruire la théorie. Le systématique, au contraire, cherche à tout ramener à son système, se croit déshonoré s'il change d'opinion, tandis que l'expérimentateur s'en réjouit. D'ailleurs, une théorie, qui est changée, meurt au champ d'honneur : elle a sollicité des faits nouveaux qui l'ont tuée, mais qui ont fait avancer la science[20].

L'intérêt qu'Émilie du Châtelet trouve à la méthode des hypothèses est de concilier la méthode expérimentale et le principe de raison, elle se sert de l'expérience comme d'un moyen pour évaluer la pertinence d'une hypothèse, et du principe de raison comme d'un moyen pour donner du sens et de l'intelligibilité à l'expérience :

> Les hypothèses doivent donc trouver place dans les sciences, puisqu'elles sont propres à nous faire découvrir la vérité, et à nous donner de nouvelles vues ; car une hypothèse étant une fois posée, on fait souvent des expériences pour s'assurer qu'elle est la bonne, dont on ne se serait jamais avisé sans cela[21].

---

17 *Ibid.*, p. 115.

18 *Institutions de physique*, p. 84.

19 *Ibid.*, p. 79.

20 Claude Bernard, *Principes de la médecine expérimentale*, p. 121.

21 *Institutions de physique*, p. 78.

La méthode des hypothèses par les expérimentations qu'elle suscite propose de nouvelles vues et de nouvelles recherches. Claude Bernard remarque lui aussi que souvent la contre-épreuve nécessaire pour valider ultimement l'hypothèse est le moteur de nouvelles recherches[22].

Ce que partagent Émilie du Châtelet et Claude Bernard, c'est la conviction profonde qu'il faut trouver un accord entre l'hypothèse faite selon le principe de raison, et l'expérience, ce qui veut dire qu'on a obtenu une confirmation de toutes les conséquences de cette hypothèse avec les expériences. Voici ce que dit Claude Bernard quand les étapes de la méthode expérimentale sont respectées :

> Alors on obtient un accord entre l'empirisme et le rationalisme, c'est-à-dire qu'on a un ensemble de notions ou de faits reliés par une idée qui les représente bien, parce que cette idée a été et reste soumise au criterium expérimental[23].

Il faut donc savoir diriger et maîtriser la fougue de l'esprit coursier, son essor :

> Pour nous conduire à la vérité, l'hypothèse comme un coursier fougueux doit être modérée et conduite habilement ; autrement, si elle est déréglée ou mal gouvernée, elle nous mène dans les précipices de l'erreur[24].

La Marquise mettait elle aussi en garde dès l'Avant-Propos contre un usage non contrôlé des hypothèses qui peuvent devenir « le poison de la philosophie quand on les veut faire passer pour la vérité[25] ».

Claude Bernard, s'il n'a probablement pas lu les *Institutions de physique*, a sans doute lu en revanche les *Principia mathematica* de Newton et l'*Exposition abrégée du système du monde* d'Émilie du Châtelet. Dans la brève histoire des sciences qu'elle propose dans l'introduction, elle distingue entre deux sortes de vérité. Kepler a entrevu la force de l'attraction mais n'en est pas l'inventeur proprement dit. Cette distinction engage la question du mérite et la priorité de l'invention ;

22 Claude Bernard, *Introduction à l'étude de la médecine expérimentale*, Paris, Champs Flammarion, rééd. 1984, p. 217-218, voir aussi sur le rôle essentiel de la contre-épreuve, p. 91 : « La contre-épreuve devient donc le caractère essentiel et nécessaire de la conclusion du raisonnement expérimental. Elle est l'expression du doute philosophique porté aussi loin que possible ».

23 Claude Bernard, *Principes de la médecine expérimentale*, p. 115.

24 *Ibid.*, p. 77, voir aussi p. 80.

25 *Institutions de physique*, p. 9.

Émilie du Châtelet distingue soigneusement une vérité seulement entrevue et une vérité démontrée. Ainsi Hooke, à l'instar de Kepler, a supposé qu'une force d'attraction était la cause du mouvement des corps célestes, mais cela n'enlève en rien la gloire et le mérite de Newton :

> Il ne faut pas croire que cette idée jetée au hasard dans le livre de Hooke diminue la gloire de Newton, qui a même eu l'attention d'en faire mention dans son livre de *Systemate mundi.* L'exemple de Hooke et celui de Kepler servent à faire voir quelle distance il y a entre une vérité entrevue et une vérité démontrée, et combien les plus grandes lumières de l'esprit servent peu dans les sciences, quand elles cessent d'être guidées par la géométrie[26].

Cette idée que le travail de l'historien met de l'ordre et de la continuité là où souvent il n'y en a guère, et qu'il doit s'accompagner d'une vision critique et non exclusivement chronologique de l'histoire des sciences, est reprise par Claude Bernard.

Claude Bernard considère la question du mérite et de la priorité de l'invention à partir de la même distinction entre vérité entrevue et vérité démontrée L'invention d'un fait scientifique, explique Claude Bernard, c'est l'invention de son sens :

> Une découverte peut sans doute être faite par plusieurs personnes, bien que d'une manière inconsciente. Mais cependant je dois dire que celui qui découvre est celui qui comprend et qui démontre. Une fois qu'une chose est comprise, elle reste dans la science. C'est comme un individu qui a vu briller quelque chose sur la voie publique, mais il ne sait ce que c'est ; un autre arrive et dit que c'est une pièce d'or de telle ou telle valeur. C'est ce dernier qui a réellement fait la découverte ; en un mot, il y a souvent abus de citer que tels ou tels avaient déjà vu ; l'essentiel est celui qui a compris. La découverte est dans l'esprit et non dans les yeux[27].

Dans le sillage d'Émilie du Châtelet, il met en garde contre la tendance à faire passer à la postérité des imposteurs en science :

> En résumé, quand on retrace historiquement l'évolution d'une question, on peut donc donner l'évolution chronologique dans le temps ; mais cela ne représente pas toujours l'évolution intellectuelle. À l'aide de découvertes récentes, on retrouve souvent dans des auteurs anciens des vestiges qu'on ne

26 *Exposition abrégée du système du monde*, p. 6.

27 Claude Bernard, *Principes de la médecine expérimentale*, p. 258.

> comprenait pas avant et que peut-être les auteurs n'ont jamais compris ainsi. D'un autre côté, il y a des hommes qui sont ambigus, de manière à pouvoir toujours réclamer. On racontait un jour qu'un astronome avait fait une carte qu'il avait parsemée de planètes imaginaires. Quand il se faisait une découverte de planète, il pouvait toujours dire : c'est la mienne. Hé bien ! de même il y a des gens qui, quand ils ne comprennent pas une chose, donnent des idées variées afin de pouvoir réclamer la priorité[28].

Outre l'imposture en science, Claude Bernard partage avec Émilie du Châtelet deux autres aversions : celle envers l'argument d'autorité et celle envers l'esprit de système et les systèmes. Ainsi il écrit contre l'argument d'autorité :

> Quand le fait qu'on rencontre est en opposition avec une théorie régnante, il faut accepter le fait et abandonner la théorie, lors même que celle-ci, soutenue par de grands noms, est généralement adoptée[29].

Quant aux systèmes, il leur reproche d'enlever à l'esprit sa flexibilité, de l'assujettir et de l'enkyster :

> Un des plus grands obstacles qui se rencontrent dans cette marche générale et libre des connaissances humaines, est donc la tendance à s'individualiser dans des systèmes [...] car la systématisation est un véritable enkystement scientifique, et toute partie enkystée dans un organisme cesse de participer à la vie générale de cet organisme[30].

Enfin Claude Bernard utilise une autre métaphore que celle de l'idée ailée pour désigner l'hypothèse, celle du colimaçon tout à fait expressive de l'obligation d'errer développée par la Marquise :

> Il faut procéder toujours par le doute philosophique, avec précaution, avec défiance. Il faut lancer son hypothèse en avant comme un colimaçon lance ses cornes pour sonder et palper l'espace. Dès qu'il sent quelque obstacle, il les retire pour les étendre de nouveau à côté, et cette figure représente l'état de tâtonnement dans lequel se trouve l'expérimentateur[31].

Dans le premier paragraphe de son *Exposition abrégée du système du monde*, Émilie du Châtelet introduit le verbe rectifier, qui correspond à

---

28 *Ibid.*, p. 258.
29 Claude Bernard, *Introduction à l'étude de la médecine expérimentale*, p. 230.
30 *Ibid.*, p. 309, voir aussi p. 71.
31 *Ibid.*, p. 78.

ce mouvement sans cesse rectifié des cornes du colimaçon qui sondent l'espace et se rétractent. Les sciences, dit-elle, avancent par rectification d'hypothèses et l'histoire des sciences est une succession d'erreurs rectifiées. Ainsi elle écrit :

> Les philosophes ont commencé par avoir sur l'astronomie, comme sur le reste, les mêmes idées que le peuple, mais ils les ont rectifiées : ainsi on a commencé par croire que la terre était plate, et qu'elle était le centre autour duquel tournaient tous les corps célestes[32].

Ainsi, résume-t-elle, les Babyloniens, Pythagore et ses disciples rectifièrent cette double erreur et reconnurent que la Terre est ronde et que le Soleil est le centre de l'univers. Mais cette conception du véritable système du monde fut combattue par l'hypothèse aristotélicienne que la Terre est au repos et qu'elle est le centre des mouvements célestes jusqu'à ce que Copernic rejette cette hypothèse aristotélicienne en développant l'héliocentrisme[33].

En lisant cette proposition que les sciences progressent par une série d'hypothèses rectifiées, on croit lire Bachelard, qui est le troisième exemple d'une postérité souterraine d'Émilie du Châtelet que nous voudrions développer. En effet, ce dernier, en disant que l'esprit scientifique se constitue comme un ensemble d'erreurs rectifiées[34], s'inscrit dans le prolongement direct de la philosophie de la Marquise. Bachelard fait sienne sa conception positive de l'errance inventive et de l'erreur heuristique en ce qu'elle met sur d'autres voies que celles qui ont conduit à des impasses. À l'instar d'Émilie du Châtelet, ce qui intéresse fondamentalement Bachelard dans la science au travail, ce sont les tâtonnements, les essais, les erreurs[35]. Par la valeur positive reconnue à l'activité d'errer et par la conception de la pensée scientifique comme ensemble d'erreurs rectifiées, Bachelard est bien proche, malgré qu'il en ait, des réflexions des *Institutions de physique*.

Car tout se passe comme s'il avait voulu effacer la moindre trace de l'influence d'Émilie du Châtelet sur sa propre philosophie des sciences.

---

32 *Exposition abrégée du système du monde* in tome 2 des *Principia*, Paris, 1756-1759, repris en fac-similé par Jacques Gabay, p. 1.

33 *Ibid.*, p. 2.

34 Bachelard, *La Formation de l'esprit scientifique*, Paris, Vrin, 1938, rééd. 1986, p. 239.

35 Voir, par exemple, Bachelard, *La Philosophie du non*, Paris, Puf, 1940 ; 1983, p. 13.

Misogynie ordinaire ou dissimulation de références, toujours est-il que Bachelard a tout fait pour qu'on n'aille pas lire Émilie du Châtelet. Dans les mentions de l'œuvre de cette dernière, il est en effet d'une partialité et d'une sévérité sans nom, comme l'atteste cet extrait plein de « suffisance » de la *Formation de l'esprit scientifique* que nous recitons ici :

> Il suffit de lire les lettres de Mme du Châtelet pour avoir mille occasions de sourire de ses prétentions à la culture mathématique. À Maupertuis, elle pose, en faisant des grâces, des questions qu'un jeune élève de 4e résout de nos jours sans difficulté. Ces mathématiques vont tout à l'inverse d'une saine formation scientifique[36].

Quand on sait qu'Émilie du Châtelet a traduit les démonstrations géométriques de Newton dans les termes du calcul infinitésimal et des équations différentielles, qu'elle a fait un commentaire du livre III des *Principia mathematica* et que sa traduction est jugée suffisamment solide pour être toujours la seule disponible en français aujourd'hui, on ne peut qu'avoir un doute sur les intentions réelles de Bachelard dans son jugement à l'emporte-pièce.

Bachelard, à propos de sa *Dissertation sur la nature et la propagation du feu*, ne tient pas compte du fait que les académiciens en 1738 ont jugé le texte d'Émilie du Châtelet de qualité propre à être publié dans un recueil de l'Académie, quand il déclare à propos du mémoire sur le feu :

> On voit du reste avec quelle légèreté l'esprit préscientifique associe les vues générales à des faits particuliers insignifiants[37].

Par contraste, il est intéressant de lire la fiche technique de la Bibliothèque nationale de France (BnF) sur le même mémoire, qui peut suggérer un autre rapprochement avec Bachelard :

> *Dissertation sur la nature et la propagation du feu*
> Gabrielle-Émilie Le Tonnelier de Breteuil Du Châtelet (1706-1749 ; marquise), auteur, Paris, Prault fils, 1744.
> Monographie imprimée
> BnF, Réserve des livres rares, Z Bengesco – 853 (1)
> © Bibliothèque nationale de France

36 Bachelard, *La Formation de l'esprit scientifique*, p. 34.
37 Bachelard, *La Formation de l'esprit scientifique*, p. 215.

Mme Du Châtelet concourt en cachette pour le prix de l'Académie des sciences et rédige, la nuit, une dissertation de 139 pages qui tente de faire une synthèse de toutes les connaissances sur le sujet. Sans apporter de faits expérimentaux nouveaux, elle y fait preuve d'une vraie érudition. Ses idées sont parfois curieuses et elle a conscience de leur étrangeté (lettre à Maupertuis de décembre 1738[38]). Le feu n'a pas de poids et a pour fonction d'assurer au monde sa légèreté et son mouvement. Comme l'affirme Robert Mauzi dans son introduction au *Discours sur le bonheur de Mme Du Châtelet* (1997), « le feu lui permet de "rêver" la vie des choses, et d'animer la matière, que la seule gravitation tendait à alourdir. [...] Après avoir ainsi fait du feu, selon une très vieille symbolique, l'âme du monde, l'imagination de Mme Du Châtelet semble refluer vers le rêve opposé : le rêve du repos et de la substance. Le feu sera logé à l'intérieur de chaque chose, il en deviendra le centre mystérieux et secret, puissance implicite et virtualité heureuse ». Le prix de l'Académie est décerné à Leonhard Euler. Mais les mémoires de Voltaire et de Mme Du Châtelet seront publiés. C'est la première fois que l'Académie publie le texte d'une femme, et ce privilège donne à la jeune femme une place inédite au sein de la communauté scientifique française.

Cette note de la Bnf évoque en effet de manière troublante, via la citation de Robert Mauzi, la poétique de Bachelard sur les quatre éléments et notamment sur le feu, qu'on pense à *La Psychanalyse du feu* ou à *La Flamme d'une chandelle*. La Marquise fait du feu un souffle de vie, un principe d'élévation et de raréfaction qui s'oppose à la pesanteur et à ce qui est compact et homogène :

> Sans cette action et cette réaction du feu sur les corps, et des corps sur le feu, toute fluidité, toute élasticité, toute mollesse serait bannie, et si la matière était privée un moment de cet esprit de vie qui l'anime, de ce puissant agent qui s'oppose sans cesse à l'adunation[39] des corps, tout serait compact dans l'univers, et il serait bientôt détruit[40].

De son côté, Bachelard écrit dans *La Flamme d'une chandelle* :

38 La note de la BnF fait ici référence à la lettre du 1er décembre 1738 à Maupertuis où la Marquise écrit : « Je sentais à merveille que la hardiesse seule de mes idées me l'interdisait [le prix] sans compter toutes les autres raisons, mais comme j'étais peu au fait des choses je croyais que l'Académie donnait des *accessit*, et j'en espérais un. Vous voyez qu'ayant l'honneur d'être imprimée j'ai obtenu tout ce à quoi j'aspirais » in *Lettres de Madame du Châtelet*, t. 1, p. 272.

39 Mot ancien qui signifie union, réunion.

40 Madame du Châtelet, *Dissertation sur la nature et la propagation du feu*, Paris, Prault, 1744, p 39.

> La flamme est une verticalité habitée [...] Quelle délicatesse de vie dans la flamme qui s'allonge, qui s'effile ! Les valeurs de la vie et du rêve se trouvent alors associées[41].

Quelle est la part d'inspiration que Bachelard a puisée dans l'œuvre de la Marquise, nul ne saurait le dire. Mais plusieurs lignes de force sont communes aux deux œuvres de la Marquise et de Bachelard, même si, à en croire ce qu'écrit ce dernier, la Marquise est un modèle de l'esprit préscientifique à ne pas suivre...

41 Bachelard, *La Flamme d'une chandelle*, Paris Puf, 1961, p. 58.

DISCUSSIONS ENTRE ÉMILIE DU CHÂTELET ET LA METTRIE

sur la question du bonheur, des passions et de l'illusion, la Marquise fait-elle partie de l'histoire du matérialisme ?

Nous avons déjà suggéré l'idée qu'Émilie à partir de 1742 s'est détournée de la philosophie leibnizienne et wolffienne pour s'adonner au commentaire très critique et anticlérical de la Bible et que ce travail l'a certainement éloignée de toute théologie future qui voudrait se présenter comme une science. Déjà, en 1735, elle a traduit *la Fable des abeilles* de Mandeville pour sa morale qu'elle juge excellente, puis vers 1745-1746, elle a alors 39 ans, elle discute avec La Mettrie pour développer dans le *Discours sur le bonheur* une morale utilitariste et même matérialiste. Il semble donc qu'elle ait renoncé, à partir de 1742, à mettre la science au service de la théologie même si elle n'a pas renoncé à travailler à une physique complète fondée en raison.

Or, en 1747, La Mettrie insère dans son *Histoire naturelle de l'âme* la Lettre critique de M. de La Mettrie sur l'histoire naturelle de l'âme à la Marquise du Châtelet[1]. Dans cette lettre qui est une dénégation critique de l'*Histoire naturelle de l'âme* commise par l'auteur lui-même, Émilie du Châtelet est présentée comme une autorité de référence qui représente la philosophie leibnizienne et le droit chemin pour penser les monades et l'âme. La Marquise est donc choisie pour mieux décrier les inepties de « l'Auteur [qui], sans tant se tourmenter, va comme il dit lui-même, rondement son droit chemin[2] ».

Mais la date de 1747 ne laisse pas d'interroger sur la sincérité de La Mettrie dans son choix d'Émilie du Châtelet comme autorité de référence.

---

1 Cette Lettre est publiée dans le n° 5/6 de la revue *Corpus*, consacré à La Mettrie, dirigé par Francine Markovits, paru en 1987, p. 143-148.

2 Lettre critique de M. de La Mettrie sur l'histoire naturelle de l'âme à Madame la Marquise du Châtelet in Revue Corpus, 1987, 5/6, p. 147.

En effet, en 1747, il connaît son *Discours sur le Bonheur* et il sait quelles en sont les grandes lignes (même si l'ouvrage rédigé sans doute vers 1746-1747 ne sera publié de manière posthume qu'en 1779). Plusieurs indices relevés par Barbara Whitehead dans son article « The singularity of Mme du Châtelet : an analysis of the *Discours sur le bonheur*[3] » montrent qu'il est très probable que la Marquise et La Mettrie aient discuté de plusieurs problèmes relatifs au bonheur comme les rôles respectifs de la vertu, du remords, des passions, de l'illusion dans la quête du bonheur. Cela voudrait dire qu'il y a une double dénégation critique dans cette Lettre : critique de l'auteur de l'*Histoire naturelle de l'âme* par l'auteur lui-même et critique de la philosophie leibinizienne comme philosophie de référence dans le choix de la Marquise qui, à l'époque, n'est plus vraiment leibnizienne.

Est-ce avec la complicité de la Marquise qu'il procède ainsi ? Sans doute. Des trois auteurs qui écrivent sur le bonheur en même temps qu'elle : Helvétius qui lui a dédicacé son *Épître sur l'amour de l'étude* à la fin des années 1730 et qui rédige son *Épître sur le bonheur* dans les années 1740, Voltaire et son *Discours sur l'homme* en 1734-1737, La Mettrie et son *École de la Volupté* de 1746 et son *Anti-Sénèque ou le souverain bien* de 1748, c'est avec ce dernier qu'Émilie du Châtelet a le plus d'accointances intellectuelles et le plus de discussions[4]. Ces dernières portent sur plusieurs notions importantes concernant le bonheur dont tous les deux veulent décrypter les machines ou mécanismes : La Marquise parle en effet des « grandes machines du bonheur[5] » et La Mettrie du « mécanisme du bonheur[6] » et « de la surcharge des machines par le remords[7] ». Si La Mettrie partage avec la Marquise son rejet de Montaigne dans son exigence de penser souvent à la mort pour s'y préparer[8], il s'accorde aussi

3 Barbara Whitehead, « The singularity of Mme du Châtelet : an analysis of the *Discours sur le Bonheur* » in *Émilie du Châtelet : rewriting Enlightenment philosophy and science*, voir notamment p. 266-271.

4 Ces discussions ont été orales et ont eu lieu sans doute à Cirey car il n'y a nulle trace de lettre de la Marquise adressée à La Mettrie, à notre connaissance. Cependant on peut repérer des indices de ces discussions dans leurs essais respectifs sur le bonheur.

5 La Marquise du Châtelet, *Discours sur le bonheur*, Paris, éd. Rivages et Payot, 1997, p. 47.

6 La Mettrie, *L'Anti-Sénèque ou le souverain bien*, in *De la Volupté*, Paris, Éditions Desjonquères, 1996, p. 29.

7 La Mettrie, *L'Anti-Sénèque ou le souverain bien*, in *De la Volupté*, p. 57 : « Le remords me paraît surcharger des machines aussi à plaindre que mal réglées ».

8 Sur le rejet de cette idée de Montaigne par la Marquise, voir ci-dessus le chapitre IV, sur ce rejet par La Mettrie, voir *L'Anti-Sénèque*, p. 69 : « Mais Montaigne lui-même, qui a été si

avec elle sur le caractère négatif du remords ou du repentir[9]. Tous les deux voient dans la notion chrétienne du repentir ou du remords un obstacle majeur au bonheur. La Marquise rejette le repentir comme un sentiment inutile et désagréable :

> Ce sentiment de repentir est des plus désagréables et des plus inutiles que notre âme puisse éprouver. Un des grands secrets est de savoir s'en garantir[10].

Ce rejet du repentir est corrélé à la conception de la vertu ; toute vertu, pour la Marquise, La Mettrie et les penseurs matérialistes en général, est définie par son utilité sociale : si le repentir est un obstacle au bonheur, alors il n'a aucune utilité sociale et n'est donc pas une vertu. Quand Émilie du Châtelet écrit :

> J'entends par vertu tout ce qui contribue au bonheur de la société, et par conséquent, au nôtre, puisque nous sommes membres de la société[11].

La Mettrie affirme :

> On fait le bonheur de la société avec le sien propre. Toutes les vertus consistent à bien mériter d'elle[12].

Cependant, comme le remarque Barbara Whitehead[13], La Mettrie va encore plus loin que la Marquise dans son rejet du remords comme obstacle au bonheur. Pour lui, un méchant peut être heureux s'il est méchant sans remords :

> J'ose dire plus ; celui qui n'aura point de remords, dans une familiarité avec le crime, que les vices soient pour lui des vertus, sera plus heureux que qui, après une belle action, se repentira de l'avoir faite, et par là en perdra tout le prix[14].

---

vivement frappé de ce goût surprenant pour la mort, n'est pas pardonnable, ce me semble, d'avoir cru, comme les Stoïciens, que la mort devait faire la principale étude d'un philosophe ».

9 La Mettrie, *L'Anti-Sénèque*, p. 57 : « les remords sont un vain remède aux accidents qui menacent et affligent la société ; [...] ils ne peuvent pallier nos maux ni adoucir les tigres de notre espèce ; [...] ils troublent même, pour le dire ainsi, les eaux les plus claires, sans clarifier celles qui sont troubles ».

10 La Marquise du Châtelet, *Discours sur le bonheur*, p. 48.

11 La Marquise du Châtelet, *Discours sur le bonheur*, p. 42.

12 La Mettrie, *L'Anti-Sénèque*, p. 43.

13 Barbara Whitehead, « The singularity of Mme du Châtelet : an analysis of the *Discours sur le Bonheur* » *in Émilie du Châtelet : rewriting Enlightenment philosophy and science*, p. 268.

14 La Mettrie, *L'Anti-Sénèque*, p. 90.

Il brise ainsi le lien entre vertu et bonheur, qu'Émilie du Châtelet maintient en soutenant, dans ce qui semble être une objection à La Mettrie, qu'on ne peut être heureux et vicieux :

> Je dis qu'on ne peut être heureux et vicieux, et la démonstration de cet axiome est dans le cœur de tous les hommes. Je leur soutiens, même aux plus scélérats, qu'il n'y en a aucun à qui les reproches de sa conscience, c'est-à-dire, de son sentiment intérieur, le mépris qu'il sent qu'il mérite et qu'il éprouve, dès qu'on le connaît, ne tienne lieu de supplice [...] Il faut donc n'être pas vicieux, si l'on ne veut pas être malheureux [...] Il faut être bien avec soi-même par la même raison qu'il faut être logé commodément chez soi[15].

En revanche, Émilie du Châtelet et La Mettrie partagent la même conception des passions et de l'illusion comme véhicules du bonheur. La Marquise, nous l'avons vu, fait des passions les aiguillons du bonheur : mieux vaut vivre des passions malheureuses que de n'en point avoir[16]. La Mettrie estime lui aussi que le bonheur consiste dans la multiplication des plaisirs et l'essor des passions :

> Organes de nos passions et de tous nos désirs, ils [les sens] les servent, ils les entretiennent, ils les excitent pour qu'elles nous servent à leur tour ; ou plutôt les passions mêmes, cet élément aussi nécessaire à l'homme, que l'air qu'il respire, sont les plus fidèles ministres de la volupté. Plus elles nous portent au luxe, plus elles nous ouvrent la voie du bonheur[17].

Chez La Mettrie comme chez la Marquise, parmi les passions, l'amour occupe une place centrale. Quand Émilie écrit :

> Cette passion est peut-être la seule qui puisse nous faire désirer de vivre, et nous engager à remercier l'auteur de la nature, quel qu'il soit, de nous avoir donné l'existence[18].

La Mettrie renchérit :

---

15 La Marquise du Châtelet, *Discours sur le bonheur*, p. 43-44.

16 Émilie du Châtelet, *Discours sur le bonheur*, p. 35 : « Supposons pour un moment que les passions fassent plus de malheureux que d'heureux, je dis qu'elles seraient encore à désirer, parce que c'est la condition sans laquelle on ne peut avoir de grands plaisirs ; or ce n'est la peine de vivre que pour avoir des sentiments agréables ; et plus les sentiments sont vifs, plus on est heureux. Il est donc à désirer d'être susceptible de passions, et je le répète encore : n'en a pas qui veut ».

17 La Mettrie, *École de la Volupté* in *De la Volupté*, p. 146.

18 Émilie du Châtelet, *Discours sur le bonheur*, p. 61.

> Toutes les passions s'éclipsent par la passion d'aimer, elle leur commande en reine. [...] L'amour est cause de tout l'ordre, et de tout le désordre qui règne dans l'univers[19].

Selon ce dernier, avec les plaisirs de l'amour l'individu s'égale aux dieux[20], selon la première :

> Il est juste qu'un tel bonheur [le bonheur de l'amour] soit rare ; s'il était commun, il vaudrait mieux être homme que d'être dieu, du moins tel que nous pouvons nous le représenter[21].

Nul besoin d'avoir l'ouïe fine pour entendre dans le discours de La Mettrie l'écho du *Discours sur le bonheur*. Si, d'après La Mettrie, le bonheur consiste dans le déploiement des passions, il suppose, afin de ne pas exténuer le désir, de connaître « l'art de bien ménager ses plaisirs[22] », Émilie propose, elle aussi, une économie des plaisirs afin de ne pas s'en lasser. De même qu'il faut alterner période de diète et période de gourmandise[23] pour faire durer et savourer les plaisirs liés à cette passion[24], de même il faut désirer les objets nouveaux avec parcimonie :

> Une boîte, une porcelaine, un meuble nouveau, sont une vraie jouissance pour moi ; mais si j'avais trente boîtes, je serais peu sensible à la trente et unième[25].

Sa régulation des passions est cartésienne : c'est un plaisir plus vif qu'on peut opposer à une passion, et non une raison.

19 La Mettrie, *École de la Volupté* in *De la Volupté*, p. 147.

20 La Mettrie, *Anti-Sénèque*, p. 29 et *École de la Volupté*, p. 117.

21 Émilie du Châtelet, *Discours sur le bonheur*, p. 62.

22 La Mettrie, *École de la Volupté*, p. 153 et p. 142.

23 Émilie du Châtelet, *Discours sur le bonheur*, p. 38 : « ayez des temps de diète ; si vous attendez que votre estomac désire par une faim bien vraie, tout ce qui se présentera vous fera autant plaisir que des mets plus recherchés, et auxquels vous ne songerez pas lorsque vous ne les aurez pas devant les yeux. Cette sobriété que vous vous serez imposée rendra le plaisir plus vif. Je vous le recommande pour ne pas éteindre en vous la gourmandise, mais pour vous en préparer une jouissance plus délicieuse ».

24 La Mettrie lui aussi propose un art de ménager la gourmandise pour mieux savourer les plaisirs de la table : « En amour comme à table, il vaut mieux garder des désirs que d'en emprunter. Imitez le convive sensuel, il goûte de tous les mets, mais légèrement, il se ménage de manière qu'il aime mieux désirer quelque chose qui n'ait pas été servi que de ne pouvoir profiter de tout ce qu'on servira, tandis que le gourmand gonflé et hors d'haleine dès le premier service, n'a plus de désirs, du moins qu'il puisse satisfaire semblable au cygne de La Fontaine » in *École de la Volupté*, p. 152.

25 Émilie du Châtelet, *Discours sur le bonheur*, p. 59-60.

Elle fait sienne la clef de la morale cartésienne qui fonctionne selon le principe classique, en mécanique, de l'équilibre : à une passion de l'âme, qui est la traduction indirecte – via l'union et la glande pinéale – d'une action du corps, doit répondre une action de l'âme. Entendons-nous bien, une action de l'âme ne s'oppose pas directement à une action du corps : une volonté ne peut pas s'opposer à un mouvement corporel involontaire. Une action de l'âme s'oppose à une passion de l'âme. Autrement dit, ce n'est pas à la sécheresse du gosier que la volonté de l'hydropique peut s'opposer mais au désir de boire. Une volonté ne peut s'opposer qu'à un désir, c'est-à-dire à une instance qui lui est homogène (les passions sont de l'âme, appartiennent à l'âme). Elle ne peut se mesurer (trouver une commune mesure) à un mouvement corporel. C'est pourquoi, il ne peut être question, dans la philosophie cartésienne, de supprimer les passions, qui ont pour origine le fonctionnement physiologique du corps, car cela signifierait supprimer leur origine, c'est-à-dire le corps. L'âme qui tente de réguler ses passions se heurte à leur force liée à leur primitivité ou à leur historicité et ne peut, pour les modifier, qu'instituer d'autres liaisons affectives qui doivent se substituer à celles qui sont déjà en place. C'est en vain que la raison cherche à étouffer les passions : la Marquise et La Mettrie s'inscrivent explicitement dans le sillage de Descartes.

Un dernier point important les réunit, c'est l'éloge qu'ils font de l'illusion. Tous deux défendent en effet l'idée que nous ne devons pas perdre l'illusion inhérente à notre capacité d'être heureux. La Marquise prend l'exemple du théâtre pour montrer la force de l'illusion dans notre capacité à éprouver du plaisir et des émotions :

> Aurait-on un moment de plaisir à la comédie si on ne se prêtait à l'illusion qui vous fait voir des personnages que vous savez qui sont morts depuis longtemps, et qui les fait parler en vers alexandrins ? mais quel plaisir aurait-on à un autre spectacle où tout est illusion, si on ne savait pas s'y prêter[26] ?.

Et La Mettrie prend l'exemple du rêve : que la vie soit un songe ou non, notre capacité de nous illusionner est la même, ce qui veut dire que nos sensations ne nous trompent jamais :

> Tel est l'empire des sensations ; elles ne peuvent jamais nous tromper, elles ne sont jamais fausses par rapport à nous, tels que nous sommes *actu*, au

---

26 Émilie du Châtelet, *Discours sur le bonheur*, p. 46-47.

> moment même que nous les éprouvons, tristes ou gais, contents ou mécontents, puisqu'elles affectent tout notre être en tant que sensitif ou plutôt le constituent lui-même. D'où il s'ensuit : [...] que la vie soit un songe, ou qu'il y ait quelque réalité, il en résulte le même effet, par rapport au bien et au mal-être[27].

Ainsi l'illusion n'est jamais une erreur, il ne faut jamais la penser dans le cadre du préjudice et de la faute car l'illusion reconduit toujours à nos sensations qui, parce qu'elles sont nôtres, ne nous trompent jamais. Au fond, selon Émilie, notre manière de percevoir la vie est une grande illusion d'optique utile à notre bonheur. C'est toujours selon notre point de vue que nous regardons le monde :

> Telles sont les illusions de l'optique : or l'optique ne nous trompe pas, quoiqu'elle ne nous fasse voir les objets tels qu'ils sont, parce qu'elle nous les fait voir de la manière qu'il faut que nous les voyions pour notre utilité[28].

La Mettrie renchérit :

> Si la nature nous trompe à notre profit, ah ! pût-elle nous tromper toujours[29].

Mieux vaut nous bercer d'illusions charmantes que d'affronter une désavantageuse réalité, il rejoint alors l'exemple du théâtre de la Marquise ; si nous sommes capables de nous réjouir au théâtre, c'est pour la raison décrite par Fontenelle dans sa première églogue Alcandre dont il cite ce passage[30] :

> Souvent en s'attachant à des fantômes vains,
> Notre raison séduite avec plaisir s'égare ;
> Elle-même jouit des objets qu'elle a feints :
> Et cette illusion pour un moment répare
> Le défaut des vrais biens que la nature avare
> N'a pas accordé aux humains[31].

---

27 La Mettrie, *L'Anti-Sénèque*, p. 37-38, voir aussi *École de la Volupté*, p. 133 et p. 136.

28 Émilie du Châtelet, *Discours sur le bonheur*, p. 46.

29 La Mettrie, *L'Anti-Sénèque*, p. 38, voir aussi p. 100 : « Nous ne jugeons que d'après nos sensations, ou nos perceptions, et non d'après des corps qui n'existent peut-être point, ou du moins dont nous ne connaissons pas la nature ».

30 *Ibid.*, p. 38. Le même passage de Fontenelle était cité dans l'*École de la Volupté*, p. 119.

31 Fontenelle, *Poésies pastorales avec un Traité sur la nature de l'églogue et une Digression sur les anciens et les modernes*, Paris, Michel Brunet, 1708, p. 3.

Argument du rêve et argument du théâtre se rejoignent : la vie est-elle un songe ? L'argument de la non distinction de la veille et du rêve rejaillit sur le statut incontournable de l'illusion dans notre quête du bonheur :

> Mais dans la veille encore, on se surprend sans cesse si bien rêvant que, si cet état durait un siècle, ce serait un siècle qu'on aurait passé à n'imaginer rien ou sans idées. Nous ressemblons à ces chiens qui n'écoutent que lorsqu'ils dressent les oreilles. Sans l'attention qui lie les idées semblables, ou celles qui ont coutume d'aller ensemble, elles marchent pêle-mêle et galopent si vite et si légèrement qu'on ne les sent pas plus qu'on ne les distingue. C'est encore comme en certains rêves accompagnés de trop de sommeil : on n'en retient rien[32].

Pour être heureux, il faut être susceptible d'illusion, l'illusion n'est donc jamais nuisible mais au contraire fort utile à notre bonheur car elle accommode le monde à notre nature[33].

L'illusion est en effet le fondement de l'amour de la gloire :

> L'amour de la gloire, qui est la source de tant de plaisir et de tant d'efforts en tout genre qui contribuent au bonheur, à l'instruction et à la perfection de la société, est entièrement fondé sur l'illusion ; rien n'est si aisé que de faire disparaître le fantôme après lequel courent toutes les âmes élevées ; mais qu'il y aurait à perdre pour elles et pour les autres[34] !

L'illusion est le fondement de l'amour tout court : l'illusion de l'âme de se croire plus aimée qu'elle ne l'est l'invite à aimer pour deux et à suppléer par la chaleur de son cœur ce qui manque réellement à son bonheur[35]. C'est lors de cette analyse de l'illusion en amour qu'Émilie change de régime de narration et nous livre dans une continuité délicate et tendre le récit de son amour avec Voltaire et de sa métamorphose en amitié pour conclure :

> Mais un cœur aussi tendre peut-il être rempli par un sentiment aussi paisible et aussi faible que celui de l'amitié ? Je ne sais si on doit espérer, si on doit souhaiter même de tenir toujours à cette sensibilité dans l'espèce d'apathie à laquelle il est difficile de l'amener. On est heureux que par des sentiments

32 La Mettrie, *L'Anti-Sénèque*, p. 37.

33 Émilie du Châtelet, *Discours sur le bonheur*, p. 45-46.

34 Émilie du Châtelet, *Discours sur le bonheur*, p. 54.

35 Émilie du Châtelet, *Discours sur le bonheur*, p. 63-64.

> vifs et agréables ; pourquoi donc s'interdire les plus vifs et les plus agréables de tous[36] ?

Il est curieux de noter que La Mettrie, tout au début de son *École de la Volupté* fait référence à Voltaire qu'il présente comme son premier guide pour chanter les regrets de l'amour :

> Mais pour exprimer comme toi la triste situation d'un cœur qui se voit forcer de quitter le dieu qui l'a quitté, d'un cœur, hélas ! qui ne peut plus aimer, il faudrait la sentir de même. Quels regrets plus vifs que les tiens[37] !

La Marquise aurait, elle aussi, pu intituler son *Discours sur le bonheur, Anti-Sénèque ou De la Volupté* : l'ataraxie et la tranquillité de l'âme ne valent pas une heure de peine surtout si celle-ci est liée à l'amour. Ou plutôt elle est, à l'instar de La Mettrie[38], épicurienne dans son chemin de vie et stoïcienne aux approches de la mort.

Âme tendre et immuable dans son désir d'aimer, âme élevée dans son désir de gloire, ce qui veut dire, du fait de son « état[39] », par l'amour de l'étude puisque c'est, pour les femmes, la seule voie d'accès à la gloire :

> Dans l'amour de l'étude se trouve renfermée une passion dont une âme élevée n'est jamais entièrement exempte, celle de la gloire ; il n'y a même que cette manière d'en acquérir pour la moitié du monde, et c'est cette moitié justement à qui l'éducation en ôte les moyens et en rend le goût impossible[40].

Ici, Émilie du Châtelet fait œuvre originale : son matérialisme devient genré et son constat est que les conditions d'accès au bonheur ne sont pas les mêmes pour la « moitié du monde » que pour l'autre. Si son *Discours sur le bonheur* partage, avec d'autres traités de l'époque sur le bonheur et particulièrement l'*Anti-Sénèque* de La Mettrie[41], un

36 Émilie du Châtelet, *Discours sur le bonheur*, p. 67. Émilie dit cela juste avant de rencontrer Saint-Lambert et de s'enflammer de nouveau.

37 La Mettrie, *École de la Volupté*, p. 117.

38 La Mettrie, *Système d'Épicure* in *De la Volupté*, p. 190.

39 Émilie du Châtelet, *Discours sur le bonheur*, p. 53 : « mais les femmes sont exclues, par leur état, de toute espèce de gloire, et quand, par hasard, il s'en trouve quelqu'une qui est née avec une âme assez élevée, il ne lui reste que l'étude pour la consoler de toutes les exclusions et de toutes les dépendances auxquelles elles se trouvent condamnées par état ».

40 Émilie du Châtelet, *Discours sur le bonheur*, p. 52-53.

41 Quand La Mettrie parle de la gloire, il en parle sans s'apercevoir que les espèces de gloire qu'il mentionne sont réservées aux hommes, voir *L'Anti-Sénèque*, p. 70.

certain nombre de conceptions dont celui, mis au cœur de l'ouvrage, qu'il n'y a pas de plus grands préjugés que ceux de la religion[42], il y a un trait étonnant d'actualité qui distingue son essai de tout autre, c'est sa conscience aiguë de l'inégalité des conditions entre femmes et hommes pour accéder au bonheur. En ce sens, son analyse est prémarxiste si l'on ose dire : elle soutient que l'accès au bonheur est déterminé par les conditions matérielles de sexe, d'âge et de ressources des individus[43]. Sur les ressources, la Marquise a effet conscience d'appartenir à un monde privilégié, elle le dit explicitement[44] et elle souligne aussi que les voies d'accès au bonheur ne sont pas les mêmes selon les âges de la vie : ainsi avec l'âge on peut s'adonner sans crainte à la passion du jeu[45]. Mais c'est surtout sur la question de l'accès au bonheur des femmes que son essai mérite aujourd'hui encore qu'on s'y attarde car elle montre avec beaucoup de talent que cette question est étroitement corrélée à celle de l'accès à l'éducation.

42 Émilie du Châtelet, *Discours sur le bonheur*, p. 41.

43 C'est aussi un point que souligne Barbara Whitehead, « The singularity of Mme du Châtelet : an analysis of the *Discours sur le Bonheur* » *in Émilie du Châtelet : rewriting Enlightenment philosophy and science*, p. 275 : « *By refusing to base her view of happiness on abstract principles and instead choosing ta argue from her own personal experience, Du Châtelet comes to the unique conclusion that the path to happiness differ for people based on their age, material conditions and sex* », ce qu'on peut traduire par : « Par son refus de fonder sa conception du bonheur sur les principes abstraits, et par son choix de partir de son expérience personnelle, Mme du Châtelet en vient à l'unique conclusion que l'accès au bonheur diffère selon les personnes en raison de leur âge, des conditions matérielles d'existence et de sexe ».

44 Émilie du Châtelet, *Discours sur le bonheur*, p. 36.

45 Émilie du Châtelet, *Discours sur le bonheur*, p. 58.

LA POSTÉRITÉ D'ÉMILIE DU CHÂTELET SUR LA QUESTION DE L'ÉDUCATION

Olympe de Gouges

Sur la question de l'éducation, la Marquise a constitué un modèle politique pour penser l'égalité d'accès à l'éducation des filles et des garçons pour au moins trois grandes personnalités de la Révolution française, à savoir Olympe de Gouges (1748-1793), Condorcet (1743-1794), et Sophie de Grouchy (1764-1822). Notons qu'elles appartiennent toutes trois au club des Girondins et furent pour deux d'entre elles, Condorcet et Olympe de Gouges, victimes des Jacobins et de Robespierre. Sophie de Grouchy se marie en 1786 avec Condorcet et c'est sous son influence qu'il s'intéresse aux droits des femmes et à leur instruction. Elle défend aussi avec Olympe de Gouges et, après la mort de celle-ci, l'égalité réelle des femmes et des hommes et leur égalité d'accès à la même éducation. Les perspectives progressistes qu'elle développe sur la question des femmes sont affirmées par plusieurs biographes, spécialement par De Lagrave, qui remarque l'influence décisive de Sophie de Grouchy sur les idées de son époux en comparant leurs œuvres respectives et en soulignant que Condorcet ne s'était que peu intéressé à la question des femmes avant son mariage. La fameuse réplique à Napoléon qui déclarait devant Sophie de Condorcet à l'automne 1800 ne pas aimer les femmes qui se mêlent de politique – « Il est bien naturel qu'à une époque où on leur coupe la tête, elles aient envie de savoir pourquoi » – illustre bien ses positions, et sans doute pensait-elle aussi à Olympe de Gouges dans sa réponse à Napoléon. Elle n'a toutefois que peu consigné par écrit ses réflexions sur le sujet.

Quant à Condorcet, on peut lire dans son testament philosophique que constitue l'*Esquisse d'un tableau historique des progrès de l'esprit humain*, achevé à la veille de mourir par la faute de la Terreur, cette déclaration percutante :

> Parmi les progrès de l'esprit humain les plus importants pour le bonheur général, nous devons compter l'entière destruction des préjugés qui ont établi entre les deux sexes une inégalité de droits funeste à celui même qu'elle favorise. On chercherait en vain de la justifier par les différences de leur organisation physique, par celles qu'on voudrait trouver dans la force de leur intelligence, dans leur sensibilité morale. Cette inégalité n'a eu d'autre origine que l'abus de la force, et c'est vainement qu'on a essayé depuis de l'excuser par des sophismes[1].

Suite à ce constat sans appel, il préconise de continuer à œuvrer pour détruire définitivement tout usage lié à ce préjugé qui autorise la moitié du genre humain à asservir l'autre et présente l'égalité réelle des femmes et des hommes comme la seule perspective de bonheur et de progrès pour l'instruction du genre humain :

> Nous montrerons combien la destruction des usages autorisés par ce préjugé, des lois qu'il a dictées, peut contribuer à augmenter le bonheur des familles, à rendre communes les vertus domestiques, premier fondement de toutes les autres ; à favoriser les progrès de l'instruction, et surtout à la rendre vraiment générale, soit parce que l'on l'étendrait aux deux sexes avec plus d'égalité, soit parce qu'elle ne peut devenir générale, même pour les hommes, sans le secours des mères de famille. Cet hommage trop tardif rendu enfin à l'équité et au bon sens, ne tarirait-il pas une source trop féconde d'injustices, de cruautés et de crimes, en faisant disparaître une opposition si dangereuse entre le penchant naturel le plus vif, le plus difficile à réprimer, et les devoirs de l'homme, ou les intérêts de la société ? Ne produirait-il pas enfin ce qui n'a jamais été jusqu'ici qu'une chimère des mœurs nationales douces et pures, formées, non de privations orgueilleuses, d'apparences hypocrites, de réserves imposées par la crainte de la honte ou des terreurs religieuses, mais d'habitudes librement contractées, inspirées par la nature, avouées par la raison[2] ?

Programme magnifique de société que l'on doit à celui qui a inventé la mathématique sociale visant à fonder une politique de santé publique et qui, malgré le vent mauvais de la Terreur, a continué à décrire les progrès de l'esprit humain et à tout mettre en œuvre pour les favoriser. Averti par Cabanis du décret d'arrestation à son encontre, Condorcet est contraint de se cacher et trouve refuge pendant neuf mois dans la demeure de Madame Vernet, rue Servandoni, à Paris, où il rencontra

---

1 Condorcet, l'*Esquisse d'un tableau historique des progrès de l'esprit humain*, Paris, GF, 1988, p. 286-287.

2 *Ibid.*, p. 287.

peut-être Olympe de Gouges[3]. C'est là qu'il écrit l'*Esquisse d'un tableau historique des progrès de l'esprit humain*, qui fut publié après sa mort, en 1795. Le 25 mars 1794, il quitte sa cachette, convaincu de ne plus y être en sécurité et d'être un trop grand danger pour madame Vernet, sa généreuse hôtesse. Il tente de fuir Paris. Il fait une halte à l'estaminet de Louis Crespinet, rue Chef-de-Ville à Clamart. Jugé suspect, il y est arrêté, conduit devant la sacristie de l'église Saint-Pierre-Saint-Paul où siège le comité de Surveillance et mis en prison à Bourg de l'Égalité (aujourd'hui Bourg-la-Reine). On le retrouve mort deux jours plus tard, dans sa cellule. Les circonstances de sa mort restent énigmatiques (suicide par un poison issu d'une bague qu'il portait, meurtre ou accident vasculaire cérébral, attaque dont il avait déjà été victime deux ans auparavant). Il meurt donc cinq mois après Olympe de Gouges guillotinée le 3 novembre 1793, suite à ses écrits et à sa posture « publique ».

À partir d'une analyse des enjeux philosophiques de la *Déclaration des droits de la femme et de la citoyenne* publiée par Olympe de Gouges en 1791, nous voudrions montrer qu'Olympe de Gouges est l'héritière d'Émilie du Châtelet dans le courage et la ténacité dont elle a su faire preuve pour se faire entendre et dans sa réflexion sur l'éducation des filles[4]. Souvent considéré comme un simple pastiche de la *Déclaration des droits de l'homme et du citoyen*, la *Déclaration* d'Olympe est peu lue ou mal lue, et surtout peu étudiée d'un point de vue philosophique. Les Lumières, et notamment les encyclopédistes, ont inventé la notion de Public, comme destinataire de l'ouvrage magistral de Diderot et de D'Alembert. Bientôt à la fin du siècle, les citoyens apprennent à parler en public, à monter à la tribune, à devenir des hommes publics tandis que les citoyennes ont de plus en plus de mal à se faire entendre au fur et à mesure que la Révolution française se durcit en un régime jacobin puis en un régime de Terreur. La vie d'Olympe de Gouges est marquée par la prise de conscience que l'expression d'homme public n'a pas d'équivalent au féminin car une « femme publique » signifie une femme dévoyée et non une femme qui parle en public. Or en déclarant

3 Aujourd'hui, on peut trouver deux plaques indiquant que Condorcet et Olympe de Gouges ont vécu dans cette rue qui s'appelait à l'époque rue des Fossoyeurs.

4 Cette analyse est inspirée d'une conférence que nous avons faite dans le cadre du colloque international « Les femmes et la philosophie des Lumières : modes et formes de collaboration et participation », qui s'est tenu les 14-16 mars 2017 à Paris Ouest Nanterre.

dans l'article X que si « la femme a le droit de monter sur l'échafaud ; elle doit avoir également le droit de monter à la Tribune[5] », Olympe de Gouges ne fait-elle pas rejaillir le nouveau sens de l'universel ouvert aux femmes que cherche à promouvoir Émilie du Châtelet dans sa vie et dans son œuvre ? Un sens de l'universel non plus réservé à la seule moitié du genre humain qui, dans la langue française, bénéficie du double sens du terme homme qui désigne aussi bien le genre mâle que l'espèce humaine, un sens de l'universel qui concerne aussi bien la gente féminine que la gente masculine.

En ce sens, on peut affirmer qu'Olympe de Gouges est avant tout une philosophe des Lumières, elle est l'héritière des encyclopédistes qui cherchent à rendre la philosophie populaire. La traduction de ce mot d'ordre par Olympe de Gouges est de rendre la politique populaire. À partir des années 80 et jusqu'à sa mort, elle n'a de cesse de publier des avis, des affiches, des petits mémoires ou essais sur telle ou telle question agitée à l'Assemblée, elle veut être au cœur des débats, elle n'hésite pas à déménager à Versailles pour être au plus près des discussions quand les révolutionnaires sont accueillis par le Roi, elle veut être partie prenante de la Révolution en marche et son engagement est à la fois politique, philosophique et « féministe » (même si le mot n'existe pas encore). Son projet est en effet d'éveiller la conscience politique de ses concitoyens et, particulièrement, des femmes afin qu'elles réclament, à l'unisson, un statut de citoyenne à part entière et à égalité avec les hommes (dans les droits et dans les faits : droit de vote, droit de divorce, mais aussi reconnaissance de fait des femmes comme êtres libres et responsables). En ce sens, elle est l'héritière directe d'Émilie du Châtelet et des encyclopédistes pour qui la volonté de changer la façon commune de penser lie de manière irréductible l'éducation et la libération. Olympe veut être instruite de tout ce qui est en discussion et en question parce que connaître signifie se libérer. Elle a bien retenu la leçon d'Émilie, de Voltaire et des encyclopédistes : éduquer le Public, c'est lui donner les moyens de penser par soi-même. L'enjeu épistémologique de l'*Encyclopédie* – le progrès des connaissances – conduit à l'enjeu politique de libération : les progrès des sciences doivent conduire les humains à développer leur conscience politique.

5 Olympe de Gouges, *Déclaration des droits de la femme et de la citoyenne*, Paris, Mille et une nuits, 2003, p. 17.

En ce sens, elle est proche, philosophiquement, de ce que dit Nicolas Boulanger[6] à la fin de l'article « Œconomie politique » où il souligne fortement le lien entre instruction et politique. Porter les lumières nouvelles dans le monde politique comme il est porté dans le monde savant : telle est la tâche de l'*Encyclopédie* qu'Olympe de Gouges fait sienne. Et le « comme » de la citation signifie à la fois comparaison et raison : le progrès politique doit être développé comme le progrès savant ; mais le « comme » a aussi le sens d'une raison : des lumières nouvelles doivent être portées dans le monde politique parce qu'elles sont portées dans le monde savant. La fin de l'article « Œconomie politique » explicite ce que signifie pour Boulanger porter des lumières nouvelles dans le monde politique : il s'agit d'ouvrir les yeux des citoyens et, notamment, des citoyennes, sur l'oppression que la loi du plus fort leur fait subir. En montrant que l'origine de tout gouvernement est une théocratie instituée par des prêtres et des rois qui n'ont guère hésité, dans l'histoire, à user et à abuser de leur pouvoir théologique en usurpant le pouvoir politique aussi bien qu'en possédant, dans tous les sens du mot, des femmes[7], Boulanger entend bien provoquer un éveil de la conscience politique des femmes et des hommes visant à leur libération du joug des prêtres et des rois. L'article « Œconomie politique » est donc un plaidoyer en faveur du Public, visant à sa libération, et un plaidoyer en faveur des femmes, visant à leur libération. Boulanger, comme Condorcet dans l'*Esquisse d'un tableau historique des progrès de l'esprit humain*, décrit la loi du plus fort comme l'origine de l'oppression des femmes et leur asservissement comme un symbole de puissance des

6 Nicolas Boulanger, né à Paris le 11 novembre 1722 (mort le 16 septembre 1759), est un ingénieur, homme de lettres et philosophe, ami de Diderot. Dans ses *Recherches sur l'origine du despotisme oriental*, ouvrage publié de manière posthume en 1761, il cherche à expliquer par les passions de la crainte et de la terreur le fait que la théocratie se constitue comme la première forme de gouvernement à l'origine de toutes les autres. Son article « Œconomie politique » est un résumé de cet essai important, Diderot décide de la publier de manière posthume en 1765 en l'insérant dans le tome XI, de l'*Encyclopédie*.

7 Nicolas Boulanger, dans l'article « Œconomie politique », mentionne aussi bien la concupiscence (ce qu'il appelle l'incontinence) que le pouvoir symbolique comme causes principales de la « possession des femmes » (le droit du seigneur, qu'on peut décliner en droit de cuissage, disposition de sérails, etc., est « l'étiquette d'une puissance plus qu'humaine, et d'une grandeur surnaturelle en tout », voir « Œconomie politique », p. 378).

prêtres et des souverains[8], il est aussi l'un des premiers[9] à définir les femmes comme la moitié du genre humain.

Olympe de Gouges fait son miel de cet esprit des Lumières qui souffle un vent d'éveil et de liberté, elle qui ne cesse de dire qu'il ne faut pas traiter les femmes comme une minorité ou comme des êtres mineurs puisqu'elles constituent la moitié du genre humain, elle qui lie de manière irréductible éducation et libération en invitant les femmes à prendre les armes de la raison et de la philosophie pour faire valoir leurs droits :

> opposez courageusement la force de la raison aux vaines prétentions de supériorité ; réunissez-vous sous les étendards de la philosophie ; déployez toute l'énergie de votre caractère, et vous verrez bientôt ces orgueilleux, nos serviles adorateurs rampant à vos pieds, mais fiers de partager avec vous les trésors de l'Être suprême. Quelles que soient les barrières[10] que l'on vous oppose, il est en votre pouvoir de les affranchir ; vous n'avez qu'à le vouloir. [...] et puisqu'il est question, en ce moment, d'une éducation nationale, voyons si nos sages législateurs penseront sainement sur l'éducation des femmes[11].

Dans l'article VI de la *Déclaration de la femme et de la citoyenne*, Olympe de Gouges revendique l'égalité de toutes et de tous devant la loi, et le droit pour les femmes d'accéder à toutes les dignités et emplois publics :

> La loi doit être l'expression de la volonté générale ; toutes les citoyennes et citoyens doivent concourir personnellement, ou par leurs représentants, à sa formation ; elle doit être la même pour tous ; toutes les citoyennes et tous les citoyens, étant égaux à ses yeux, doivent être également admissibles à toutes dignités, places et emplois publics, selon leurs capacités, et sans autres distinctions que celles de leurs vertus et de leurs talents[12].

---

8 Cette remarque de Nicolas Boulanger est originale et novatrice, elle annonce les analyses de Françoise Héritier sur la traite des femmes in *Masculin/Féminin*, Paris, Odile Jacob, 1996.

9 Émilie du Châtelet le dit cependant vingt ans avant lui en 1735, dans sa Préface à sa traduction de *La Fable des abeilles* de Mandeville.

10 Il est curieux de noter qu'Émilie utilise aussi ce terme de barrière pour critiquer la domination masculine et dénoncer l'oppression des femmes : « Pourquoi ces créatures dont l'entendement paraît en tout semblable à celui des hommes, semblent pourtant arrêtées par une force invincible au-delà de la barrière » in Ira O. Wade, *Studies on Voltaire. With some unpublished papers of Mme du Châtelet*, p. 135.

11 Olympe de Gouges, *Déclaration des droits de la femme et de la citoyenne*, Postambule, p. 20-21.

12 Olympe de Gouges, *Déclaration des droits de la femme et de la citoyenne*, p. 16.

La revendication de l'égalité des femmes et des hommes devant la loi et dans l'accès à tous les métiers est bien évidemment corrélée à la question de l'éducation : l'éducation doit être la même pour les filles et les garçons pour que toute personne puisse accéder à la même instruction ou formation, et puisse acquérir les connaissances et les compétences pour exercer telle ou telle profession. Car si l'éducation est genrée, alors l'accès aux métiers l'est aussi. Or, de fait, au XVIIIe siècle, seuls les garçons accèdent au savoir car seuls ils ont droit d'apprendre le latin et les mathématiques. Nous avons vu qu'Émilie du Châtelet dès l'âge de 29 ans déplore cet état de fait. Dans l'introduction à sa traduction de *The Fable of the Bees* de Bernard Mandeville (rédigée en 1735 mais publiée seulement en 1947), elle souligne que le refus d'offrir une éducation complète aux filles est « une force invincible en deçà de la barrière[13] », qui empêche la créativité des femmes dans les domaines des sciences et des arts. De fait, la Marquise a eu la chance d'avoir pour père Louis Nicolas de Breteuil (1648-1728) qui a eu l'intelligence et la liberté morale de donner à sa fille une éducation dite de garçon.

Toujours dans la même introduction à *La Fable des Abeilles*, Émilie du Châtelet juge qu'il est vraiment dommage, par cette éducation manquée des filles, de laisser ainsi à l'abandon les capacités intellectuelles de la moitié de l'humanité :

> Pour moi j'avoue que si j'étais roi, je voudrais faire cette expérience de physique. Je réformerais un abus qui retranche, pour ainsi dire la moitié du genre humain. Je ferais participer les femmes à tous les droits de l'humanité, et surtout à ceux de l'esprit[14].

Cependant, la Marquise du Châtelet parle de l'éducation pour réclamer un accès universel au savoir qu'on soit femme ou homme, à plusieurs reprises, mais au fil de la plume. Ce point la distingue de l'engagement politique et « féministe[15] » d'Olympe de Gouges : celle-ci fait œuvre collective comme l'atteste sa *Déclaration de la femme et de la citoyenne* qui s'adresse à toutes et à tous en mentionnant le « toutes », comme on

---

13 Voir l'édition de référence de ce manuscrit in Ira O. Wade, *Studies on Voltaire. With some unpublished papers of Mme du Châtelet*, p. 135.

14 *Ibid.*, p. 136.

15 Nous mettons des guillemets uniquement parce que le mot féministe entre dans la langue seulement à la fin du XIXème siècle.

le fait aujourd'hui, et depuis peu, dans les nouvelles formes d'écriture égalitaire, sans stéréotype de sexe.

La *Déclaration de la femme et de la citoyenne* est un appel aux femmes pour obtenir l'égalité réelle de considération et de dignité : c'est pourquoi il n'y est pas seulement question d'acquérir des droits mais aussi de satisfaire à des devoirs : par exemple le devoir de subir le même traitement que les hommes par la loi, y compris en cas de punition, comme le souligne l'article VII :

> Nulle femme n'est exceptée : elle est accusée, arrêtée, et détenue dans les cas déterminés par la loi. Les femmes obéissent comme les hommes à cette loi rigoureuse[16].

Olympe de Gouges a une conscience aiguë que les femmes ont souvent su jouer de leurs charmes pour obtenir par la passion et l'intrigue ce qu'elles ne pouvaient obtenir par la raison et la liberté d'expression. Comme le souligne très justement Jennifer Tamas dans son article « De l'alcôve à la tribune, Olympe de Gouges ou le désir d'agir », Olympe reprend l'alternative – séduire ou s'instruire – deux cents ans après Louise Labé (1524-1566) qui priait « les vertueuses Dames d'eslever un peu leurs esprits par-dessus leurs quenoilles et fuseaus » afin de [les] « voir non en beauté seulement, mais en science et vertu passer ou égaler les hommes[17] ». Mais l'originalité d'Olympe de Gouges est de trancher cette alternative en faveur de l'éducation de manière très innovante et révolutionnaire dans tous les sens du terme puisqu'elle le fait sous le modèle constitutionnel d'une Déclaration des droits.

Cependant, au XVIIIe siècle, quand les philosophes (mis à part Condorcet), préconisent de réformer l'éducation des filles, c'est en persistant à proposer une éducation différenciée de celle des garçons. Ainsi Jean-Jacques Rousseau s'inscrit contre l'égalité des sexes :

> Soutenir vaguement que les deux sexes sont égaux, et que leurs devoirs sont les mêmes, c'est se perdre en déclamations vaines[18].

16 Olympe de Gouges, *Déclaration des droits de la femme et de la citoyenne*, p. 16.

17 Louise Labé, Épître dédicatoire à Clémence de Bourges in *Débat de Folie et d'Amour*, *Œuvres*, Genève-Paris, Slatkine, 1981, p. 4.

18 Jean-Jacques Rousseau, *Émile ou l'éducation* (1762), présentations et notes d'André Charrak, Paris, GF, 2009, p. 521.

Il affirme au contraire que l'homme et la femme sont de nature différente :

> L'un doit être actif et fort, l'autre passif et faible : il faut nécessairement que l'un veuille et puisse, il suffit que l'autre résiste peu. Ce principe établi, il s'ensuit que la femme est faite spécialement pour plaire à l'homme. Si l'homme doit lui plaire à son tour, c'est d'une nécessité moins directe : son mérite est dans sa puissance ; il plaît par cela seul qu'il est fort. Ce n'est pas ici la loi de l'amour, j'en conviens ; mais c'est celle de la nature, antérieure à l'amour même[19].

C'est donc la loi du plus fort qui fonde l'inégalité « naturelle » des hommes et des femmes et cette loi du plus fort, Rousseau la présente comme une loi de la nature. Pourtant, Jean-Jacques Rousseau, dans le *Discours sur l'origine et les fondements de l'inégalité parmi les hommes*, avait osé dire que les inégalités parmi les hommes ne sont pas fondées dans la nature, qu'elles ne sont pas les expressions d'inégalités naturelles mais résultent de l'oppression des pauvres par les riches. Contre les théoriciens du droit naturel et Diderot, Rousseau non seulement n'admet pas la loi du plus fort à l'état de nature, mais, dit-il, quand bien même elle aurait un sens, il faudrait encore la distinguer de la loi de l'oppression :

> chacun doit voir que, les liens de la servitude n'étant formés que de la dépendance mutuelle des hommes et des besoins réciproques qui les unissent, il est impossible d'asservir un homme sans l'avoir mis auparavant dans le cas de ne pouvoir se passer d'un autre ; situation qui n'existant pas dans l'état de nature, y laisse chacun libre du joug et rend vaine la loi du plus fort[20].

Comment un fort pourrait-il se faire obéir d'un faible ? Puisqu'il suffit au faible de faire vingt pas dans la forêt quand la vigilance du fort se relâche pour briser ses fers.

Cette question, malheureusement pour nous les femmes, Rousseau n'a pas su la faire résonner jusqu'au bout, c'est-à-dire jusqu'à déraciner le préjugé que c'est par nature que les femmes et les hommes seraient inégaux et différents. Ce qui vaut pour les inégalités sociales parmi les hommes ne vaut pas, selon Rousseau, pour les inégalités sociales entre les femmes et les hommes et, sur ce point, il n'hésite pas à reprendre les raisonnements des théoriciens du droit naturel et à dire que les inégalités

19 *Ibid.*, p. 516.

20 Voir *Discours sur l'origine de l'inégalité*, p. 203.

sociales et morales entre les hommes et les femmes sont fondées en nature et qu'il faut veiller par l'éducation des filles à leur faire comprendre leur rôle qui est de plaire et d'obéir aux hommes :

> une fois qu'il est démontré que l'homme et la femme ne sont ni ne doivent être constitués de même, de caractère ni de tempérament, il s'ensuit qu'ils ne doivent pas avoir la même éducation[21].

Le fond de la pensée de Rousseau reprend un lieu commun : les femmes se débrouillent très bien sans éducation car elles savent manœuvrer les hommes par la ruse et la séduction :

> Eh ! prenez le parti de les élever comme des hommes ; ils y consentiront de bon cœur. Plus elles voudront leur ressembler, moins elles les gouverneront, et c'est alors qu'ils seront vraiment les maîtres[22].

Autrement dit, il reprend l'antienne contre l'éducation des filles : à quoi bon les éduquer puisqu'elles ne sont destinées qu'à séduire ?

Or c'est précisément contre cette antienne qu'Olympe s'inscrit en parlant des femmes comme « de ce sexe autrefois méprisable et respecté, et depuis la Révolution, respectable et méprisé[23] ». Autrefois, c'est-à-dire du temps où les femmes obtenaient par séduction et intrigue – moyens méprisables – un rang respecté, qui s'oppose à aujourd'hui où les femmes sont respectables en tant que citoyennes mais en réalité méprisées dans leur prétention à être au même rang que les hommes.

Olympe de Gouges reprend l'alternative de séduire ou de s'instruire en s'interrogeant sur la place qu'on peut prendre en public. Cette question hante Olympe de Gouges depuis longtemps du fait de son origine de fille naturelle du Marquis Lefranc de Pompignac, de sa filiation connue mais non reconnue, du fait aussi de son engagement dans l'écriture et le théâtre où il s'agit de rendre publique sa pensée. Le projet d'Olympe est de devenir une femme de lettres qui ne se contente pas de l'écrit mais qui puisse prendre la parole en public. Mais comment échapper à la vindicte populaire et littéraire[24] qui qualifie une femme qui cherche

21 Jean-Jacques Rousseau, *Émile ou l'éducation*, p. 523.

22 *Ibid.*, p. 524.

23 Olympe de Gouges, *Déclaration des droits de la femme et de la citoyenne*, Postambule, p. 22.

24 Ainsi Hortense Mancini (mémorialiste fameuse du XVIIe siècle) considère qu'une femme qui écrit sa vie est, avec toute la connotation péjorative du terme, une femme publique.

ainsi à sortir de son rang (passif, faible, réservé), de femme publique au sens de prostituée ou de courtisane, injure que ses détracteurs n'ont pas manqué de lancer à Olympe de Gouges. C'est à la raison qu'elle appelle les femmes pour leur faire quitter l'alcôve et monter à la tribune :

> Femme, réveille-toi ; le tocsin de la raison se fait entendre dans tout l'univers ; reconnais tes droits[25].

Olympe s'oppose frontalement à Rousseau : il n'y a pas d'un côté l'homme par nature raisonnable et la femme par nature pudique mais la nature est la même chez les femmes et les hommes, ce sont des êtres raisonnables.

Si conquérir l'espace public pour les femmes est toujours d'actualité (que l'on pense aux marches exploratoires de nuit pour que les femmes évaluent la convivialité ou au contraire le danger de la rue et des places en ville, que l'on pense aussi aux bars et aux cafés à Saint-Denis par exemple qui affichent, suite aux discussions avec le collectif « Place aux femmes » d'Aubervilliers, le label de convivialité « Ici, les femmes se sentent chez elles aussi »), en 1791, quand Olympe de Gouges publie sa *Déclaration des droits de la femme et de la citoyenne*, elle fait vraiment œuvre révolutionnaire. Car cette *Déclaration*, à l'encontre de ce qui a pu en être dit, n'est ni un pastiche ni une simple réécriture de la *Déclaration des droits de l'homme et du citoyen* parue deux ans plus tôt. En premier lieu, la forme de la *Déclaration* d'Olympe est différente : elle comprend certes, comme la Déclaration de 1789, un préambule et le même nombre d'articles (17) mais elle est encadrée par un exorde adressé aux hommes et d'un postambule adressé aux femmes. En outre, si dans les dix-sept articles, elle parle au nom de toutes les femmes, en revanche dans les textes d'encadrement elle parle en son nom propre, ce qui l'autorise à prendre un ton beaucoup plus polémique. Avant la *Déclaration* proprement dite de tonalité juridique, le début de l'exorde aux hommes exprime l'esprit d'égalité que veut insuffler Olympe au texte mais aussi la perspective critique qui rend sa *Déclaration* incontournable pour dénoncer les failles de la vision masculine hégémonique et exclusive des Révolutionnaires (mis à part Condorcet) :

> Homme, es-tu capable d'être juste ? C'est une femme qui t'en fait la question ; tu ne lui ôteras pas du moins ce droit. Dis-moi ? qui t'a donné le souverain

25 Olympe de Gouges, *Déclaration des droits de la femme et de la citoyenne*, Postambule, p. 20.

> empire d'opprimer mon sexe ? ta force ? tes talents ? Observe le créateur dans sa sagesse, parcours la nature dans toute sa grandeur, dont tu sembles vouloir te rapprocher, et donne-moi, si tu l'oses, l'exemple de cet empire tyrannique[26].

Cet exorde a indéniablement un accent rousseauiste, il fait penser à l'exorde du *Discours sur l'origine de l'inégalité* :

> Ô homme, de quelque contrée que tu sois, quelles que soient tes opinions, écoute. Voici ton histoire telle que j'ai cru la lire, non dans les livres de tes semblables qui sont menteurs, mais dans la nature qui ne ment jamais[27].

Mais Olympe retourne les armes de Rousseau contre Rousseau lui-même, lui qui n'a pas su aller jusqu'au bout de son raisonnement sur l'oppression en maintenant les femmes dans une inégalité soi-disant de nature. Olympe s'adresse implicitement à Rousseau dans cet exorde dans un raisonnement que l'on peut reconstituer ainsi : toi qui n'admets pas la loi du plus fort à l'état de nature, toi qui ajoutes que même si elle existait, il faudrait la distinguer de la loi de l'oppression, puisses-tu pousser ton raisonnement jusqu'aux femmes et ne pas admettre non plus la loi des hommes forts et des femmes faibles à l'état de nature et soutenir que même si cette inégalité physique existait, il faudrait la distinguer de la loi de l'oppression.

Olympe dans cet exorde et cette *Déclaration* s'empare du droit de parler et d'argumenter, droit qui n'était pas traditionnellement accordé aux femmes. De surcroît, elle discute avec des philosophes, et non des moindres, Jean-Jacques Rousseau qui est le philosophe de référence des Révolutionnaires. Olympe lui emboîte le pas en comparant explicitement le sort des femmes à celui des esclaves. Après avoir dénoncé dans son théâtre[28] l'esclavage dans les mêmes termes que les Lumières (esclavage et droit sont des termes contradictoires –Rousseau, Contrat social, chapitre IV –, l'esclavage est une injure au genre humain – article « Esclavage » de l'*Encyclopédie* du Chevalier de Jaucourt), elle s'insurge dans son postambule contre le sort des femmes qui, dans l'Ancien régime, n'avaient aucun statut sinon d'appartenir à leur père, puis à leur époux :

26 Olympe de Gouges, *Déclaration des droits de la femme et de la citoyenne*, Exorde, p. 11.

27 Jean-Jacques Rousseau, *Discours sur l'origine et les fondements de l'inégalité parmi les hommes*, Paris, GF, 1971, p. 159.

28 Voir sa pièce de 1785 *Zamore et Mirza ou l'esclavage des noirs* in *Œuvres complètes* d'Olympe de Gouges, t. 1, Théâtre, Cocagne, Montauban, 1993, p. 23-41.

> le commerce des femmes était une espèce d'industrie [...] qui, désormais, n'aura plus de crédit. S'il en avait encore, la Révolution serait perdue [...], cependant la raison peut-elle se dissimuler que tout autre chemin à la fortune est fermé à la femme que l'homme achète, comme l'esclave sur les côtes d'Afrique[29].

L'argumentation ici est serrée et subtile : le commerce des femmes appartient au passé, à l'Ancien Régime, mais si jamais il se poursuivait, alors la Révolution aurait échoué. Et Olympe passe au présent pour dénoncer le fait que la femme n'a toujours pas de statut en dehors d'être la fille d'un père ou la femme d'un mari. La *Déclaration des droits de la femme et de la citoyenne* vise précisément à pallier les oublis de la *Déclaration des droits de l'homme et du citoyen* et à donner le statut et les droits de citoyennes aux femmes, à les considérer comme des êtres raisonnables et majeurs afin d'éviter ces situations dramatiques où une femme est délaissée par son mari et finit pauvre et vieille, où une jeune femme, séduite par un homme, abandonne ses parents pour le suivre, devient la proie de ses caprices et humeurs et finit aussi par être abandonnée même si elle a des enfants, et enfin pour dénoncer la situation ordinaire où une épouse doit satisfaire tous les désirs du mari puisqu'elle est sa propriété ; or, dans tout viol y compris le viol conjugal, et Rousseau en « convient » dans *Émile ou l'éducation*[30], ce n'est pas la loi de l'amour qui règne mais celle du plus fort. Olympe le constate aussi quand elle écrit :

> Le mariage est le tombeau de la confiance et de l'amour[31] .

Olympe de Gouges demande dans sa *Déclaration sur les droits de la femme et de la citoyenne* que les Révolutionnaires s'interrogent sur l'emploi qu'ils font du terme homme dans la Déclaration de 1789 : s'agit-il seulement du mâle blanc, de tous les mâles (y compris les mâles esclaves), ou de tous les êtres humains ? Elle force les Révolutionnaires à questionner les valeurs fondamentales de « leur » *Déclaration* : liberté (de toutes ? de tous ?), égalité (de toutes ? de tous ?), fraternité (de toutes ? de tous ?). Cette portée subversive de la *Déclaration* d'Olympe de Gouges s'accompagne

29 Olympe de Gouges, *Déclaration des droits de la femme et de la citoyenne*, Postambule, p. 22.

30 Jean-Jacques Rousseau, *Émile ou l'éducation*, p. 516 : « son mérite [de l'homme] est dans sa puissance [...] Ce n'est pas ici la loi de l'amour, j'en conviens ; mais c'est celle de la nature, antérieure à l'amour même »

31 Olympe de Gouges, *Déclaration des droits de la femme et de la citoyenne*, Postambule, p. 24.

de revendications positives et précises qui sont clairement exprimées dans le Postambule (égalité des droits des femmes et des hommes et notamment droit à l'éducation) et dans la *Forme du Contrat social de l'homme et de la femme* (droit égal à la séparation, partage égal des biens, responsabilité égale envers les enfants) qui, s'il est appliqué, détruira le préjugé de l'infériorité ou de la minorité des femmes :

> J'offre un moyen invincible pour élever l'âme des femmes ; c'est de les joindre à tous les exercices de l'homme : si l'homme s'obstine à trouver ce moyen impraticable[32], qu'il partage sa fortune avec la femme, non à son caprice, mais par la sagesse des lois. Le préjugé tombe, les mœurs s'épurent, et la nature reprend tous ses droits[33].

Le préjugé de la faiblesse des femmes tombe, les mœurs s'épurent parce que les femmes se gouvernent librement et trouvent leur place et leur rang dans la société par l'éducation et leurs mérites sans devoir manœuvrer les hommes par la séduction et l'intrigue afin d'obtenir une toute petite liberté.

Au terme de cette analyse de la *Déclaration des droits de la femme et de la citoyenne*, on peut dire qu'Olympe de Gouges a payé le prix fort, celui de sa vie[34], sa revendication de s'exprimer en public afin de défendre les droits des femmes. Et elle a retenu de l'*Encyclopédie* et d'Émilie du Châtelet que le seul moyen d'accéder à une majorité rationnelle est d'avoir accès à l'éducation, et d'avoir accès à la même éducation qu'on soit femme ou homme.

---

32 On est loin du prétendu consentement de bon cœur imaginé par Rousseau si on élevait les femmes comme des hommes, idée qu'il présente comme une expérience de pensée inutile et vaine, voir *Émile ou l'éducation*, p. 524.

33 Olympe de Gouges, *Déclaration des droits de la femme et de la citoyenne*, Forme du Contrat social de l'homme et de la femme, p. 27.

34 Elle est guillotinée à l'âge de 45 ans en 1793 sous la Terreur pour avoir publié (en plus de tout le reste) une affiche « Les Trois Urnes » proposant au peuple de choisir entre trois formes de gouvernement (le régime centralisé jacobin, le régime fédéral girondin et la monarchie parlementaire).

POURQUOI TANT DE HAINE ?

Pompon Newton : luxe, calme et volupté

Mourir pour des idées : Olympe de Gouges a eu un destin tragique. Émilie du Châtelet elle aussi a eu, en un sens, un destin tragique lié à sa condition ou à son état, comme elle le dit si lucidement, de femme : mourir d'une fièvre puerpérale à 43 ans. Mais surtout elle a suscité, de son vivant et après sa mort, beaucoup d'animosité voire de haine. Elle a été, elle est encore maltraitée par la postérité : d'un point de vue éditorial, on a attendu 265 ans pour publier ses *Examens de la Bible* ; sa traduction de *La fable des abeilles* de Mandeville avec sa magnifique préface mériterait une édition critique : le manuscrit de 1735 n'a été publié qu'une seule fois par Ira O. Wade dans *Studies on Voltaire with some Unpublished Papers of Mme du Châtelet* en 1947 (Princeton, Princeton Université Press), et n'a pas été republié depuis. L'édition critique très attendue de sa Correspondance vient de paraître grâce aux bons soins d'Ulla Kölving et d'Andrew Brown, une édition critique elle aussi très attendue des *Institutions de physique* est en cours sous l'égide d'Anne-Lise Rey. Beaucoup de lettres manquent et surtout cette édition ne livre que les lettres d'Émilie du Châtelet et non celles de ses correspondants. Quant aux *Institutions de physique*, le site Gallica de la BnF nous permet d'avoir une version imprimée de la première édition de 1740, mais sans aucun commentaire.

Nous passons sous silence les mémoires et manuscrits scientifiques sur le feu ou sur l'optique qui n'ont pas été publiés ni republiés depuis le XVIIIe siècle (hormis un petit fragment sur les couleurs dans *Studies on Voltaire with some Unpublished Papers of Mme du Châtelet* en 1947). Enfin, nous notons que les manuscrits scientifiques d'Émilie du Châtelet contenus dans deux des cinq malles de manuscrits découverts récemment (en 2010) ont été acquis dans une vente aux enchères en 2012 par la société d'investissement Aristophile qui n'autorise pour l'instant aucune consultation des manuscrits[1].

---

1 Nous ne connaissons qu'une liste des manuscrits scientifiques qui a été faite par Michel Toulmonde entre la découverte et l'achat des manuscrits scientifiques. Il a eu la chance

Certes, Émilie du Châtelet a eu une certaine reconnaissance de son vivant qu'elle a obtenue par ses ouvrages à la force du poignet, en obligeant ses pairs à la lire dans la fameuse polémique des forces vives. Mais que de haine a-t-elle aussi soulevé chez ses détracteurs jusque sous la plume de Bachelard.

De son vivant aussi, elle a eu des ennemis : on lui reproche tantôt d'être trop coquette, tantôt de vouloir faire la savante, tantôt de trop aimer le jeu (par exemple le pharaon, jeu de cartes de l'époque), tantôt d'être trop arrogante, tantôt d'être laide, tantôt d'être trop belle, tantôt d'être trop décolletée, bref, elle est la cible de toutes les médisances. Deux tableaux ont pourtant immortalisé sa beauté : celui de Marie-Anne Lenoir qui se trouve au Musée des Beaux-Arts à Bordeaux, et celui de Quentin-Latour qui se trouve au Château de Breteuil à Choisel (collection particulière). Alors comme se fait-il que le portrait de la Marquise inséré en 1745 dans le *Bilder-Sal* en Prusse ne soit pas du tout ressemblant et l'enlaidisse, d'après les commentateurs de l'époque[2] ? C'est pourtant ce portrait qui a été diffusé et lui a donné une audience internationale appréciée de ses compatriotes.

Émilie du Châtelet était une belle femme qui aimait les vêtements et les accessoires, d'où le tendre surnom que lui a donné Voltaire : Pompon Newton. Elle était de haute naissance, elle était la seule fille (les deux autres enfants étaient des garçons) et la petite dernière d'une mère aimante et d'un père qui aurait eu l'âge à sa naissance d'être son grand-père. Elle eut par ce fait une éducation exceptionnelle et sut faire valoir très jeune ses capacités intellectuelles. Même si sa propre famille n'était pas très argentée, son mariage avec le Marquis du Châtelet et surtout ensuite sa liaison avec le riche Voltaire lui ont permis de vivre dans le luxe : le château de Cirey possédait, fait rare à l'époque, une salle de bains.

Ce jeune couple illégitime, est-il besoin de le rappeler, qui vit dans le château de Cirey de 1735 à 1749, attise toutes les jalousies d'autant

---

de lire les manuscrits sur l'optique mais sans avoir le temps d'en faire une étude approfondie (voir sa communication dans le colloque sur Émilie du Châtelet qui s'est tenu les 17 et 18 novembre 2017 aux Archives diplomatiques à la Courneuve et aux Archives nationales à Paris).

2 Voir, sur ce portrait, John Iverson, « A female member of the Republic of Lettres : Du Châtelet's portrait in the Bilder-Sal [...] berümhter Schrifftsteller », in *Émilie du Châtelet : rewriting Enlightenment philosophy and science*, Oxford, Voltaire Foundation, *Studies on Voltaire and the eighteenth century* (SVEC), 1, 2006

que ni l'une ni l'autre ne sont humbles et discrets. Voltaire s'attire les foudres des vrais aristocrates quand il écrit en 1736 – c'est le dernier vers du *Mondain* – « Le paradis terrestre est où je suis », et tout le monde sait qu'il s'agit de Cirey où il vit avec la Marquise.

Émilie, quant à elle, traduit *La Fable des abeilles* qui est à l'origine de la discussion sur le luxe qui va se développer en France.

Luxe, calme et volupté à Cirey où les deux amants mènent, non pas une vie de château, mais une vie extrêmement studieuse dans un château. Ceci dit, ils ont tous les deux un goût prononcé pour la volupté comme le montre, nous l'avons vu, le *Discours sur le bonheur* d'Émilie et comme l'attestent aussi ces vers du *Mondain* de Voltaire :

> Regrettera qui veut le bon vieux temps,
> Et l'âge d'or, et le règne d'Astrée,
> Et les beaux jours de Saturne et de Rhée,
> Et le jardin de nos premiers parents ;
> Moi, je rends grâce à la nature sage
> Qui, pour mon bien, m'a fait naître en cet âge
> Tant décrié par nos tristes frondeurs :
> Ce temps profane est tout fait pour mes mœurs.
> J'aime le luxe, et même la mollesse,
> Tous les plaisirs, les arts de toute espèce,
> La propreté, le goût, les ornements :
> Tout honnête homme a de tels sentiments[3].

Dans la querelle des anciens et des modernes, Émilie et Voltaire se tournent résolument vers le moderne par la défense de Newton, représentant du nouvel esprit scientifique, par leur admiration pour l'Angleterre, pour sa langue et pour son peuple : le couple est profondément anglophile comme le montrent les *Lettres philosophiques* de Voltaire, d'abord intitulées *Lettres anglaises*, qui forment un hymne à la moderne Angleterre, et comme le souligne aussi Émilie dans sa préface à la *Fable des abeilles* :

> mon estime pour les Anglais, et le goût que j'ai toujours eu pour la façon libre et mâle de penser et de s'exprimer de ce peuple philosophe, m'ont fait préférer leurs livres, à ceux des autres nations, et j'ai choisi ce livre qui a pour titre *La Fable des abeilles* parmi tous ceux que j'aurais pu traduire parce

3 Voir *Œuvres complètes*, Paris, éditées par Moland, 52 tomes, Garnier frères, 1877-1883, *Le Mondain* in tome X, p. 83.

> qu'il me semble que c'est un des ouvrages du monde, qui est le plus fait pour l'humanité en général[4].

Et elle ajoute à propos de Mandeville cette note tout à fait significative qui pourrait aussi se lire comme un portrait de Voltaire qui a séjourné deux ans en Angleterre avant de rencontrer Émilie :

> C'était le petit fils d'un réfugié français. Il prouve par son exemple que les esprits français ont besoin d'être transplantés en Angleterre pour acquérir de la force[5].

Luxe, calme et volupté à Cirey : Émilie à travers sa traduction de Mandeville et son *Discours sur le bonheur* a rencontré la question du luxe. Voltaire en discute avec elle, et son poème *Le Mondain* est le reflet de leurs discussions. *Ne quid nimis*, il faut du luxe mais pas en excès, l'excès du luxe est le faste qu'ils rejettent tous les deux : l'économie des plaisirs que propose Émilie dans son *Discours sur le bonheur* s'oppose à une entière abondance[6]. De même Voltaire, dans son apologie du luxe dans la *Défense du Mondain*, se garde bien de le confondre avec le faste[7]. Il est intéressant de montrer que leurs discussions se propagent dans l'*Encyclopédie*. En effet, l'origine de cette question du luxe est Mandeville que la Marquise traduit dès 1735, l'auteur de l'article « Faste » est Voltaire, celui de l'article « Luxe » est Saint-Lambert. La position du couple de Cirey est celle majoritairement partagée dans l'*Encyclopédie*. Pourtant quelques voix s'opposent à cette apologie du luxe parmi lesquelles, nous allons le voir, celle de D'Alembert et celle de Jaucourt.

À vrai dire, la question du luxe est une question tumultueuse qui traverse tout le XVIIIe siècle et ne cesse d'être discutée par textes et traités interposés. Son importance et sa portée sont révélatrices de l'émergence d'une science nouvelle, à savoir l'économie politique. En effet, les penseurs de cette science nouvelle s'efforcent de transposer en économie politique la méthode expérimentale qui a fait ses preuves en physique, de manière à transformer ce qu'on considérait comme des faits – l'inégalité des fortunes, l'inégalité des conditions – en questions. Or la question du luxe

---

4 *Ibid.*
5 *Ibid.*
6 La Marquise du Châtelet, *Discours sur le bonheur*, p. 59-60.
7 Voir l'article « Faste » de l'*Encyclopédie* de Voltaire où il se livre à une critique morale du faste.

plus ou moins liée à celle de l'inégalité des fortunes et des conditions fait partie des problèmes nouveaux soulevés par l'économie politique. C'est sans doute dans ce « plus ou moins » que se joue toute la pertinence de la question du luxe au siècle des Lumières. En effet, la classe de citoyens qui feront la Révolution à la fin du siècle, la bourgeoisie industrieuse et financière, est précisément celle qui a le plus de richesses à faire valoir et à « montrer » en vue d'acquérir autant de prestige et de puissance que la noblesse. Dans la question du luxe se nouent toutes les tensions de la société civile concernant non seulement la distinction des trois états de l'Ancien Régime mais également la manière dont est répartie l'imposition dans ces trois états. Nombreux vont être les penseurs à proposer des taxes sur le luxe pour diminuer l'inégalité des richesses entre les citoyens. La discussion sur le luxe s'accompagne donc d'une discussion sur la manière de concevoir l'impôt le plus juste possible.

L'origine de la discussion sur le luxe est précisément le poème paru anonymement en anglais en 1705 – *La ruche mécontente, ou les coquins devenus honnêtes* – puis *La Fable des abeilles* du même auteur parue anonymement en anglais en 1714 mais qu'on sait être de Mandeville. Il vaut la peine ici de donner le titre en entier : *La Fable des abeilles ou les vices privés font le bien public contenant plusieurs discours qui montrent que les défauts des hommes, dans l'humanité dépravée, peuvent être utilisés à l'avantage de la société civile, et qu'on peut leur faire tenir la place des vertus morales.* Mandeville, après La Rochefoucauld et avant Helvétius, fait de l'intérêt le ressort de la morale et de la politique. À la fin du XVIIe siècle, Furetière dans son *Dictionnaire* définit l'intérêt comme ce qui importe, ce qui convient, en quelque manière que ce soit, ou à l'honneur, ou à l'utilité de quelqu'un. Cette définition fait osciller la notion entre importance et convenance, entre code de l'honneur et valeur d'utilité. À la même époque, La Rochefoucauld met l'intérêt au centre de ses maximes morales et lui confère le statut du fondement de la sociabilité. L'intérêt est le moteur des actions humaines, qui se cache sous le nom de vertu ou de vice[8]. Ce qui fait le propre de l'intérêt, c'est qu'il n'est pas une passion mais plutôt une inclination à la raison et au calcul. Cela explique qu'on puisse le considérer soit comme le moteur des actions d'un individu,

8 La Rochefoucauld, *Maximes*, Paris, Garnier, 1992, maxime 171, p. 151 : « Les vertus se perdent dans l'intérêt, comme les fleuves se perdent dans la mer » ; voir aussi maxime 187, p. 155 : « Le nom de la vertu sert à l'intérêt aussi utilement que les vices ».

soit comme la résultante positive, du point de vue politique, des forces et des passions individuelles en lice dans une société.

En 1736, Voltaire, fils de notaire, issu par conséquent de la bourgeoisie industrieuse vit à Cirey avec une dame de condition, la Marquise du Châtelet. Il écrit un poème sur le luxe qu'il intitule *Le Mondain*, en hommage à *La Fable des abeilles* où est décrit le train de vie d'un « mondain », ouvrage qu'Émilie vient de traduire de l'anglais. Tous deux sont à l'unisson et approuvent la morale de l'intérêt accompagnée d'une apologie du luxe défendues par Mandeville. Le poème de Voltaire circule sous le manteau et fait scandale. Les ennemis de Voltaire sont en effet jaloux non seulement de ses succès mais aussi de la richesse, du luxe et du bonheur de châtelain dont il ose se vanter dans le *Mondain*. On sait que la fortune de Voltaire est due, à l'origine, à une erreur de conception de la première loterie nationale de 1729 (on n'avait pas prévu un nombre suffisant de billets si bien que La Condamine, Voltaire et ses amis achètent tous les billets et gagnent à chaque tirage). Cette aubaine dure environ un an jusqu'à ce que le jeu soit retiré et reconçu. Voltaire place alors l'argent qu'il a gagné à la loterie dans des actions en Lorraine et fait très vite partie de ceux que le système de Law n'a pas ruinés et qui vivent selon le goût de la dépense et du luxe.

Ce goût se répand dans le milieu de la noblesse mais appartient-il à un Arouet de le chanter ? Indépendamment du caractère irréligieux du poème[9], ne serait-ce pas l'origine sociale de Voltaire qui rend son poème scandaleux pour les nantis, nobles, financiers, bourgeois anoblis, cardinaux et évêques qui vivent dans le luxe ? Car l'heure est plutôt au mercantilisme, non pas étatique à la manière de Colbert, mais dynamique, inspiré des Anglais[10] : toute grande société est fondée sur le droit de propriété, elle ne peut fleurir que si les individus qui la composent sont intéressés à multiplier les productions de la terre et celles des arts,

9 Voltaire se moque, au début du *Mondain*, de la vie rustique d'Adam et Ève au paradis terrestre : Mon cher Adam, mon gourmand, mon bon père / Que faisais-tu dans les jardins d'Éden ? / [...] Caressais-tu madame Ève ma mère ? / Avouez-moi que vous aviez tous deux / Les ongles longs, un peu noirs et crasseux, / La chevelure un peu mal ordonnée, / Le teint bruni, la peau bise et tannée. / Sans propreté l'amour le plus heureux / N'est plus amour c'est un besoin honteux.

10 Voir, sur ce point, le chapitre III de *L'invention de l'économie au XVIIIe siècle* de Catherine Larrère, Paris, PUF, 1992.

c'est-à-dire que s'ils peuvent compter sur la libre jouissance de ce qu'ils acquièrent par leur industrie. Il faut donc que les hommes puissent acquérir en propriété plus que le nécessaire, et que cette propriété soit respectée pour que la société soit florissante. L'inégalité des fortunes, dont le luxe est un signe, y est dont utile.

Certes, dans une société inégalitaire, le luxe n'est point un mal car il diminue en partie les effets de cette inégalité : il fait vivre le pauvre aux dépens des fantaisies du riche. Il vaut mieux qu'un homme qui a cent mille écus de rente nourrisse des doreurs, des tapissiers, des brodeuses ou des peintres, que s'il employait son superflu, comme les anciens Seigneurs, à entretenir ses valets et ses chiens. Ceux qui regardent le luxe comme la source de tous les maux de l'humanité prennent l'effet de l'inégalité pour sa cause mais ceux qui, à l'instar de Mandeville et de Voltaire, font l'apologie du luxe prennent pour la bonne santé d'une société un remède qui ne fait que diminuer les ravages de la maladie funeste du corps social où un petit nombre regorge de superflu quand le plus grand nombre manque du nécessaire.

Aux apologistes du luxe (Mandeville, du Châtelet, Voltaire), certains rétorquent en effet que moins l'inégalité d'une société est grande, plus celle-ci est heureuse. Les lois doivent donc veiller à diminuer l'inégalité sans pour cela brider la liberté de chacun d'acquérir des richesses et de jouir de celles qu'il possède (le droit de propriété n'est jamais remis en question dans l'*Encyclopédie*). Pour cela, elles doivent établir le partage égal des successions (refus du droit d'aînesse) ; rendre impossible, par une administration simple des impôts, les grandes fortunes de finance ; limiter la permission de tester ; enfin veiller à ce que les grandes charges de l'État ne soient ni héréditaires ni lucratives. Dans la deuxième moitié du XVIIIe siècle, ceux qui deviendront les physiocrates commencent à exprimer, dans l'*Encyclopédie*, une économie politique différente de celle des penseurs du mercantilisme qui ont dominé la première moitié du XVIIIe siècle. L'article « Vingtième » soutient une théorie physiocratique de l'impôt : seule la terre doit être taxée, il s'oppose en ce sens à l'article « Économie » de Jean-Jacques Rousseau qui propose une taxe sur la consommation.

De manière générale, les articles de l'*Encyclopédie* traitant de la question du luxe témoignent des divers courants de pensée que nous venons de rappeler brièvement. L'article « Luxe », anonyme mais authentifié de Saint-Lambert par la *Correspondance littéraire* de Grimm[11], est un article tempéré qui présente de manière équilibrée les arguments des défenseurs et des détracteurs du luxe pour conclure que le luxe n'est ni bon ni méchant mais qu'il doit être régulé par le gouvernement. C'est au gouvernement de corriger les abus qu'on en peut faire, non par des lois somptuaires inutiles et absurdes[12], mais par des réformes dans l'administration et dans la finance.

Voltaire, dans son article « Faste » paru dans le tome VI en 1756, met en place une distinction importante partagée par Émilie du Châtelet entre le faste et le luxe : si l'on peut vivre dans le luxe, en revanche vivre dans le faste, c'est-à-dire dans le luxe ostentatoire, est une marque révoltante d'opulence. Dans cette nuance apparaît la distinction entre un luxe d'apparat qui est excessif et mauvais et le luxe utile qui est bon. Cette distinction permet de maintenir le luxe dans les limites de l'utilité, ce sur quoi la majorité des penseurs s'accorde. Cependant, si l'on tire le fil de l'écheveau du luxe par ce qui lui semble contraire, à savoir la frugalité, un discours beaucoup plus critique vis-à-vis du luxe se fait jour dans l'*Encyclopédie*. L'article « Frugalité » signé de Jaucourt renvoie à « Fortune » de D'Alembert qui renvoie à « Noblesse » signé aussi de Jaucourt. Dans ces trois articles, le luxe est condamné comme inutile et immoral. L'idée, par exemple, que le luxe donne du travail aux pauvres est battue en brèche dans l'article « Fortune » par une toute autre conception de la pauvreté : D'Alembert n'en fait plus, comme les mercantilistes, un aiguillon au travail mais une injustice sociale criante, cruelle et contraire au droit naturel. La fin de l'article « Fortune » critique le mépris qu'affiche la noblesse pour le commerce alors même qu'il sert à acheter la noblesse, et dénonce le fait qu'on puisse se procurer la noblesse avec des richesses acquises par toutes sortes de voies, et D'Alembert renvoie à « Noblesse » dans lequel Jaucourt, sans doute parce qu'il est lui-même issu d'une très grande famille, n'hésite

11 Voir, sur ce point, Jacques Proust, *Diderot et l'Encyclopédie*, Paris, Albin Michel, 1962 ; 1995, p. 67.

12 Saint-Lambert n'accorde aucun crédit aux lois somptuaires (c'est-à-dire aux lois qui restreignent les dépenses de luxe) exception faite de celle « qui chargerait d'impôts une branche de luxe qu'on tirerait de l'étranger, ou une branche de luxe qui favoriserait trop un genre d'industrie aux dépens de plusieurs autres » mais, ajoute-t-il, « il y a même des temps où cette loi pourrait être dangereuse », in article « Luxe », *Encyclopédie*, tome IX, 1765, p. 770.

pas à critiquer l'oisiveté à laquelle est condamnée « sur ordre du roi » la noblesse, oisiveté, mère de tous les vices, et particulièrement du vice de l'ignorance[13].

On le voit, le problème de la diminution de l'inégalité des richesses ne fait qu'un avec le problème du luxe. Car en réduisant la part du produit net qui revient aux membres oisifs, on réduit aussi le luxe d'apparat ; mais en augmentant la part des producteurs, on augmente le luxe utile producteur d'emplois et de richesses et par là le bien-être de tous. Le moyen de remédier à la répartition inégale du produit net est la réforme fiscale.

Les encyclopédistes, contrairement à l'idée reçue (mais de moins en moins reçue grâce aux travaux de ces cinquante dernières années[14]), n'ont pas été des révolutionnaires. Ils ont certes souhaité des réformes : notamment la séparation de l'Église et de l'État (prônée par Deleyre dans son article « Fanatisme ») et l'abolition de l'esclavage. Ils ont souhaité également, comme le montre la question du luxe dans l'*Encyclopédie*, la réforme fiscale qu'ils dotent d'une portée critique et d'une force politique et économique assez considérables. En réponse à la fin de l'article « Économie » où Rousseau propose de taxer les produits de luxe et de mettre en place une taxe sur la consommation, l'article « Vingtième » (de tendance physiocratique) de Damilaville et de Diderot propose de taxer la source des richesses, c'est-à-dire la terre, plutôt que la consommation.

Dans la théorie de l'impôt qui se fait jour dans l'*Encyclopédie*, la référence principale est le mercantiliste Véron de Forbonnais[15] qui, dans ses *Recherches et considérations sur les finances de la France de 1595 à 1721* (publiées en 1758 et considérées comme une des meilleures études sur la question), préconise une loi fiscale instituant de manière stable un impôt proportionnel à la fortune. Les encyclopédistes sont d'accord avec Forbonnais : cependant, leur inclination pour la politique mercantiliste

13 Voir son article « Noblesse », in *Encyclopédie*, tome XI, 1765.

14 On peut citer par exemple Jacques Proust, *Diderot et l'Encyclopédie*, Paris, 1962, qui a bien montré le fond profondément monarchiste des encyclopédistes.

15 Véron de Forbonnais (1721-1800), issu d'une famille de marchands-fabricants, obtint le brevet d'inspecteur général des monnaies en 1756. En 1759, il fut, sur la demande du roi, attaché au département de Silhouette, Contrôleur général des finances. Il devint noble par l'achat d'un office de conseiller au parlement de Metz. Le Comité des finances le fit venir à Paris en 1790 pour travailler sur les monnaies. Il mourut membre associé de l'Institut.

s'accompagne d'attirances pour la physiocratie qui va de pair avec leur critique de la noblesse qui méprise le commerce[16].

Peut-être faut-il ici rappeler que les nobles étaient exemptés d'impôts et que Louis XV, en 1752, exempte le clergé du Vingtième. Cet impôt (qui consistait à reverser 5 % de ses revenus à l'État, le vingtième donc) est un impôt direct royal, créé en mai 1749, pour financer la guerre d'Espagne et qui aurait dû concerner tout le monde. Le clergé, riche contribuable dont on pouvait attendre le plus, refusa cet impôt et en appela au roi en mettant sur le compte des Philosophes le « harcèlement » dont il était l'objet. Le peuple entier attendait que le roi fît plier l'ordre prôneur de charité à payer son écot à la nation dont il tirait sa richesse. Le clergé ne céda pas…et le roi céda. La charge du Vingtième retomba entièrement sur le Tiers État auquel incombaient déjà la gabelle et la taille. Ces deux impôts étaient des charges très lourdes et très inégalement réparties et, malgré les tentatives de réforme de Forbonnais[17], les privilèges exemptant de la taille les plus gros propriétaires terriens (c'est-à-dire le clergé et les nobles) ne furent pas supprimés. Pour cette raison, le clergé et le roi furent désormais haïs de la nation[18].

La Révolution est due plutôt à des maladresses de ce type, à l'incompétence politique de Louis XV et à sa soumission au clergé qu'à l'action des encyclopédistes. Ceux-ci n'ont certainement pas voulu ni espéré la mort du Roi ni de la monarchie. Leur aspiration, serait plutôt celle d'une monarchie parlementaire à l'anglaise respectant l'équilibre des pouvoirs dans le sillage de la pensée politique de Montesquieu. En ce sens, ce qui rassemble sans doute le mieux les encyclopédistes, c'est moins un projet de révolution politique que le mot d'ordre – « Écrasons l'inf… » – dont le corollaire positif est « penser par soi-même ».

Il est en tout cas incontestable que tout un courant anglophile, bien représenté et diffusé par Montesquieu (qui a aussi séjourné en Angleterre), Émilie du Châtelet et Voltaire, nourrit la réflexion sur le luxe, sur l'inégalité de fortune et sur l'inégalité de condition, sur la meilleure

16 Voir Jacques Proust, *Diderot et l'Encyclopédie*, chapitre XII, p. 453-491.

17 Faute d'avoir pu faire admettre de façon définitive et générale la suppression des privilèges concernant l'impôt de la taille, Forbonnais soumit volontairement ses terres à la taille par un acte de 1764.

18 Quant aux nobles, ils formaient un groupe tellement hétérogène entre ceux qui venaient d'acheter leur titre et les vieilles familles dotées d'une « autorité naturelle » qu'ils ne furent pas marqués de la même manière par la vindicte publique.

politique pour diminuer les inégalités, sur l'impôt juste et sa répartition, en un mot sur toutes les questions relatives à l'économie politique. Il est clair, en ce sens, que les discussions d'Émilie et de Voltaire à Cirey et les ouvrages qui les représentent du moins en partie, parmi lesquels la préface à la *Fable des abeilles* et sa traduction, le *Discours sur le bonheur* de la Marquise et le *Mondain* de Voltaire, ont eu une forte résonance dans l'*Encyclopédie* et dans le siècle.

CONCLUSION

Voici le temps de conclure. Nous avons cherché à présenter Émilie du Châtelet en habit de philosophe à part entière, et non pas en simple traductrice d'un grand savant, Newton, ou en simple compagne d'un grand écrivain philosophe, Voltaire. Émilie mérite mieux que cela, elle mérite qu'on la lise vraiment, qu'on découvre sa philosophie des sciences, sa philosophie morale et sa réflexion politique sur l'éducation. Il est grand temps de lire Émilie du Châtelet pour elle-même.

Cette philosophe présente en effet une pensée originale, vive et féconde : sa volonté de ne pas renoncer à chercher la cause de l'attraction exprime une ténacité scientifique qui sera entendue par la postérité. Einstein a suivi les conseils d'Émilie du Châtelet et a cherché à fonder l'attraction sans hésiter à parcourir les deux ou trois chemins des hypothèses : si deux ne mènent nulle part, le troisième montre une nouvelle voie à explorer. La conception positive de l'erreur, l'obligation pour le scientifique d'errer, ou encore le devoir d'errer corollaire d'un droit de rêver inventif, tout cela la conduit à tracer deux lignes principales dans sa philosophie : ne jamais céder à l'argument d'autorité même si celle-ci a pour nom Newton, penser l'histoire des sciences comme une succession d'hypothèses rectifiées, ce qui a pu suggérer à Bachelard l'idée d'une épistémologie historique. Ces deux lignes de réflexion (critique de l'argument d'autorité et réflexion sur la manière dont se constituent une science et l'histoire des sciences) sont aussi des lignes de conduite : celles d'un esprit inventif passionné qui ne cesse jamais de douter dans ses recherches et qui se méfie de l'esprit de système et des idées vite transformées en dogmes.

Tout, dans son œuvre, nous fait respirer l'air fin et subtil d'un esprit libre, affranchi des stéréotypes de sexe, ouvert à l'universel. Suivre les pas d'Émilie signifie suivre un chemin de fragrances où certes les roses ont des épines et sont parfois cachées derrière des broussailles mais où leur parfum est si fort que trois siècles plus tard elles attirent toujours l'attention.

Émilie elle-même a du nez : elle flaire les bons auteurs jusqu'à se laisser imprégner par leurs œuvres et vouloir les traduire : les Anglais ont sa préférence, Mandeville et Newton. Newton ou l'explication du système du monde par l'attraction, Mandeville ou l'explication du système du monde humain par l'intérêt, monde où les vices privés font fonction de vertus.

Les lectures de la Marquise visent le monde dans sa dimension universelle aussi bien en physique qu'en morale. Elle a l'audace, le mérite et le courage de quitter sans regret les vieux habits des tourbillons cartésiens et les oripeaux de la morale chrétienne pour montrer fermement ce qui est le moteur des mouvements terrestres et célestes, l'attraction, et ce qui est le moteur des actions humaines : l'intérêt ou les vices privés. L'amour de l'étude se conjugue pour elle avec l'amour de la vie et l'amour tout court : tout en elle est élan, enthousiasme, partage. Elle ouvre grands les bras comme pour embrasser quelque chose. Elle retient de Descartes non sa physique mais sa conception de l'amour, des passions et de la générosité : les passions ne sont jamais mauvaises, elles sont à réguler par l'usage de notre raison.

Elle sait qu'on ne peut aimer véritablement quelqu'un et vouloir en même temps le posséder car on lui enlèverait, par là même, la perfection qui fait qu'on l'aime, c'est-à-dire son libre arbitre et le style de vie qui le caractérise. Ainsi quand Voltaire s'éloigne d'elle, même si, pendant un temps, elle aime pour deux[1], elle finit par accepter la métamorphose de l'amour en amitié. Car elle sait aussi que de ce tout que l'âme forme avec l'objet qu'elle aime, cet objet est la meilleure partie. L'amour qui procède de la connaissance de la dignité ou de la perfection de son objet n'abolit pas la différence entre moi et l'autre. Il n'abolit pas l'individualité de chacun, mais il abolit cet individualisme possessif selon lequel aimer l'autre, c'est le posséder, l'avoir pour soi. L'amour de soi dans sa forme la plus grande et la plus parfaite est, au

1 La Marquise du Châtelet, *Discours sur le bonheur*, p. 63-64 : « le plaisir que nous sentons à nous livrer à toute notre tendresse peut suffire pour nous rendre heureux ; et si cette âme a encore le bonheur d'être susceptible d'illusion, il est impossible qu'elle ne se croie pas plus aimée qu'elle ne l'est peut-être en effet ; elle doit tant aimer qu'elle aime pour deux, et que la chaleur de son cœur supplée à ce qui manque réellement à son bonheur ».

contraire de l'amour narcissique, amour de quelque chose de plus parfait que soi, il ressemble au désir de connaître ou à la prise de conscience de son imperfection par la connaissance de l'idée de perfection, en ce qu'il est comme ce désir, comme cette prise de conscience, la promesse d'atteindre un plus haut degré de perfection.

C'est aussi de cette promesse d'atteindre un plus haut degré de perfection que relève la conception cartésienne de la générosité qu'Émilie fait sienne. La générosité se présente comme un remède général à toutes les passions et une sagesse applicable dans toutes les situations de la vie. La générosité est en effet le trait d'union de la conscience de la perfection du libre arbitre ou volonté, et de la plus haute vertu morale qui consiste à en user selon le droit usage de la raison. Être généreux, c'est d'abord ne pas avoir besoin d'autrui pour s'estimer soi-même, c'est aussi ne désirer que les biens qui dépendent de soi et c'est surtout acquérir ces biens et pas seulement les désirer. La personne généreuse est donc celle qui fait un bon usage de sa raison qui distingue les biens qui dépendent de l'âme et ceux qui dépendent de causes extérieures, et qui incite la volonté à agir pour acquérir les premiers. Le libre arbitre peut ainsi produire, en toute occasion, le contentement de l'âme qui résulte de l'exercice de la vertu, c'est-à-dire de l'accord entre raison et désir.

La générosité nous permet d'être tout ce que nous pouvons être sans restriction et sans inaction. Et c'est en trouvant la perfection mais aussi la perfectibilité dans l'exercice de la vertu, perfectibilité liée au désir illimité de connaître la vérité des choses qui l'entourent, que la personne généreuse vit dans le plus grand contentement de soi : à savoir la culture de la flexibilité et de la sagacité de son esprit, à l'encontre de ce que produit la passion contraire à la générosité, à savoir l'orgueil et son corollaire l'amour-propre. L'orgueil consiste en une admiration déréglée de l'image que l'on se fait de soi-même, il fige l'image de soi au lieu d'inscrire dans un devenir la perfectibilité de soi. À l'inverse, la générosité nourrit l'amour de la vertu dans la connaissance du bien qu'elle représente et dans le contentement qu'elle produit dans l'âme. Autrement dit, la générosité conduit à l'amour intellectuel de la perfection dont l'âme a l'idée et l'usage dans l'exercice de la vertu, sans l'once d'un regret de ne pas être Dieu ni même de pouvoir le comprendre.

Ce lien étroit qui unit la générosité à l'idée et au sentiment de la perfection conduit à penser son être non pas dans un devoir être mais dans un vouloir être. En effet, acquérir et exercer, en toute occasion, la vertu de générosité c'est atteindre sans aucun doute le plus haut degré de perfection et de sagesse que l'on puisse désirer.

La générosité est ainsi la juste estime de soi causée par la volonté qu'on sent en soi-même d'user toujours bien de son libre arbitre. Émilie du Châtelet souscrirait à ce que dit Descartes de la générosité :

> Ainsi je crois que la vraie générosité, qui fait qu'un homme s'estime au plus haut point qu'il se peut légitimement estimer, consiste seulement partie en ce qu'il connaît qu'il n'y a rien qui véritablement lui appartienne que cette libre disposition de ses volontés, ni pourquoi il doive être loué ou blâmé sinon pour ce qu'il en use bien ou mal, et partie en ce qu'il sent en soi-même une ferme et constante résolution d'en bien user, c'est-à-dire de manquer jamais de volonté pour entreprendre et exécuter toutes les choses qu'il jugera être les meilleures. Ce qui est suivre parfaitement la vertu[2].

Mais elle le dit à sa manière : ce qui permet d'aimer et de jouir loyalement de son être sans inquiétude et sans repentir « est d'être bien décidé à ce qu'on veut être et à ce qu'on veut faire, et c'est ce qui manque à presque tous les hommes ; c'est pourtant la condition sans laquelle il n'y a point de bonheur[3] ». La double occurrence du verbe vouloir renforcée par l'expression « être bien décidé » indique bien la source humaniste et cartésienne des réflexions morales d'Émilie. Cette source est présente dès l'ouverture de la préface à sa traduction de Mandeville en 1735, où le récit de soi qu'elle propose n'est pas sans rappeler celui de Montaigne dans les *Essais* ou de Descartes dans le *Discours de la méthode* :

> Depuis que j'ai commencé à vivre avec moi, et à faire attention au prix du temps, à la brièveté de la vie, à l'inutilité des choses auxquelles on la passe dans le monde, je me suis étonnée d'avoir eu un soin extrême de mes dents, de mes cheveux, et d'avoir négligé mon esprit et mon entendement. J'ai senti que l'esprit se rouille plus aisément que le fer, mais qu'il est bien plus difficile de lui rendre son premier poli[4].

---

2 Descartes, *Passions de l'âme*, article 153, in tome 3 des *Œuvres philosophiques*, p. 1067.

3 La Marquise du Châtelet, *Discours sur le bonheur*, p. 48.

4 Préface à *La fable des abeilles* de Mandeville in Ira O. Wade, *Studies on Voltaire with some Unpublished Papers of Mme du Châtelet*, p. 131.

L'amour de l'étude est alors un programme obligatoire pour lutter contre la rouille de l'esprit et l'extinction de sa flamme :

> Aussi perd-on ses idées quand on néglige de les cultiver. C'est un feu qui meurt, si on n'y jette pas continuellement le bois qui sert à l'entretenir[5].

Pour ne pas perdre la flexibilité et la sagacité de l'esprit, elle conseille la détermination :

> Il faut s'y conduire [dans les études] comme dans la vie civile, bien savoir ce qu'on veut être. L'irrésolution produisant dans l'une les fausses démarches, dans l'autre les idées confuses[6].

Dans le sillage de Descartes et de Spinoza, la Marquise tient pour l'un des pires défauts de l'âme l'irrésolution et les fluctuations. Elle propose ici une corrélation intéressante entre l'irrésolution de l'âme et la confusion des idées : il faut vouloir penser ce qu'on pense et non pas se laisser happer par les idées qui volètent autour de soi, d'où son rejet et sa critique de l'argument d'autorité où l'âme se laisse séduire par un nom et non par sa propre réflexion. Cette corrélation en implique une autre *a contrario* : celle de la résolution de l'âme et de la détermination des idées, d'où son goût pour l'engagement dans les chemins risqués, même si certains ne mènent nulle part. Peu importe si l'on doit faire demi-tour : ce cheminement n'aura pas été vain puisqu'il aura montré que la voie empruntée était une impasse et qu'il indique d'autres pistes à explorer, l'essentiel est de s'engager, de commencer :

> Il faut un commencement dans toutes les recherches, et ce commencement doit presque toujours être une tentative très imparfaite, et souvent sans succès [...] Ainsi, il faut nécessairement que quelques-uns risquent de s'égarer, pour marquer le bon chemin aux autres[7].

5 *Ibid.*
6 *Ibid.*
7 La Marquise du Châtelet, *Institutions de physique*, p. 75.

BIBLIOGRAPHIE

ŒUVRES D'ÉMILIE DU CHÂTELET

CHÂTELET, Émilie de Breteuil du, *Institutions de physique*, Paris, Prault, 1740.

CHÂTELET, Émilie du, traduction et commentaire des *Principes mathématiques de la philosophie naturelle* de Newton, en deux tomes, Paris, 1756-1759, rééd. Blanchard, 1966; puis Jacques Gabay, 1990.

CHÂTELET, Émilie du, *Discours sur le bonheur*, avec une préface d'Élisabeth Badinter, Paris, Payot et Rivage, 1997.

CHÂTELET, Émilie du, *Discours sur le bonheur*, avec une préface de Robert Mauzi, Paris, Les Belles Lettres, 1961.

CHÂTELET, Émilie du, *Lettres de la Marquise du Châtelet*, éditées par Théodore Besterman, Genève Institut et Musée Voltaire Les Délices Genève, en deux tomes, 1958.

CHÂTELET, Émilie du, *Correspondance*, en deux tomes, sous la direction de Ulla Kölving et Andrew Brown, Ferney-Voltaire, Centre international d'étude du XVIIIe siècle, 2018.

CHÂTELET, Émilie du, *Dissertation sur la nature et la propagation du feu* in *Recueil des pièces ayant emporté le prix de l'Académie de 1738*, Paris, Imprimerie royale, 1739; Paris, Prault fils, 1744.

CHÂTELET, Émilie du, *Réponse de madame*** à la lettre que M. de Mairan, secrétaire perpétuel de l'Académie royale des sciences, lui a écrite le 18 février 1741, sur la question des forces vives*, Bruxelles, 1741.

CHÂTELET, Émilie du, Préface à la traduction et traduction de la *Fable des abeilles*, éditées par Ira O. Wade, *Studies on Voltaire with some unpublished Papers of Mme du Châtelet*, Princeton, Princeton University Press, 1947.

CHÂTELET, Émilie du, *Examens de la Bible*, édités et annotés et Préface par Bertram Eugène Schwarzbach, Paris, Champion, 2011.

CHÂTELET, Émilie du, *Grammaire raisonnée* de Mme du Châtelet, p. 209-241 éditée par Ira O. Wade, *Studies on Voltaire. With some unpublished papers of Mme du Châtelet*, Princeton, Princeton University Press, 1947.

CHÂTELET, Émilie du, *Essai sur l'optique*, chap. 4 De la formation des couleurs de Mme du Châtelet, p. 188-208 édité par Ira O. Wade, *Studies on Voltaire. With some unpublished papers of Mme du Châtelet*, Princeton, Princeton University Press, 1947.

OUVRAGES CONSULTÉS

ALGAROTTI, Francesco, *Le newtonianisme pour les Dames*, paru en italien à Naples en 1737 et traduit en français en 1738.

BACHELARD, Gaston, *La Formation de l'esprit scientifique*, Paris, Vrin, 1938 ; rééd. 1986.

BACHELARD, Gaston, *La Philosophie du non*, Paris, Puf, 1940 ; 1983.

BACHELARD, Gaston, *La Flamme d'une chandelle*, Paris Puf, 1961.

BADINTER, Élisabeth, *Émilie, Émilie, L'ambition féminine au XVIIIème siècle*, Paris, Flammarion, 1983 ; rééd. Le Livre de Poche, 1997.

BADINTER, Élisabeth, Préface au *Discours sur le bonheur*, Paris, Payot et Rivage, 1997.

BARD, Christine, *Les Filles de Marianne. Histoire des féminismes. 1914-1940*, Paris, Fayard, 1995.

BERNARD, Claude, *Principes de la médecine expérimentale*, Paris, Puf, 1947.

BERNARD, Claude, *Introduction à l'étude de la médecine expérimentale*, Paris, Champs Flammarion, rééd. 1984.

BLAY, Michel, *La naissance de la mécanique analytique*, Paris, PUF, 1992.

BOKOBZA KAHAN, Michèle, recension « Madame du Châtelet, *Examens de la Bible* », *Studi Francesi*, 175 (LIX | I) | 2015.

BÖTTCHER, Frauke, « La réception des *Institutions de physique* en Allemagne », *Émilie du Châtelet – éclairages et documents nouveaux*, Centre international d'étude du XVIIIe siècle, Ferney-Voltaire, 2008.

BOULANGER, Nicolas, Œconomie Politique, *Encyclopédie ou dictionnaire raisonné des sciences, des arts et des métiers.*

BROWN, Andrew, voir KÖLWING, Ulla pour la direction de l'édition de la Correspondance d'Émilie du Châtelet, en deux tomes, Ferney-Voltaire, Centre international d'étude du XVIIIe siècle, 2018.

BURGAT, Florence, *Être le bien d'un autre*, Paris, Payot, 2018.

CARBONCINI, Sonia, « L'*Encyclopédie* et Christian Wolff. À propos de quelques articles anonymes », *Les Études philosophiques*, 4, 1987.

CHAMBAT, Frédéric et VARY, Dominique, « Faut-il faire une description bibliographique des *Principes mathématiques* ? », *Émilie du Châtelet – éclairages et documents nouveaux*, Centre international d'étude du XVIIIe siècle, Ferney-Voltaire, 2008.

CLAIRAUT, Alexis, *Éléments de géométrie*, Paris, David, 1741, rééd. en fac-similé Jacques Gabay, 2006.

COHEN, I. Bernard, « The French Translation of Isaac Newton's *Philosophiae naturalis Principia mathematica* (1756, 1759, 1966) », *Archives internationales des sciences*, 21, 1968.

COHEN, I. Bernard, « A guide to Newton's *Principia* », dans Isaac Newton, *The Principia : mathematical principles of natural philosophy*, trad. I. Bernard Cohen et Anne Whitman avec le concours de Julia Budenz, Berkeley ; London, University of California Press, 1999.

CONDORCET, Jean-Antoine Caritat de, *Esquisse d'un tableau historique des progrès de l'esprit humain*, Paris, GF, 1988.

COSTABEL, Pierre, *La question des forces vives, Cahiers d'histoire et de philosophie des sciences*, 8, 1983.

COSTABEL, Pierre, « D'Alembert et la querelle des forces vives », *Actes du Colloque Jean D'Alembert – 15-18 juin 1983*, publiés par le Centre International de Synthèse, Paris, Archives, 1989.

COURCELLE, Olivier, voir KÖLVING, Ulla (dir.), *Émilie du Châtelet, Éclairages et documents nouveaux*, Ferney-Voltaire, Centre international d'étude du XVIIIe siècle, Ferney-Voltaire, 2008.

COURCELLE, Olivier, « La traduction tardive des *Principes mathématiques* », *Émilie du Châtelet – éclairages et documents nouveaux*, Centre international d'étude du XVIIIe siècle, Ferney-Voltaire, 2008.

D'ALEMBERT, Jean, *Discours Préliminaire de l'Encyclopédie* (titre abrégé par la suite en D.P.E.), Paris, t. 1 in *Encyclopédie*, 1751, reprise de la 3e édition de 1763 par Vrin, 1984.

D'ALEMBERT, Jean, *Traité de Dynamique*, Paris, David, 1743, p. XVI ; 2e éd de 1758 rééditée en fac-similé par Jacques Gabay, 1990.

D'ALEMBERT, Jean, *Correspondance inédite de D'Alembert avec Cramer, Lesage, Clairaut, Turgot, Castillon, Béguelin, etc.*, Paris, Gauthier-Villars, 1885.

D'ALEMBERT, Jean, *Éléments de philosophie et Eclaircissements*, Paris, 1759-1767, Fayard, 1986.

D'ALEMBERT, Jean, articles « Découverte », « Éléments des sciences », « Fluide », « Fortune », « Frugalité », « Mouvement », « Newtonianisme » de l'*Encyclopédie.*

DAMILAVILLE, Étienne, article « Vingtième » de l'*Encyclopédie.*

DELEYRE, Alexandre, article « Fanatisme » de l'*Encyclopédie.*

DESCARTES, René, *Œuvres philosophiques*, Paris, Garnier, 1963-1973.

DESCARTES, René, *Correspondance de Descartes avec Élisabeth et autres lettres*, introduction, bibliographie et chronologie de Jean-Marie et Michelle Beyssade, Paris, GF, 1989.

DIDEROT, Denis, *Pensées sur l'Interprétation de la nature* in *Œuvres philosophiques*, Paris, Garnier, 1964.

DIDEROT, Denis, article « Vingtième » de l'*Encyclopédie.*

DOUAY-SOUBLIN, Françoise, « Nouvel examen de la Grammaire raisonnée de Mme du Châtelet », *Émilie du Châtelet – éclairages et documents nouveaux*, Centre international d'étude du XVIIIe siècle, Ferney-Voltaire, 2008.

EMCH-DERIAZ, Antoinette et EMCH, Gérard G., « On Newton's french translator : how faithful was Mme du Châtelet ? », *Émilie du Châtelet : rewriting Enligthenment philosophy and science*, éd. Judith P. Zinsser and Julie Candler Hayes, SVEC, 2006.

Encyclopédie ou dictionnaire raisonné des sciences, des arts et des métiers, Paris, Briasson, David, Le Breton et Durand, 35 vol., 1751-1780 ; 1966, Stuttgart, rééd. Fromann.

FONTENELLE, Bernard Bovier de, *Entretiens sur la pluralité des mondes*, d'après l'édition de 1742, Paris, Librairie Nizet, 1984.

FONTENELLE, Bernard, *Poésies pastorales avec un Traité sur la nature de l'églogue et une Digression sur les anciens et les modernes*, Paris, Michel Brunet, 1708.

FORBONNAIS, Véron de, *Recherches et considérations sur les finances de la France de 1595 à 1721*, Paris, 1758.

FORMEY, Samuel, articles « Espace », « Temps » de l'*Encyclopédie.*

GANDT, François de, dir., *Cirey dans la vie intellectuelle. La réception de Newton en France*, Oxford, Voltaire Foundation, *SVEC*, 2001, 11.

GANDT, François de, « Qu'est-ce qu'être newtonien en 1740 ? », *Cirey dans la vie intellectuelle. La réception de Newton en France*, dir. François de Gandt, Oxford, Voltaire Foundation, *SVEC*, 2001.

GARDINER, Linda, « Mme Du Châtelet traductrice », *Émilie du Châtelet – éclairages et documents nouveaux*, Centre international d'étude du XVIIIe siècle, Ferney-Voltaire, 2008.

GOUGES, Olympe de, *Œuvres complètes*, en 4 tomes, Cocagne, Montauban, 1993.

GOUGES, Olympe de, *Déclaration des droits de la femme et de la citoyenne*, Paris, Mille et une nuits, 2003.

HAMOU, Philippe, « Algarotti vulgarisateur », *Cirey dans la vie intellectuelle – La réception de Newton en France*, p. 73-89.

HANKINS, Thomas L., « Eighteenth-century attempts to resolve the vis viva controversy », *Isis*, 57, 1967.

HÉRITIER, Françoise, *Masculin/Féminin*, Paris, Odile Jacob, 1996.

HORACE, *Carmina Saeculare*, in *Odes et épodes*, trad. François Villeneuve, Les Belles Lettres, 1929 ; 2017.

HORACE, *Épîtres*, I, I, 15, trad. François Villeneuve, Paris, les Belles Lettres, 1995.

HOOKE, Robert, *Essai pour prouver le mouvement de la Terre*, Londres, 1674.

IVERSON, John, « Une traduction allemande de l'échange sur les forces vives », *Émilie du Châtelet – éclairages et documents nouveaux*, Centre international d'étude du XVIIIe siècle, Ferney-Voltaire, 2008.

IVERSON, John, « A female member of the Republic of Lettres : Du Châtelet's portrait in the Bilder-Sal [...] berümhter Schrifftsteller », *Émilie du Châtelet : rewriting Enlightenment philosophy and science*, Oxford, Voltaire Foundation, *Studies on Voltaire and the eighteenth century* (SVEC), 1, 2006.

JAQUET, Chantal, *Philosophie de l'odorat*, Paris, Puf, 2010.

JAUCOURT, Chevalier de, articles « Esclavage », « Invention », « Juifs », « Naissance », « Noblesse », « Sagacité », de l'*Encyclopédie.*

JEAUNEAU, Édouard, « *Nani gigantum humeris insidentes*. Essai d'interprétation de Bernard de Chartres », *Vivarium* V, 1967, p. 79-99.

JOLY, Bernard, « Les théories du feu de Voltaire et de Mme du Châtelet », *Cirey dans la vie intellectuelle. La réception de Newton en France*, dir. François de Gandt, Oxford, Voltaire Foundation, *SVEC*, 2001.

JOVY, Ernest, *Le P. François Jacquier et ses correspondants*, Vitry-le-François, 1922.

KÖLVING, Ulla et BROWN, Andrew (dir.) , *Correspondance*, en deux tomes, Ferney-Voltaire, Centre international d'étude du XVIIIe siècle, 2018.

KÖLVING, Ulla et COURCELLE, Olivier (dir.), *Émilie du Châtelet, Éclairages et documents nouveaux*, Ferney-Voltaire, Centre international d'étude du XVIIIe siècle, Ferney-Voltaire, 2008.

LABÉ, Louise, Épître dédicatoire à Clémence de Bourges in *Débat de Folie et d'Amour, Œuvres*, Genève-Paris, Slatkine, 1981.

LA METTRIE, Julien Offray de, Lettre critique de M. de La Mettrie sur l'histoire naturelle de l'âme à Madame la Marquise du Châtelet, *Corpus*, 1987, 5/6, dirigée par Francine Markovits.

LA METTRIE, Julien, *L'Anti-Sénèque ou le souverain bien*, in *De la Volupté*, Paris, Éditions Desjonquères, 1996.

LA METTRIE, Julien, *École de la Volupté* in *De la Volupté*, Paris, Éditions Desjonquères, 1996.

LA METTRIE, Julien, *Système d'Épicure* in *De la Volupté*, Paris, Éditions Desjonquères, 1996.

LA ROCHEFOUCAULD, François de, *Maximes*, Paris, Garnier, 1992.

LARRÈRE, Catherine, *L'invention de l'économie au XVIIIe siècle* de, Paris, PUF, 1992.

LARUE, Renan, « Le végétarisme dans l'œuvre de Voltaire (1762-1778) », *Dix-huitième siècle*, 2010/1 (n° 42), p. 19-34.

LEIBNIZ, Gottfried, *Brevis demonstratio erroris memorabilis Cartesii, Acta eruditorum de Leipzig*, 1686.

LEIBNIZ, Gottfried, *Discours de métaphysique*, trad. Georges Le Roy, Paris, Vrin, 1984.

LE RU, Véronique, *D'Alembert philosophe*, Paris, Vrin, 1994.

LE RU, Véronique, *Voltaire newtonien*, Paris, Vuibert-Adapt, 2005 ; 2013.

LE RU, Véronique, « Quand Voltaire et la Marquise parlent métaphysique », *Émilie du Châtelet, éclairages et documents nouveaux*, Centre international d'étude du XVIIIe siècle, Ferney-Voltaire, 2008, p. 213-218.

LOCKE, John, *Essai philosophique concernant l'entendement humain*, Trad. Pierre Coste, Paris, reprise en fac-similé de l'édition de 1755 par Vrin, 1983.

MAGLO, Koffi, « Madame du Châtelet, l'*Encyclopédie*, et la philosophie des sciences », *Émilie du Châtelet, éclairages et documents nouveaux*, Centre international d'étude du XVIIIe siècle, Ferney-Voltaire, 2008.

MANDEVILLE, Bernard, *La Fable des abeilles*, trad. Lucien et Paulette Carrive, Paris, Vrin, 1974.

MARKOVITS, Francine, direction de la Revue Corpus sur La Mettrie, 1987, 5/6.

MARQUER, Éric, « Locke : liaison probable et liaison nécessaire », *Asterion*, 5, 2007.

MAUPERTUIS, Pierre Louise Moreau de, *Œuvres*, Lyon, Bruyset, 4 tomes, 1756.

MAUZI, Robert, Préface au *Discours sur le bonheur* d'Émilie du Châtelet, Paris, Les Belles Lettres, 1961.

MAZZOTI, Massimo, « Mme du Châtelet académicienne de Bologne », *Émilie du Châtelet – éclairages et documents nouveaux*, Centre international d'étude du XVIIIe siècle, Ferney-Voltaire, 2008.

MONTAIGNE, Michel de, *Essais*, en trois tomes, Paris Puf, 1965.

NEWTON, Isaac, *Principes mathématiques de la philosophie naturelle*, en deux tomes, trad. Marquise du Châtelet, Paris, 1756-1759, rééd. Blanchard, 1966 ; puis Jacques Gabay, 1990.

NEWTON, Isaac, *De mundi systemate*, exposition abrégée du livre III des *Principia mathematica* d'Isaac Newton parue de manière posthume (1re éd. à Londres, 1728).

NEWTON, Isaac, *The Correspondence of Isaac Newton*, 7 vol., Cambridge University Press, 1959-1977.

NOLHAC, Pierre de, *Nattier, peintre de la cour de Louis XV*, Paris, 1925.

PASCAL, Blaise, *Œuvres complètes*, Paris, Seuil, 1963.

PASCAL, Blaise, *Pensées*, Paris, Seuil, 1962.

PASSERON, Irène, « Muse ou élève ? Sur les lettres de Clairaut à Mme du Châtelet », *Cirey dans la vie intellectuelle. La réception de Newton en France*, dir. François de Gandt, Oxford, Voltaire Foundation, *SVEC*, 2001, 11, p. 187-197.

PELLEGRIN, Marie-Frédérique, voir Poulain de La Barre.

PERROT, Michelle Perrot et DUBY, Georges, *L'Histoire des femmes en Occident, de l'Antiquité à nos jours*, Paris, Plon, 1991.

PLUCHE, Abbé, *Spectacle de la nature*, Paris, Estienne, en huit tomes, 1732-1750.

POINCARÉ, Henri, *La Science et l'hypothèse*, Paris, Champs Flammarion, 1968.

POINCARÉ, Henri, *Science et méthode*, Paris, Flammarion, 1940.

POULAIN DE LA BARRE, François, *De l'Égalité des deux sexes*, Paris, 1676, réédition et présentation par Marie-Frédérique Pellegrin, Paris, Vrin, 2011.

PROUST, Jacques, *Diderot et l'Encyclopédie*, Paris, Albin Michel, 1962 ; 1995.

REY, Anne-Lise Rey, « La figure du leibnizianisme dans les *Institutions de physique* », in *Émilie du Châtelet, éclairages et documents nouveaux*, Centre international d'étude du XVIIIe siècle, Ferney-Voltaire, 2008, p. 229-240.

ROHAULT, Jacques, *Traité de Physique*, Paris, 1671.

ROUSSEAU, Jean-Jacques, *Émile ou l'éducation* (1762), présentations et notes D'andré Charrak, Paris, GF, 2009.

ROUSSEAU, Jean-Jacques, *Discours sur l'origine et les fondements de l'inégalité parmi les hommes*, Paris, GF, 1971.

ROUSSEAU, Jean-Jacques, article « Économie » de l'*Encyclopédie.*

SAINT-LAMBERT, Jean-François de, article « Luxe » de l'*Encyclopédie.*

SCHWARZBACH, Bertram Eugène, introduction et édition des *Examens de la Bible* d'Émilie du Châtelet, Paris, Champion, 2010.

SCHWARZBACH, Bertram Eugène, « Les études bibliques à Cirey », *Cirey dans la vie intellectuelle. La réception de Newton en France*, dir. François de Gandt, Oxford, Voltaire Foundation, *SVEC*, 2001.

SCHWARZBACH, Bertram Eugène, « Mme du Châtelet's *Examens de la Bible* and Voltaire's *La Bible enfin expliquée* », *Émilie du Châtelet : rewriting Enlightenment philosophy and science*, Oxford, Voltaire Foundation, *Studies on Voltaire and the eighteenth century* (SVEC), 1, 2006.

SCHWARZBACH, Bertram Eugène, « Mme du Châtelet et la Bible », *Émilie du Châtelet – éclairages et documents nouveaux*, études réunies par Ulla Kölving et Olivier Courcelle, Centre international d'étude du XVIIIe siècle, Ferney Voltaire, 2008.

SPINOZA, Baruch, *Éthique* in *Œuvres 3* en quatre tomes, trad. Charles Appuhn, Paris, Garnier, 1964.

TATON, René, « Madame Du Châtelet, traductrice de Newton » in *Archives internationales d'histoire des sciences*, 22, 1969.

TOULMONDE, Michel, « Le *Commentaire* des *Principes de la philosophie naturelle* », *Émilie du Châtelet – éclairages et documents nouveaux*, Centre international d'étude du XVIIIe siècle, Ferney Voltaire, 2008

VOLTAIRE, François, *Éléments de la philosophie de Newton* in *Œuvres complètes* de

Voltaire, t. XV, R. L. Walters, W. H. Barber, The Voltaire Foundation Taylor Institution, Oxford, 1992 ; 2008.

VOLTAIRE, François, Théodore Besterman éd., *Œuvres complètes. Correspondance. Mai 1741-octobre 1743 D2471-D2873*, 143 vol., Genève, Institut et Musée Voltaire, 1970-2012.

VOLTAIRE, François, *Œuvres complètes* éditées par Louis Moland, 52 vol. Garnier frères, Paris, 1877-1883.

VOLTAIRE, François, *Le Mondain* in *Œuvres complètes* de Voltaire, t. XVI, The Voltaire Foundation Taylor Institution, Oxford, 2003.

VOLTAIRE, François, *Dictionnaire philosophique*, t. VII des *Œuvres complètes de Voltaire*, Paris, Imprimerie de la société littéraire typographique, 1784.

VOLTAIRE, François, *Dictionnaire philosophique*, d'après l'édition de 1769, Paris, Imprimerie Nationale, 1994.

VOLTAIRE, François, *Romans et contes*, Paris, GF, 1966.

VOLTAIRE, François, *Correspondance*, éditée par Besterman, Paris, Gallimard, 1953-1965.

VOLTAIRE, François, article « Faste » de l'*Encyclopédie.*

WADE, Ira O., *Studies on Voltaire with some unpublished Papers of Mme du Châtelet*, Princeton, Princeton University Press, 1947.

WALTERS, Robert L., « La querelle des forces vives et le rôle de Mme du Châtelet », *Cirey dans la vie intellectuelle. La réception de Newton en France*, dir. François de Gandt, Oxford, Voltaire Foundation, *SVEC*, 2001, 11.

WHITEHEAD, Barbara, « The singularity of Mme du Châtelet : an analysis of the *Discours sur le Bonheur* », *Émilie du Châtelet : rewriting Enlightenment philosophy and science*, Oxford, Voltaire Foundation, *Studies on Voltaire and the eighteenth century* (SVEC), 1, 2006.

ZINSSER, Judith P, « Translating Newton's *Principia* : The Marquise du Châtelet's Revisions and Additions for a french audience » in *Notes and Records of the Royal Society of London*, vol. 55, 2, 2001.

ZINSSER, Judith P and CANDLER HAYES, Julie, dir., *Émilie du Châtelet : rewriting Enligthenment philosophy and science*, éd. Judith P. Zinsser and Julie Candler Hayes, SVEC, 2006.

INDEX DES NOMS

TABLE DES MATIÈRES

DEUXIÈME PARTIE

LA POSTÉRITÉ DE L'ŒUVRE D'ÉMILIE DU CHÂTELET

COLLECTION
« LES ANCIENS ET LES MODERNES –
ÉTUDES DE PHILOSOPHIE »

La collection « Les Anciens et les Modernes – Études de philosophie » a pour vocation de publier des études savantes en histoire de la philosophie, de l'Antiquité à la période moderne, et se veut l'écho d'une recherche vivante et novatrice portant sur des auteurs, des concepts, ou l'histoire des idées. Elle accueille des ouvrages en noms propres destinés à être des références dans leur domaine.

Retrouvez tous les titres de la collection en scannant ce code QR :

Et pour recevoir nos dernières actualités, abonnez-vous ici :